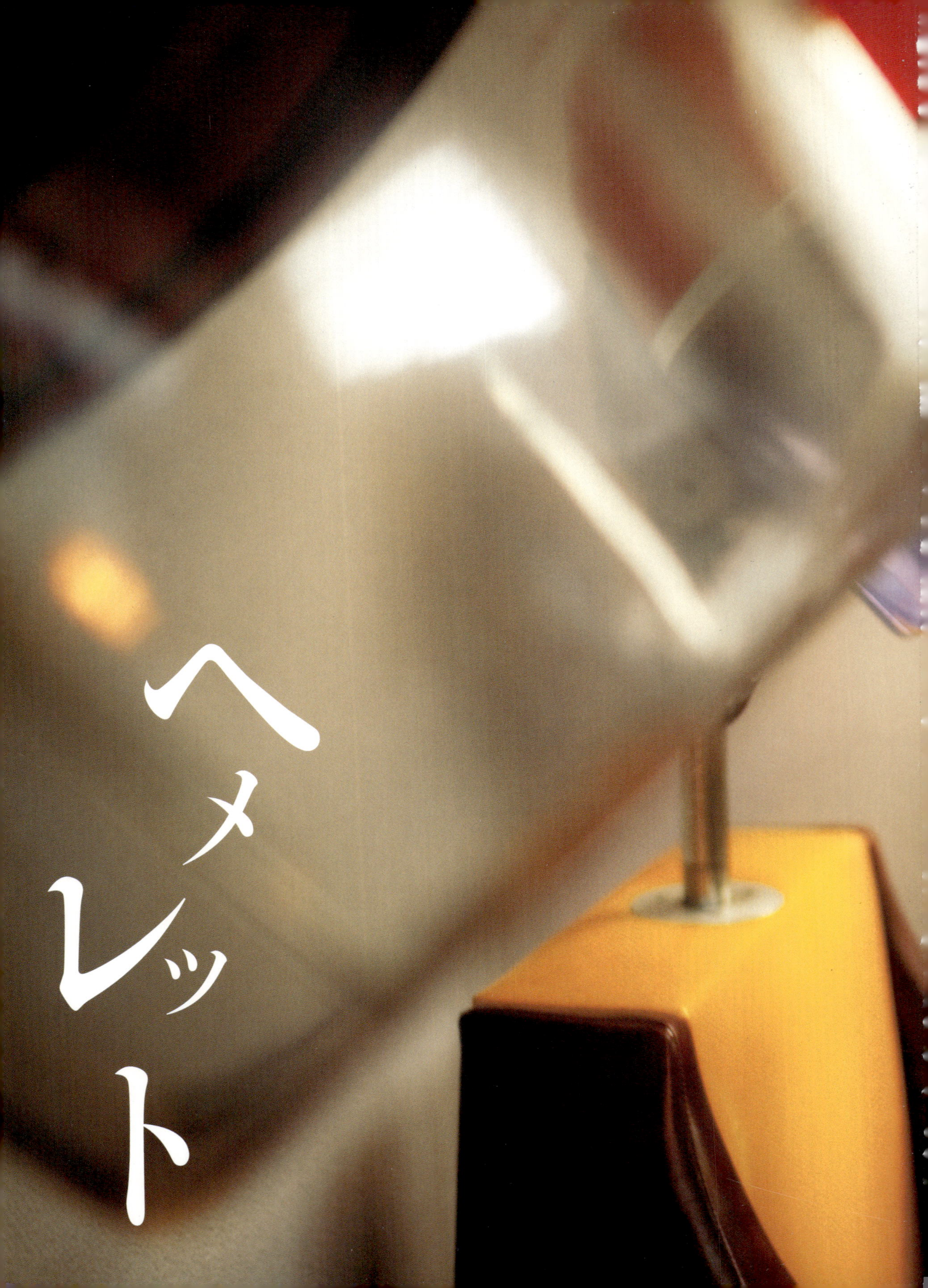
ヘメレット

ヘメレット

もくじ

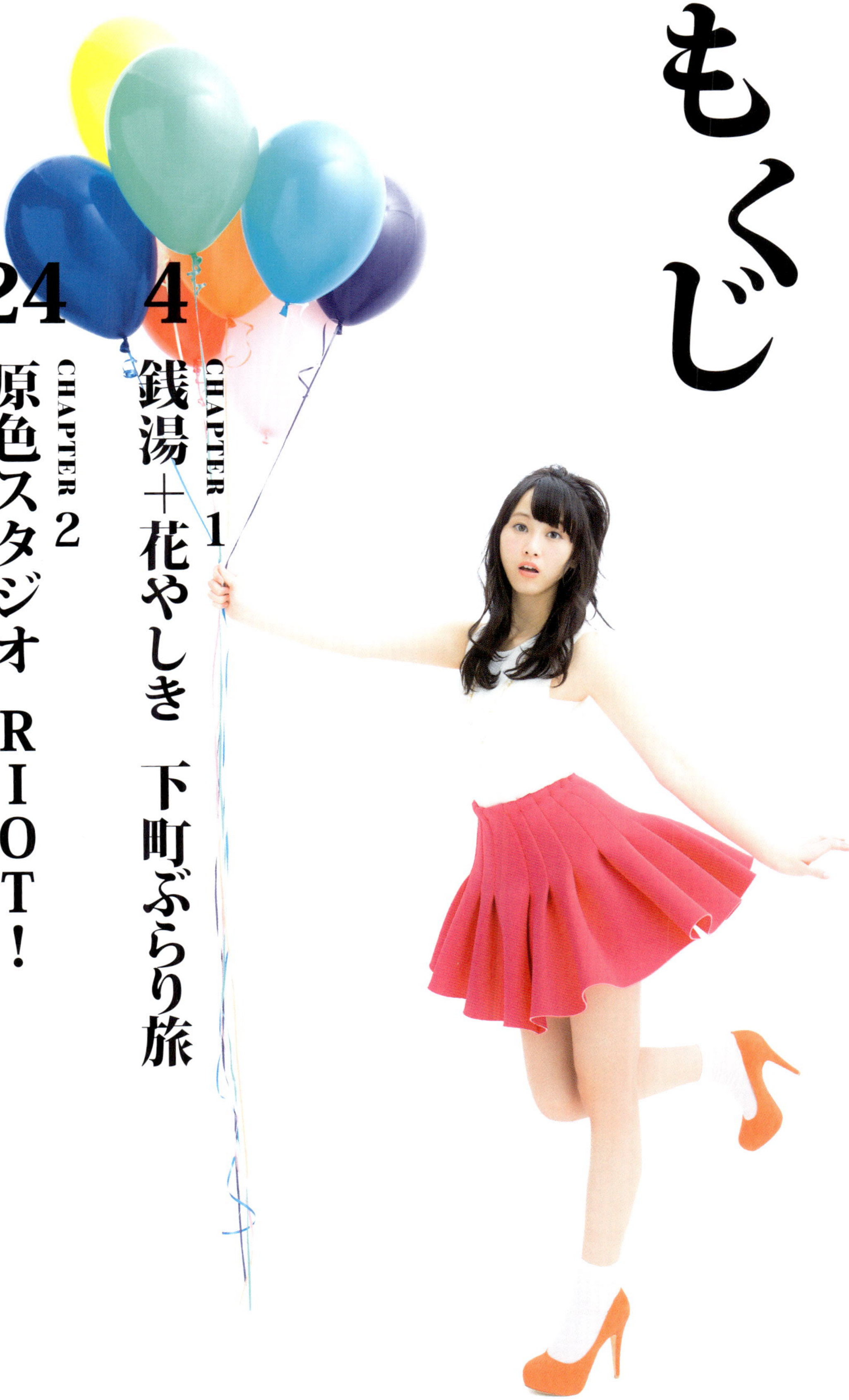

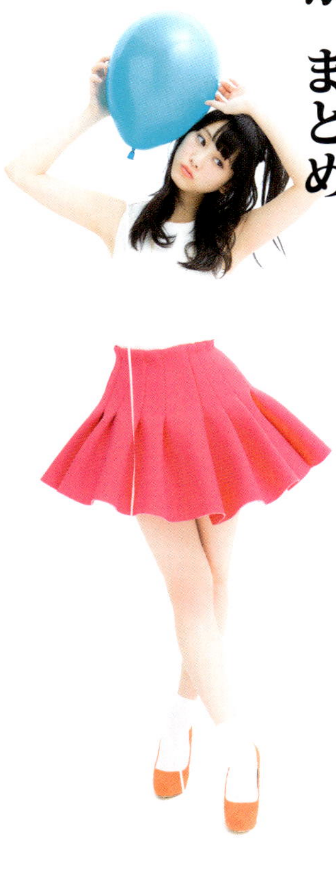

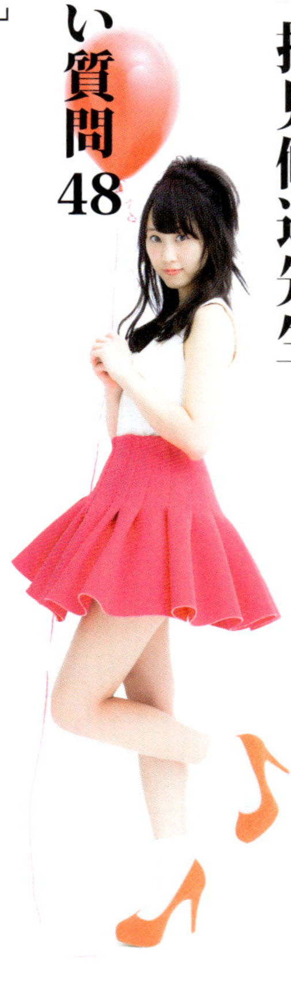

CHAPTER 1

銭湯＋花やしき 下町ぶらり旅

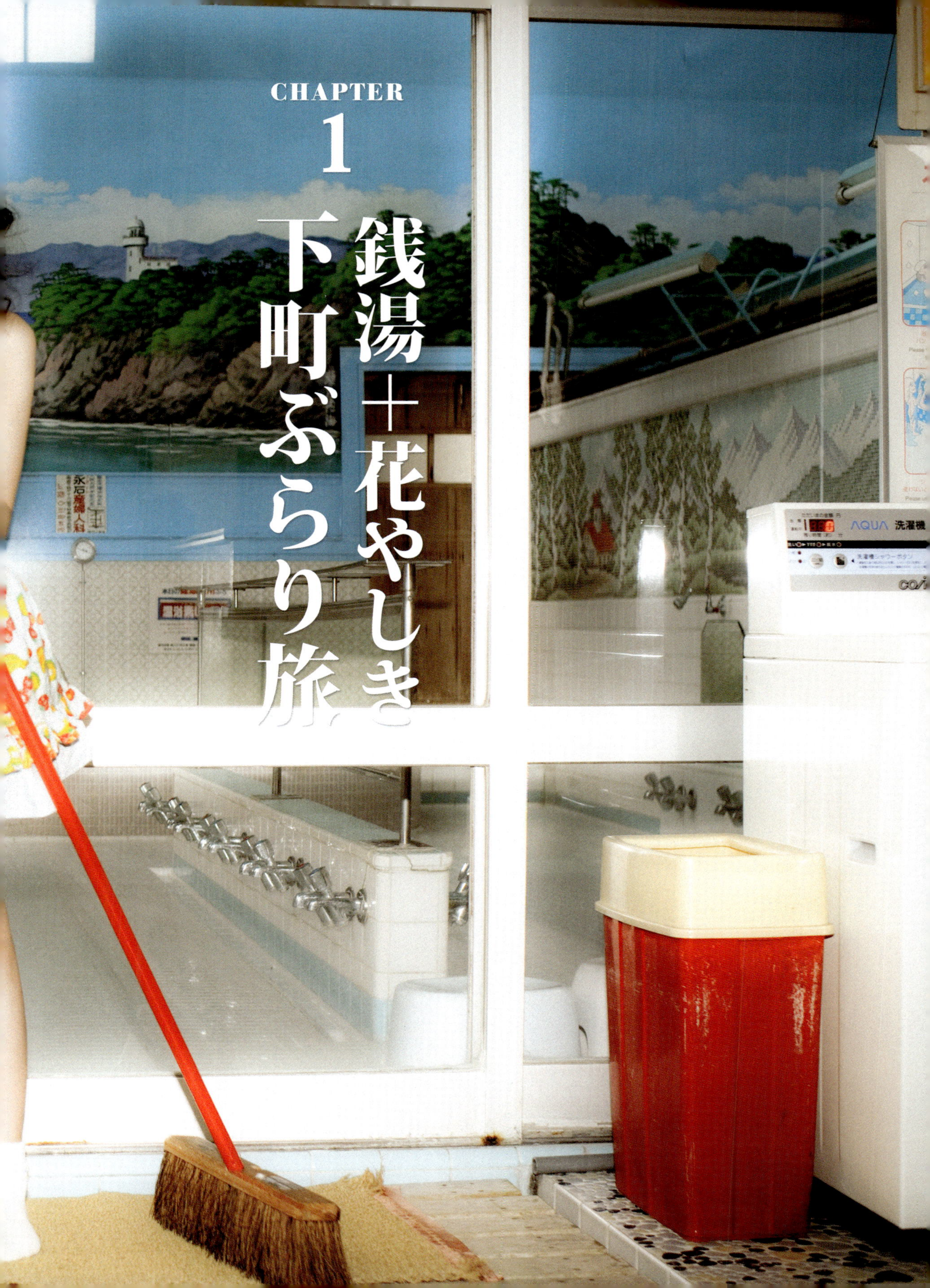

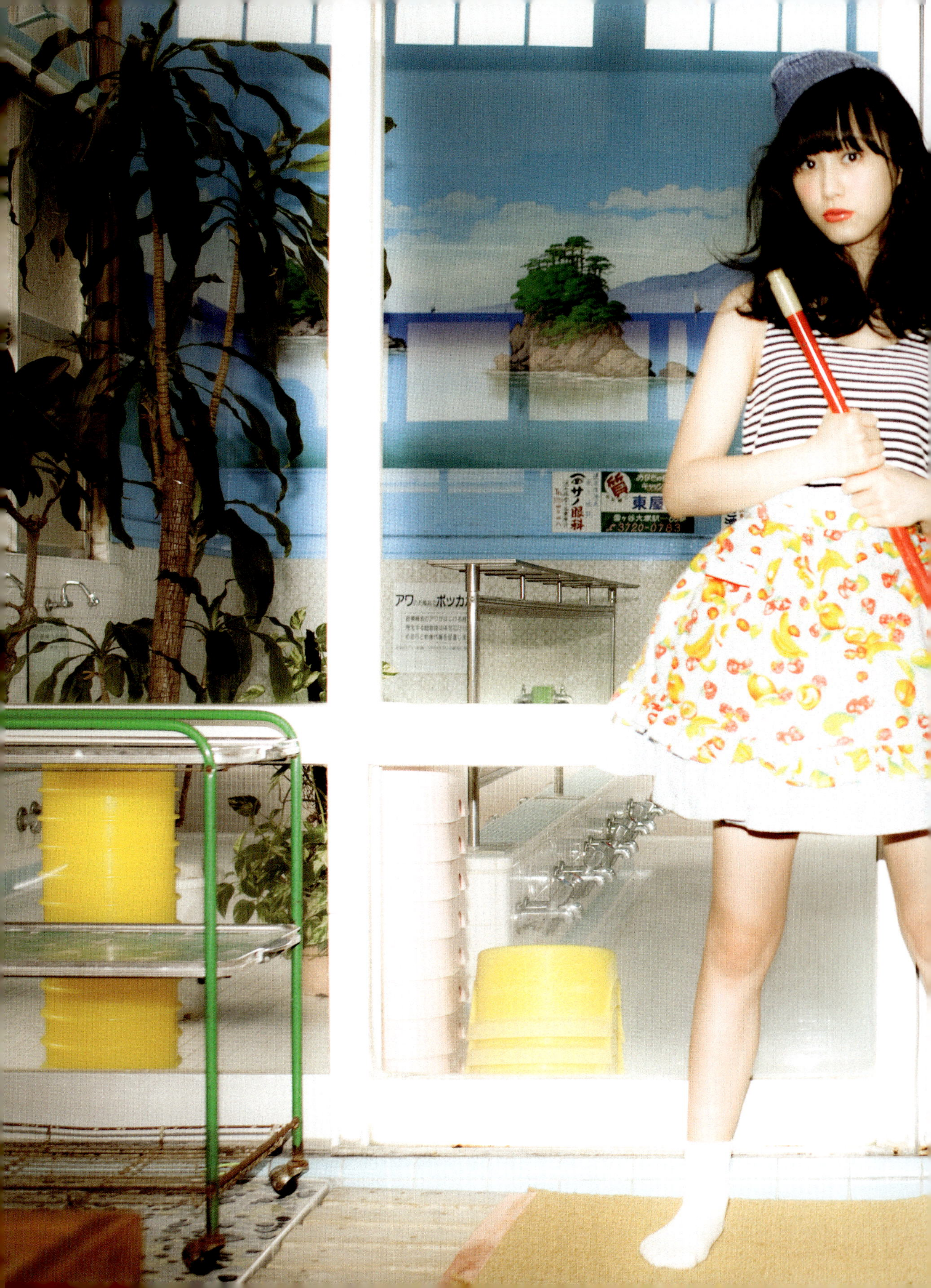
サノ眼科
東屋
3720-0783

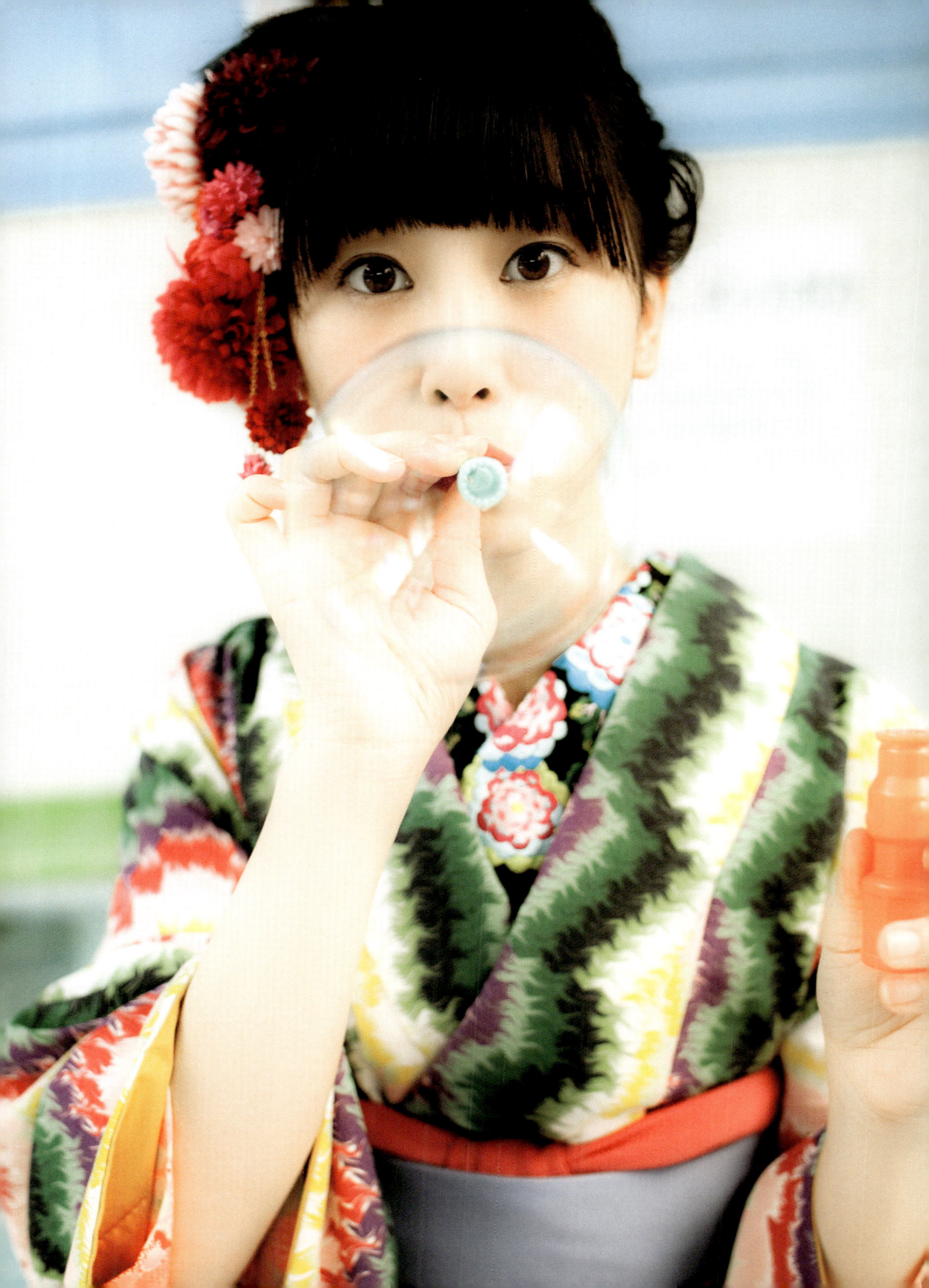

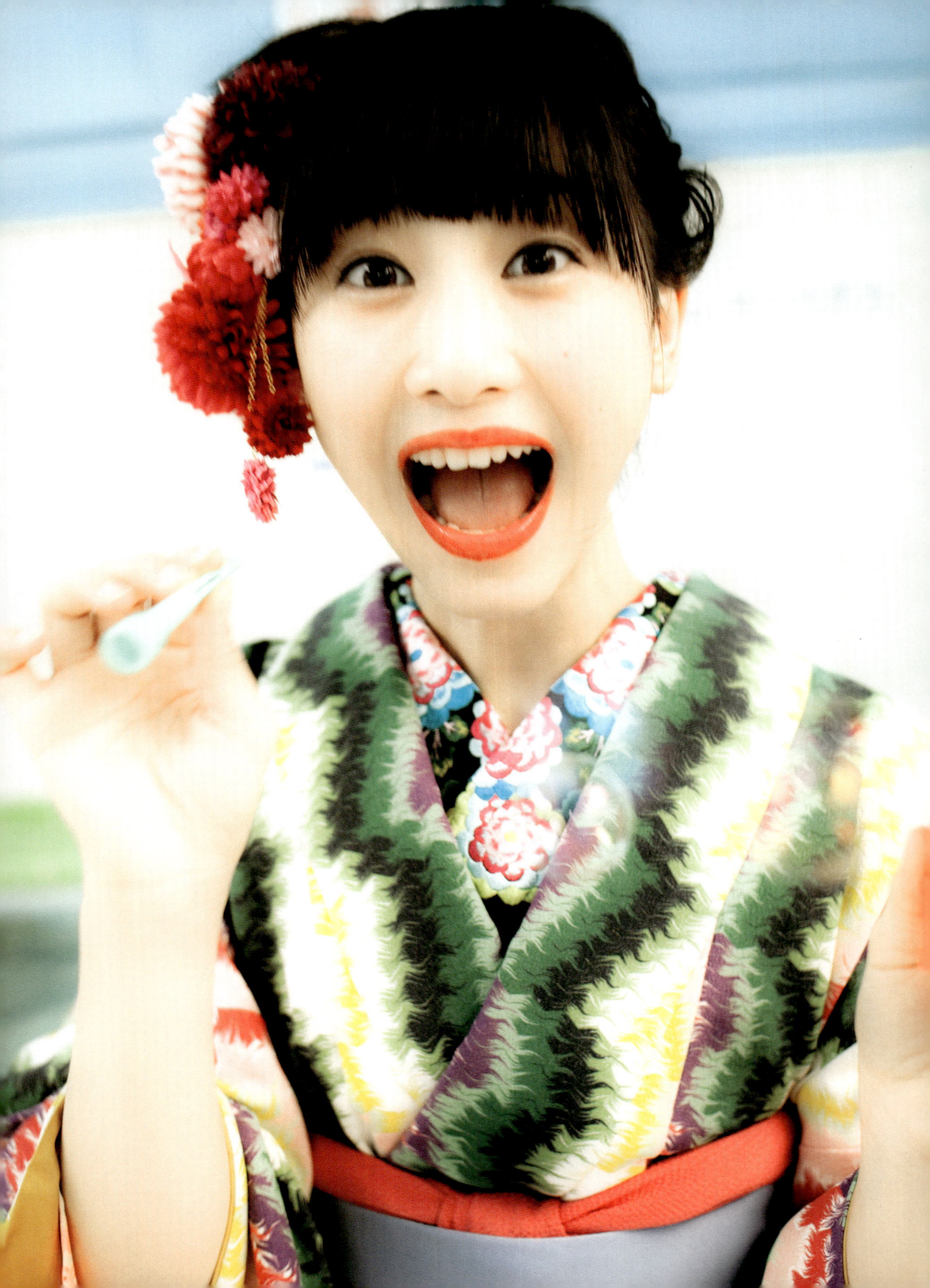

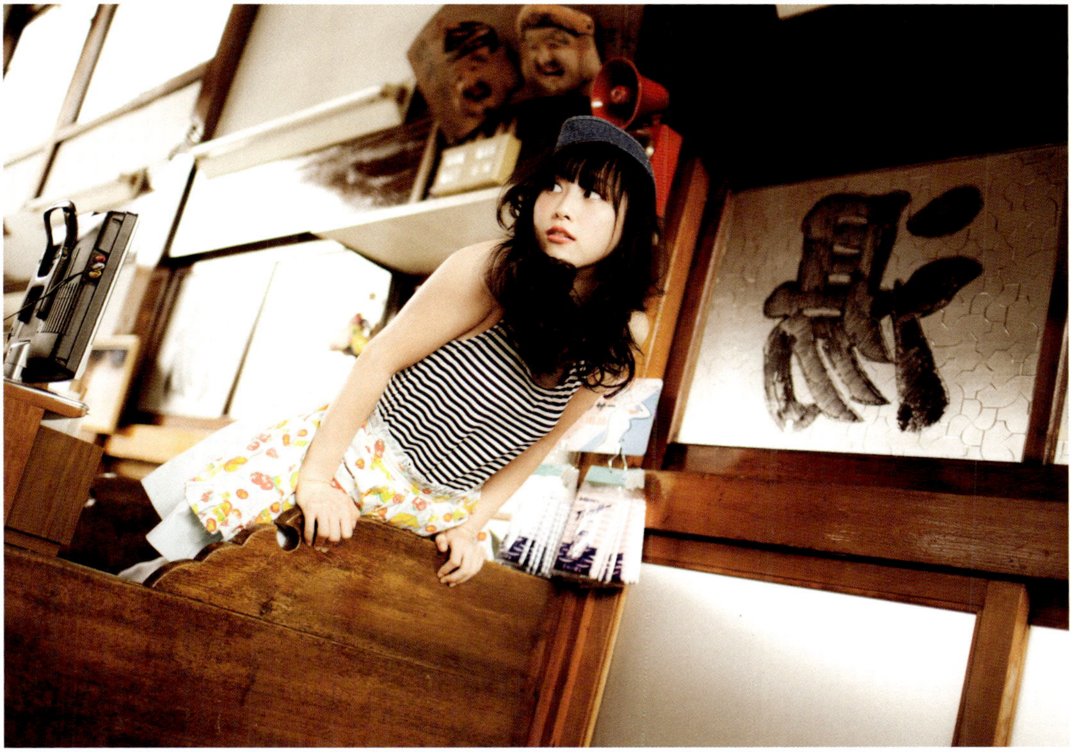

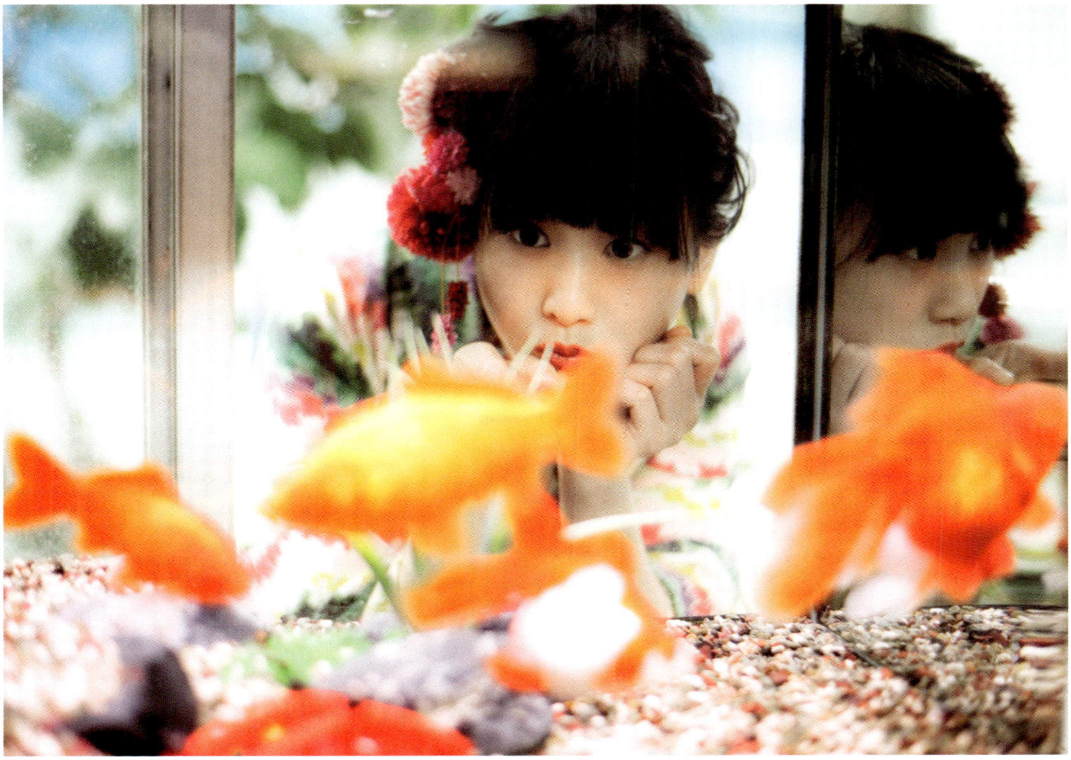

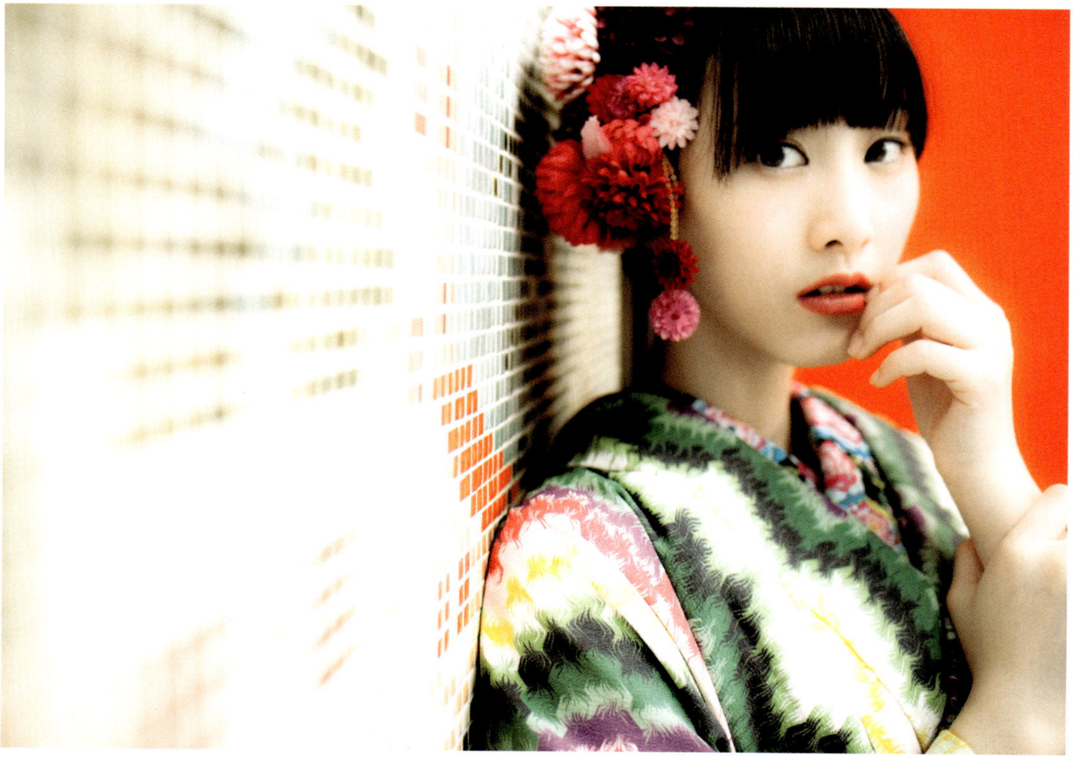

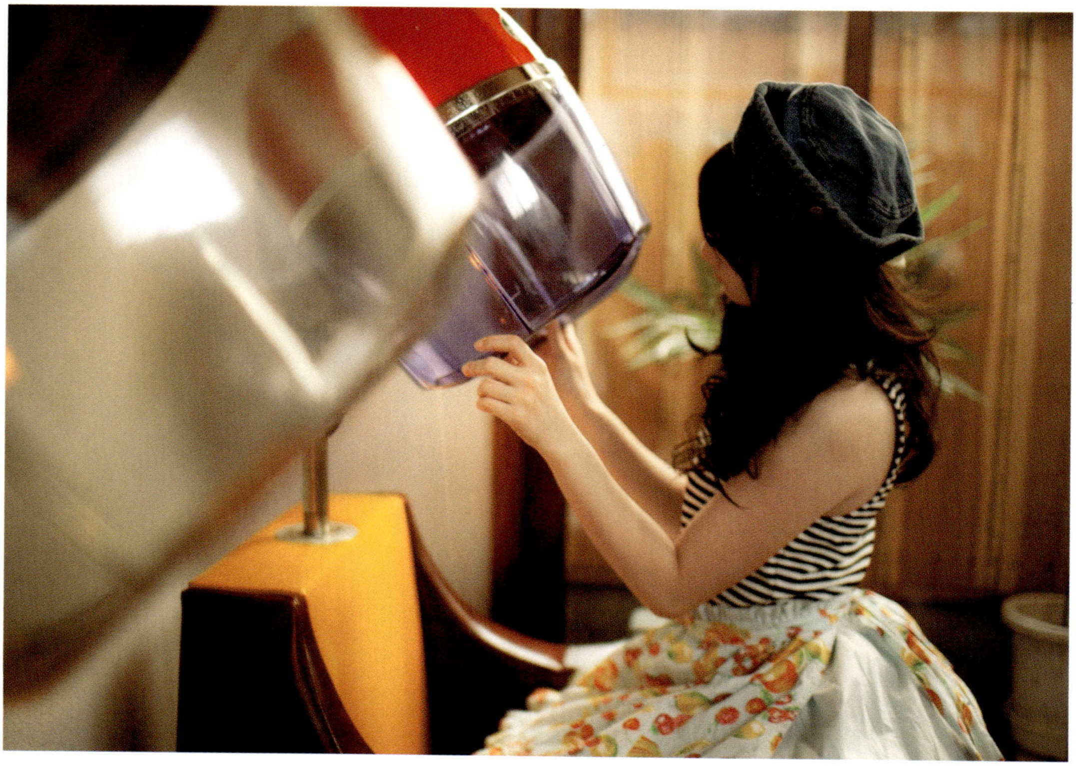

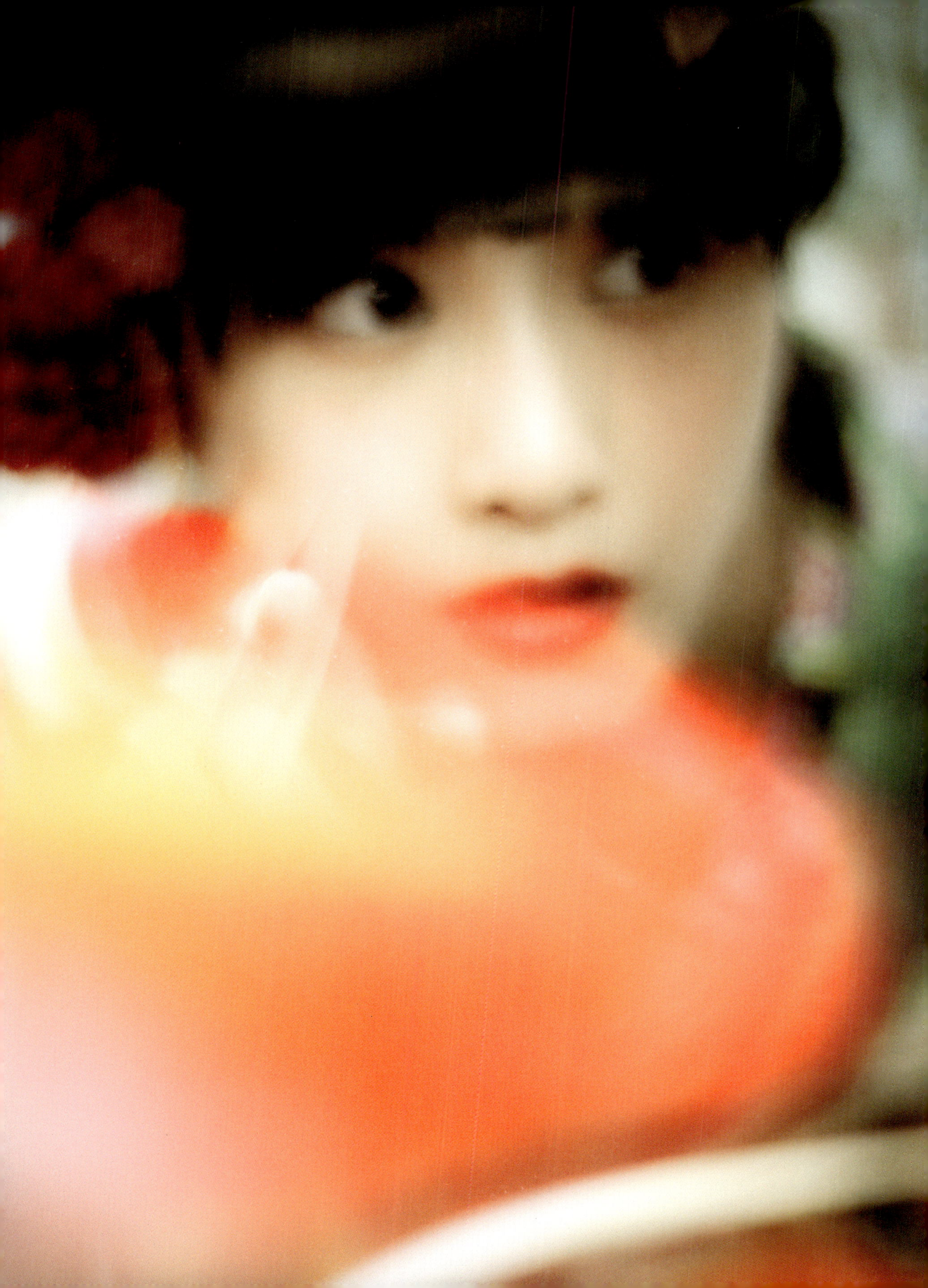

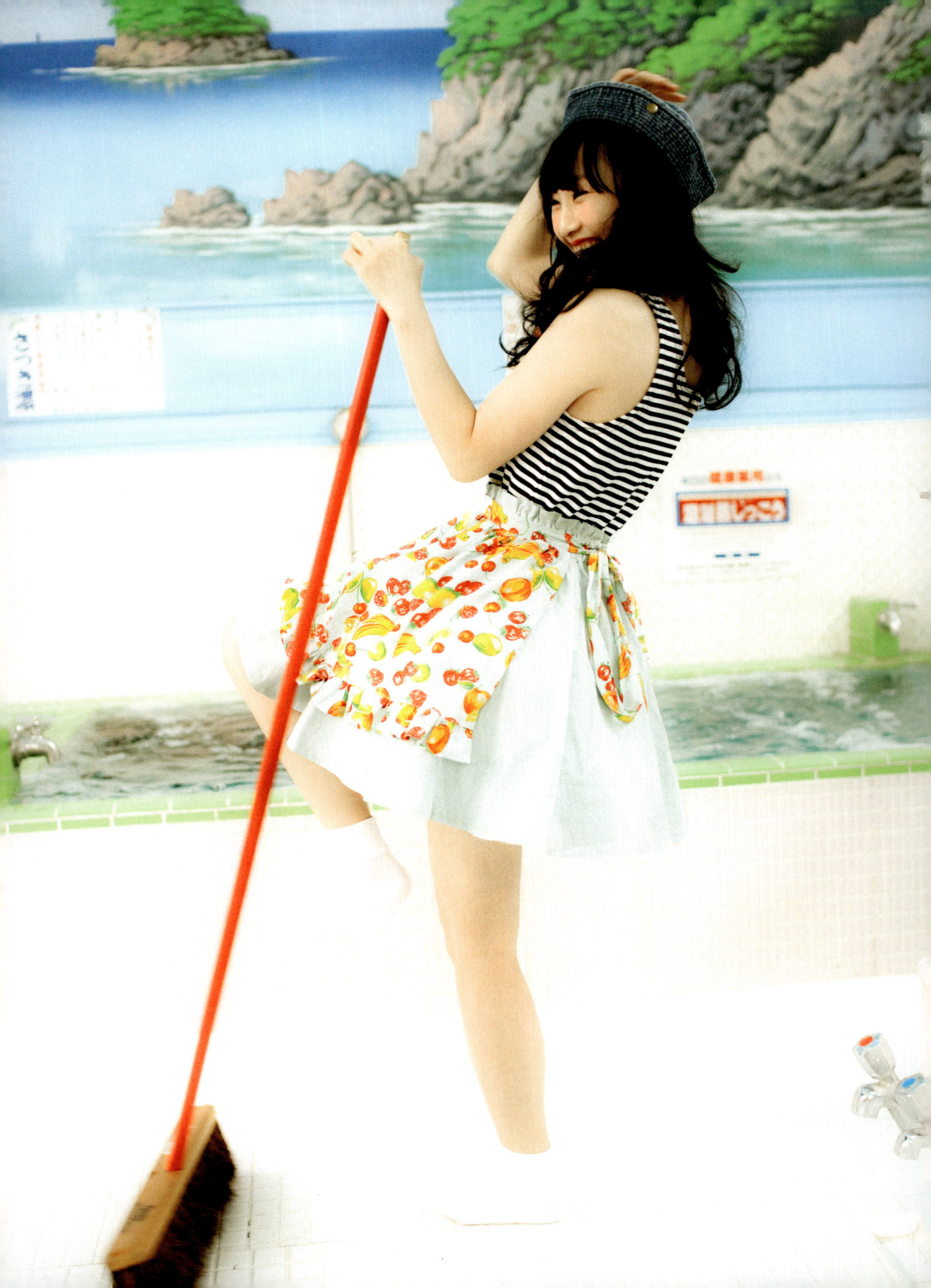

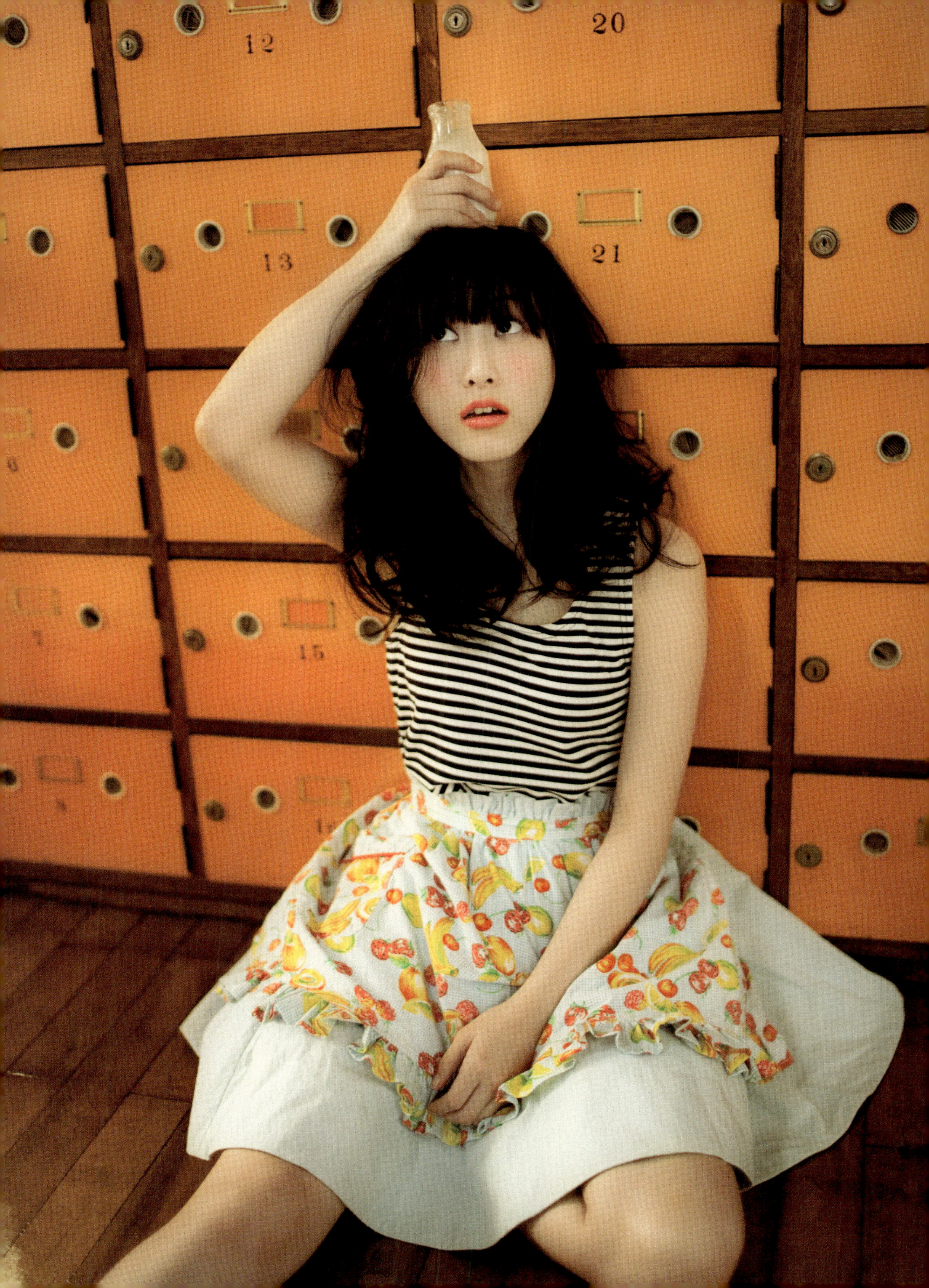
12
20
13
21
15

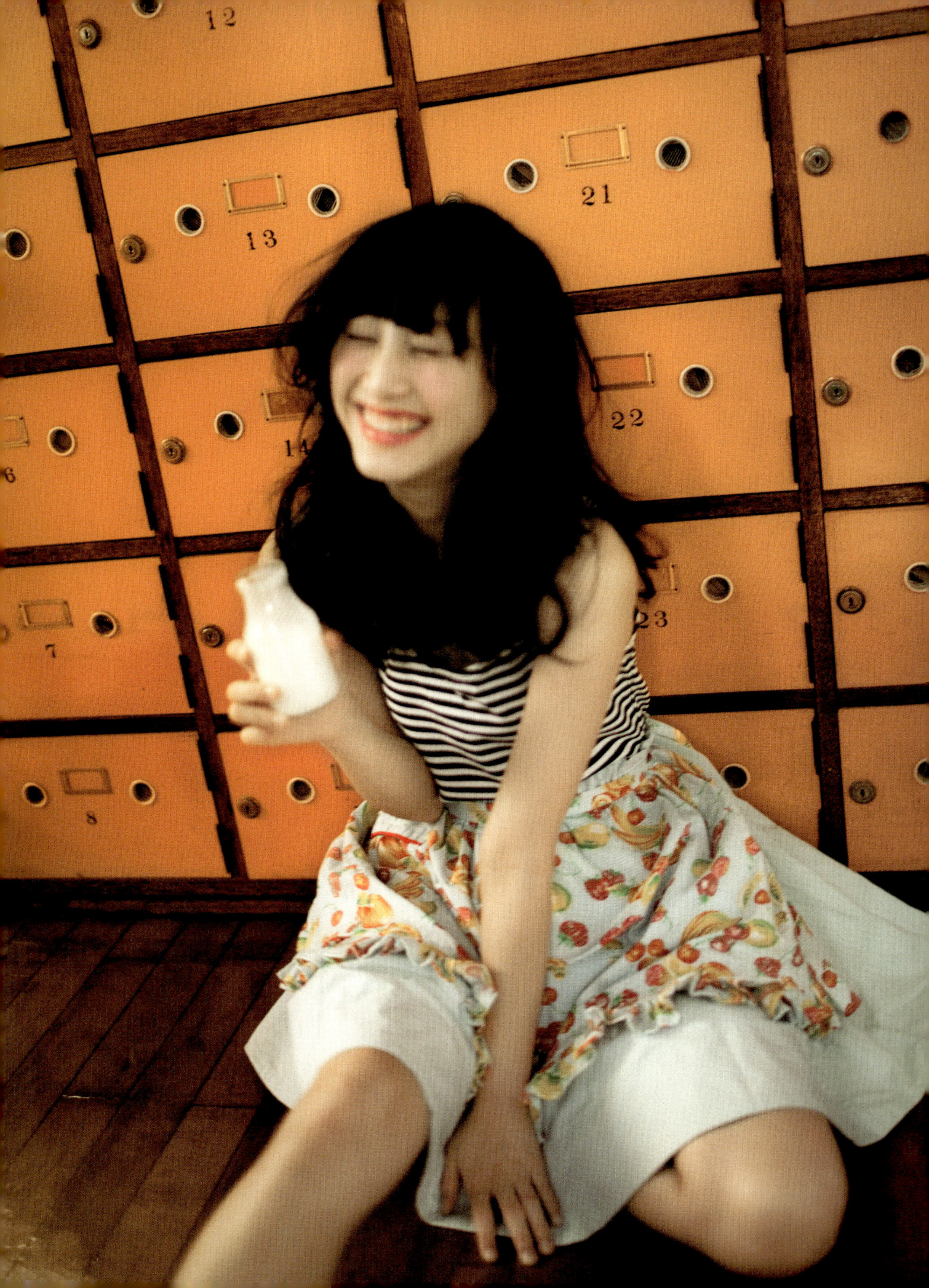
12
21
13
22
7
23
8

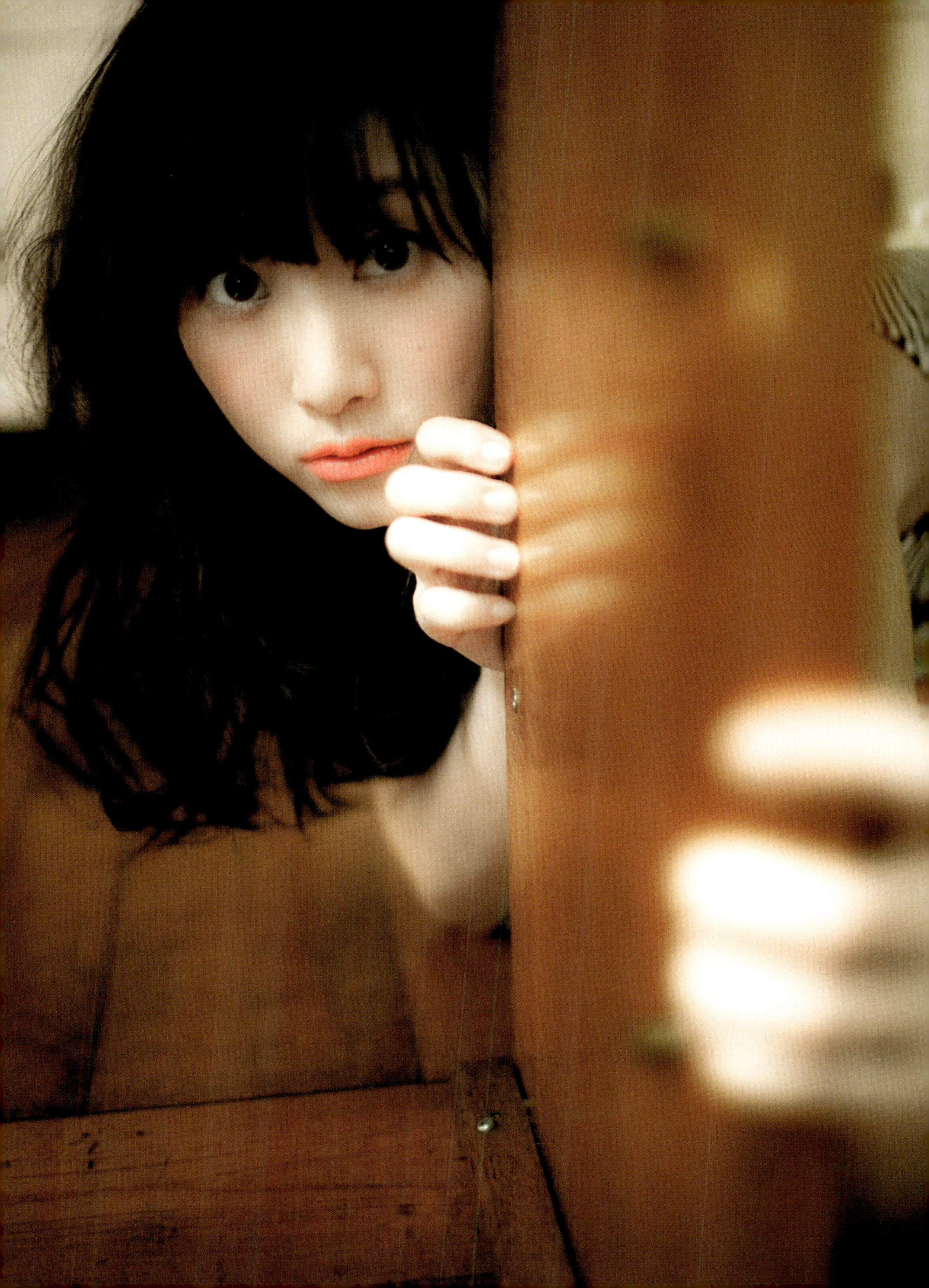

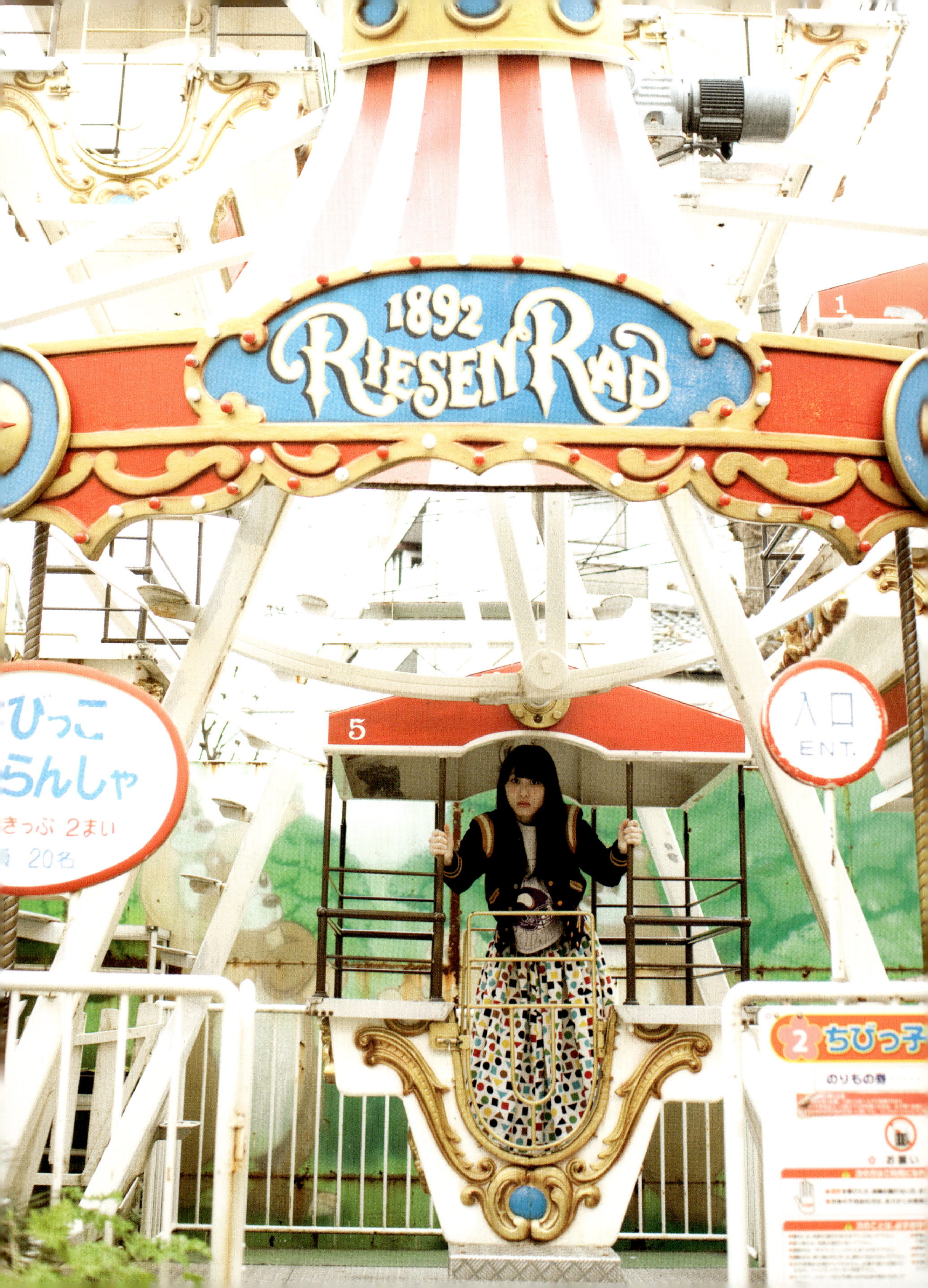

1892
RIESEN RAD
1
5
入口
ENT.
びっこ
らんしゃ
きっぷ 2まい
20名
2 ちびっ子
のりもの券
お願い

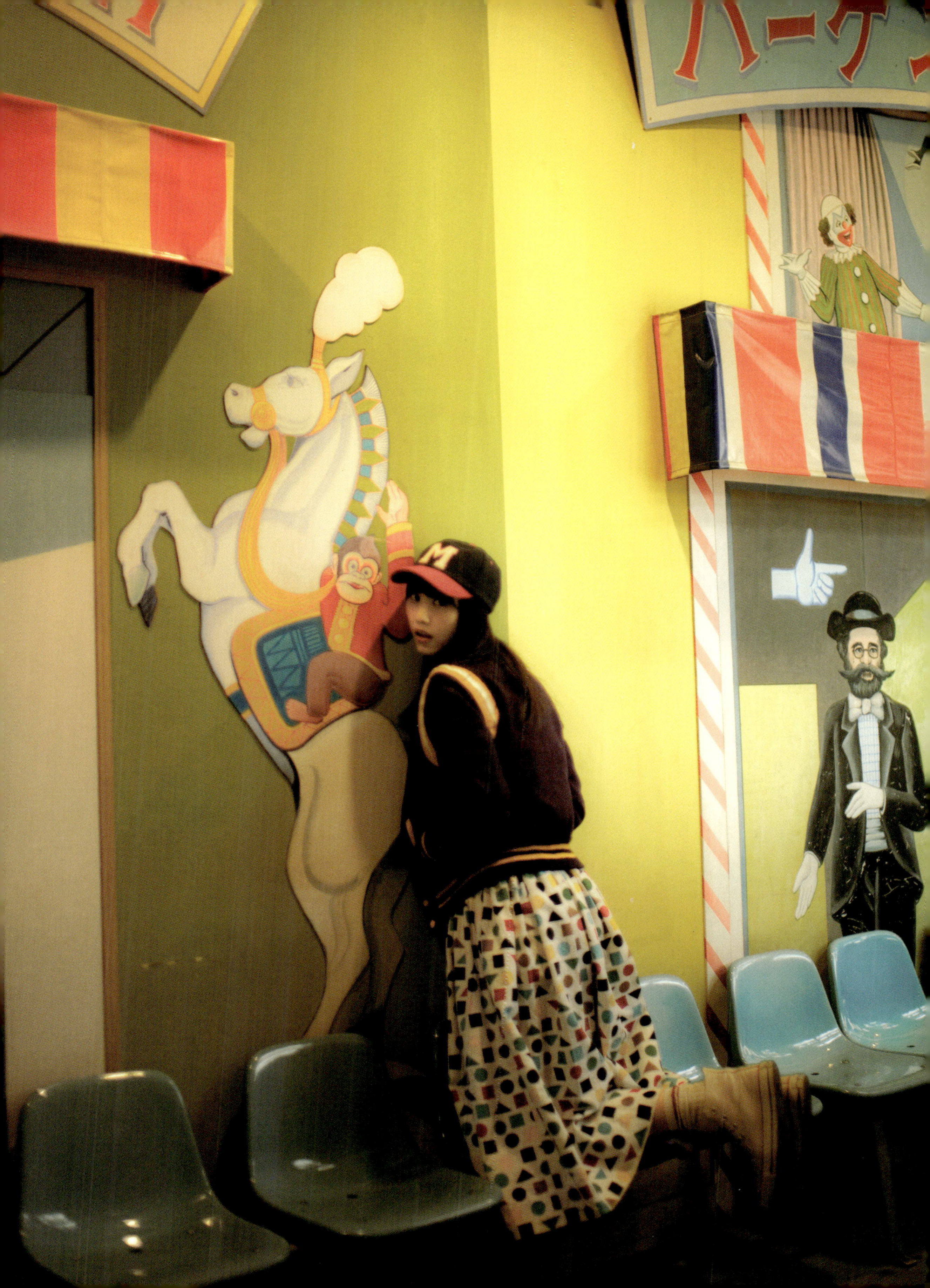

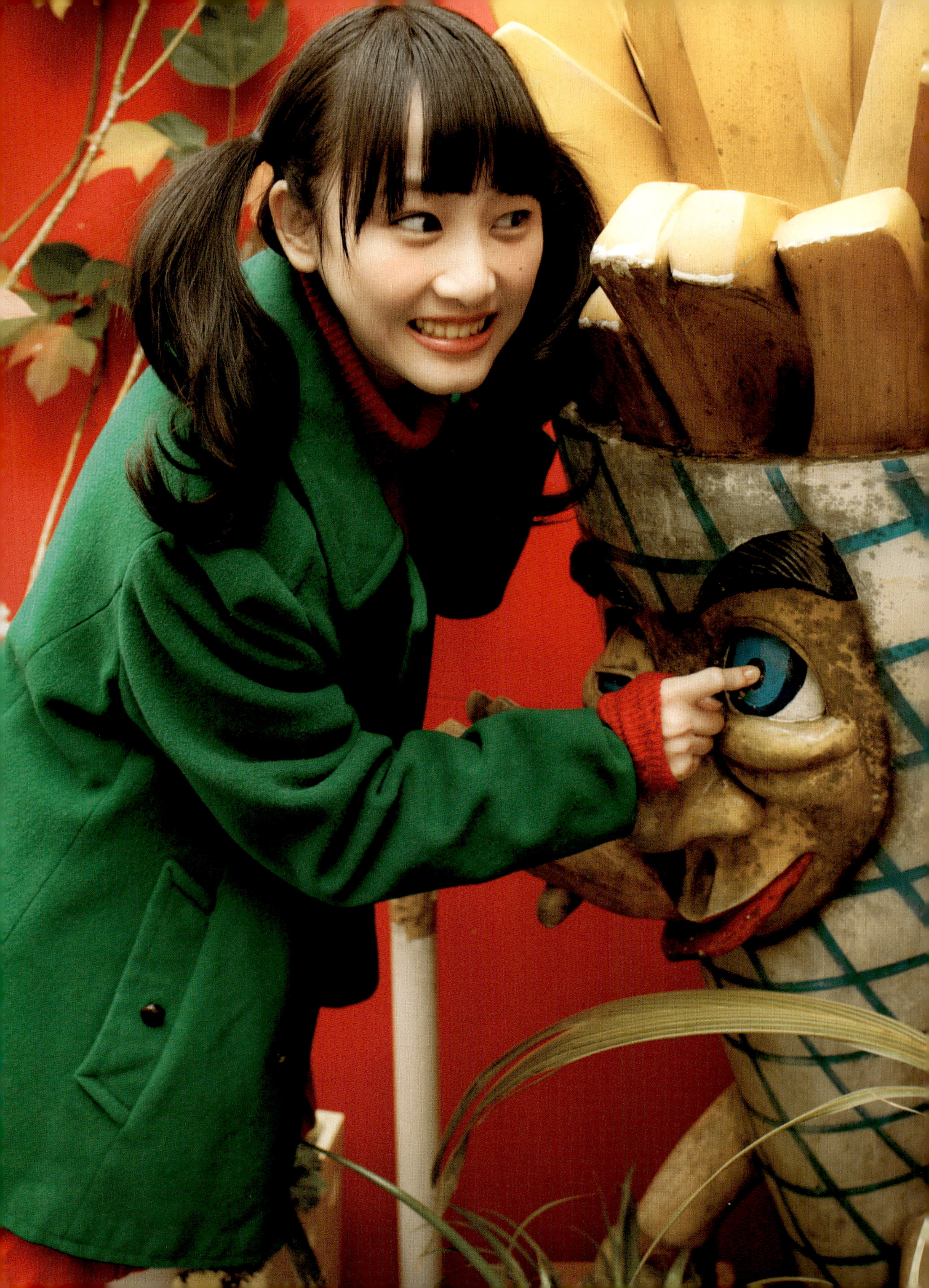

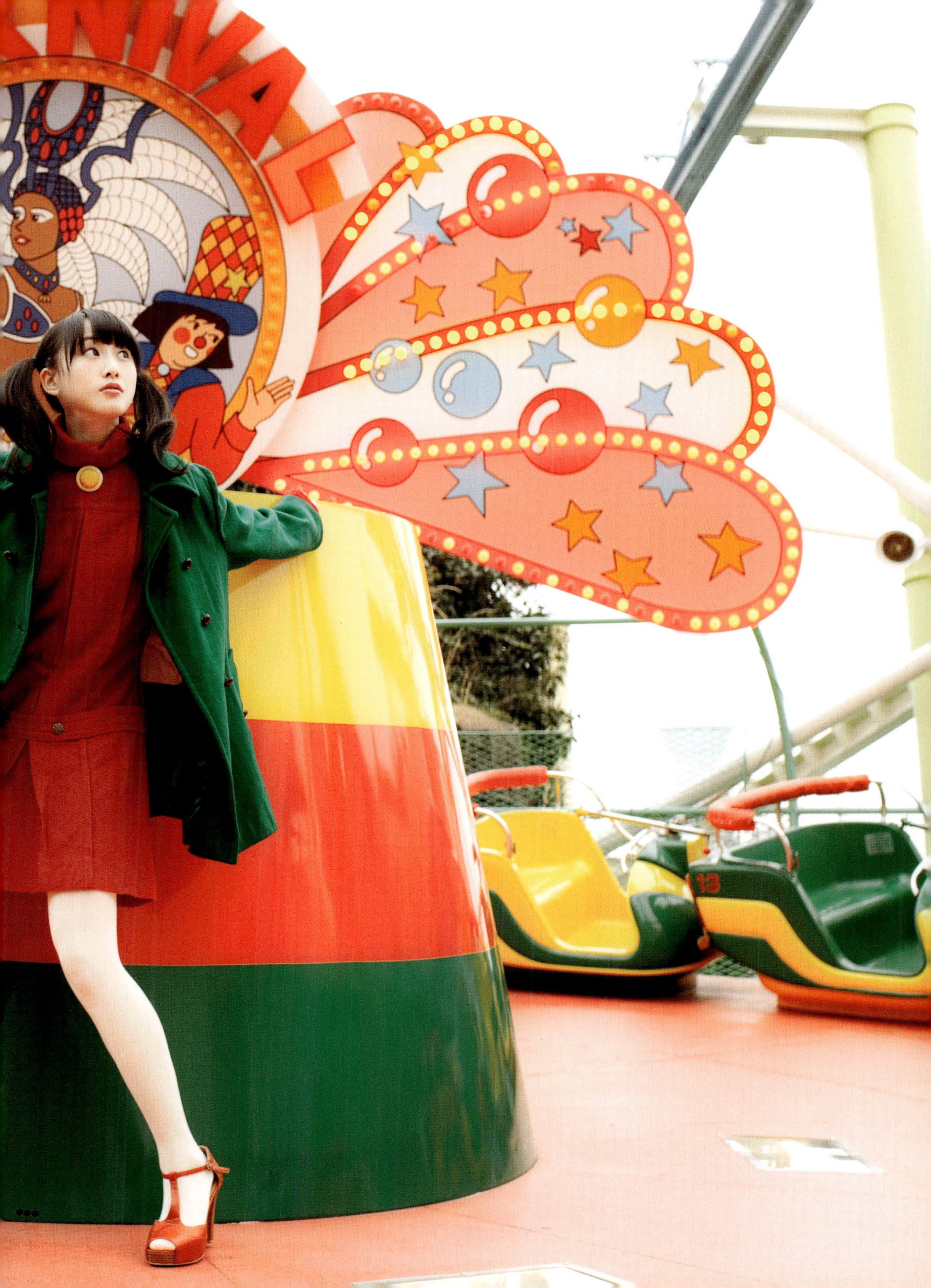
13

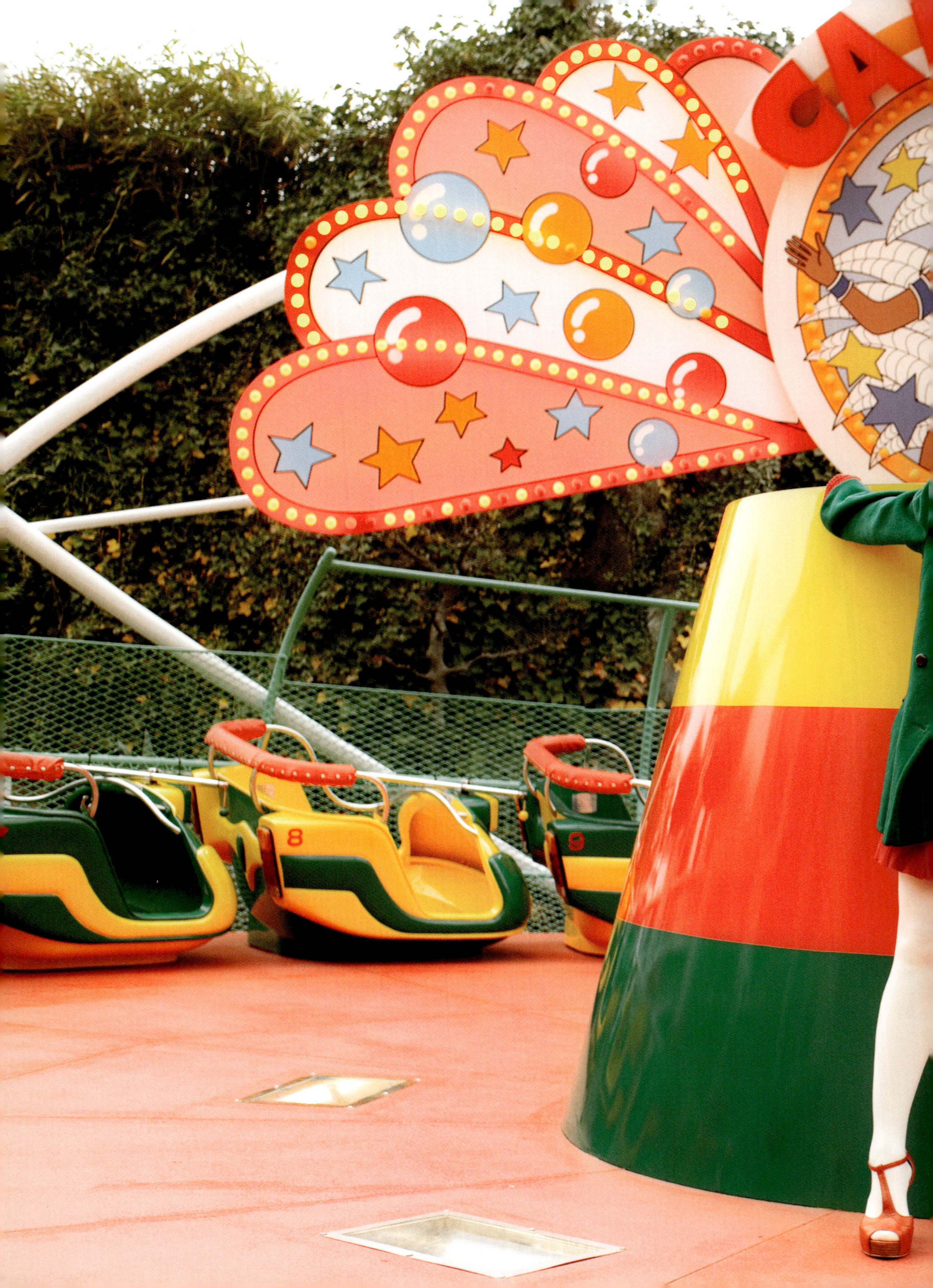

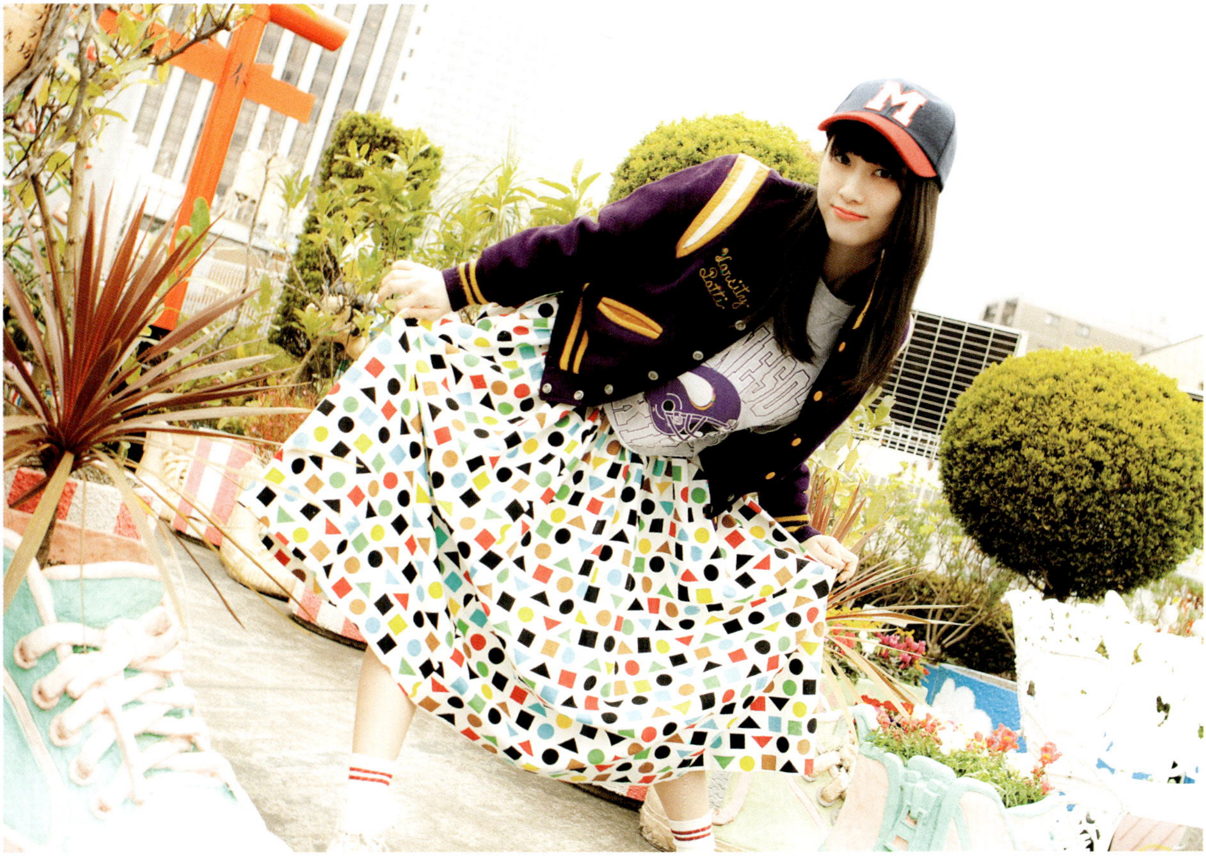

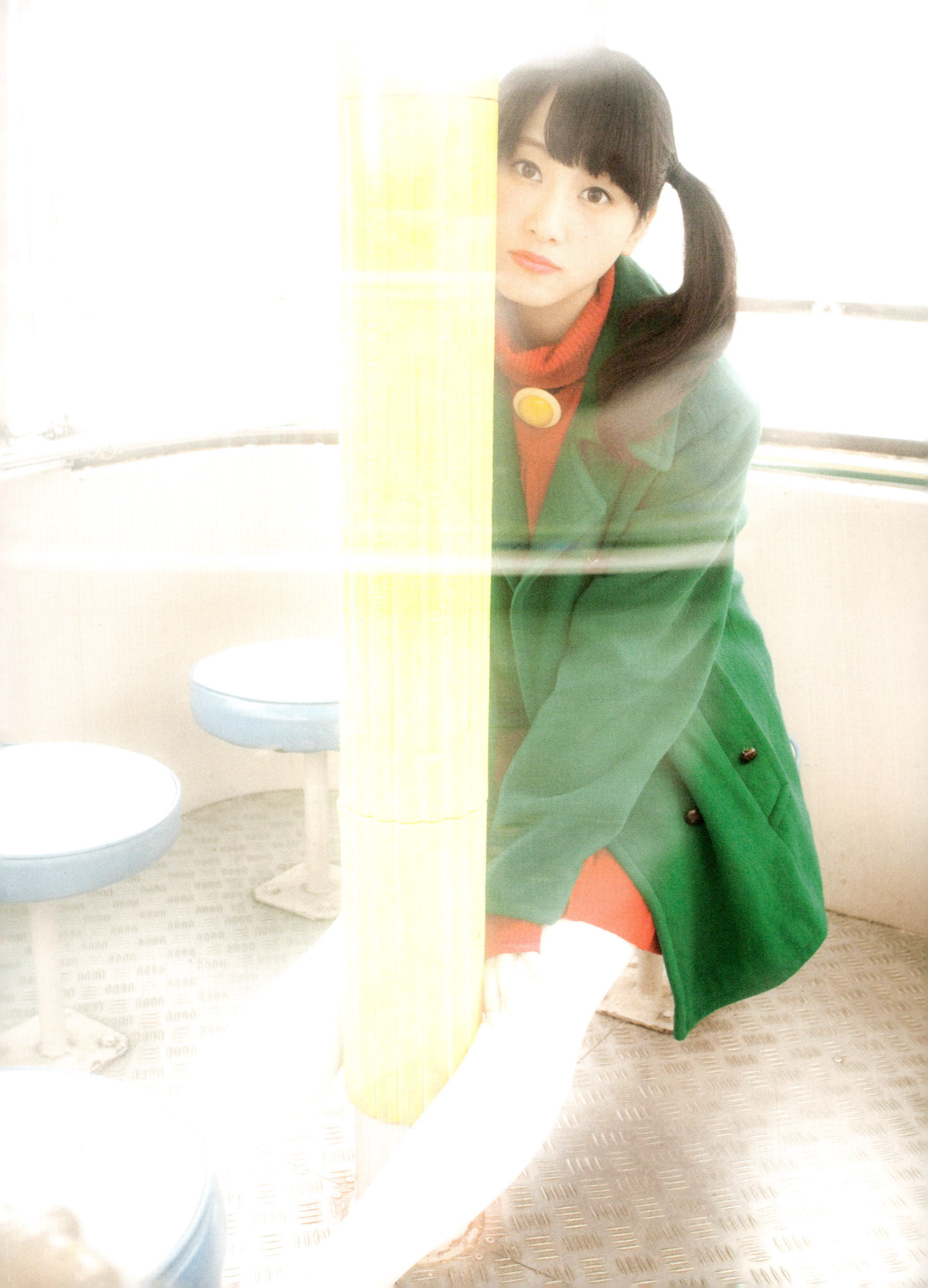

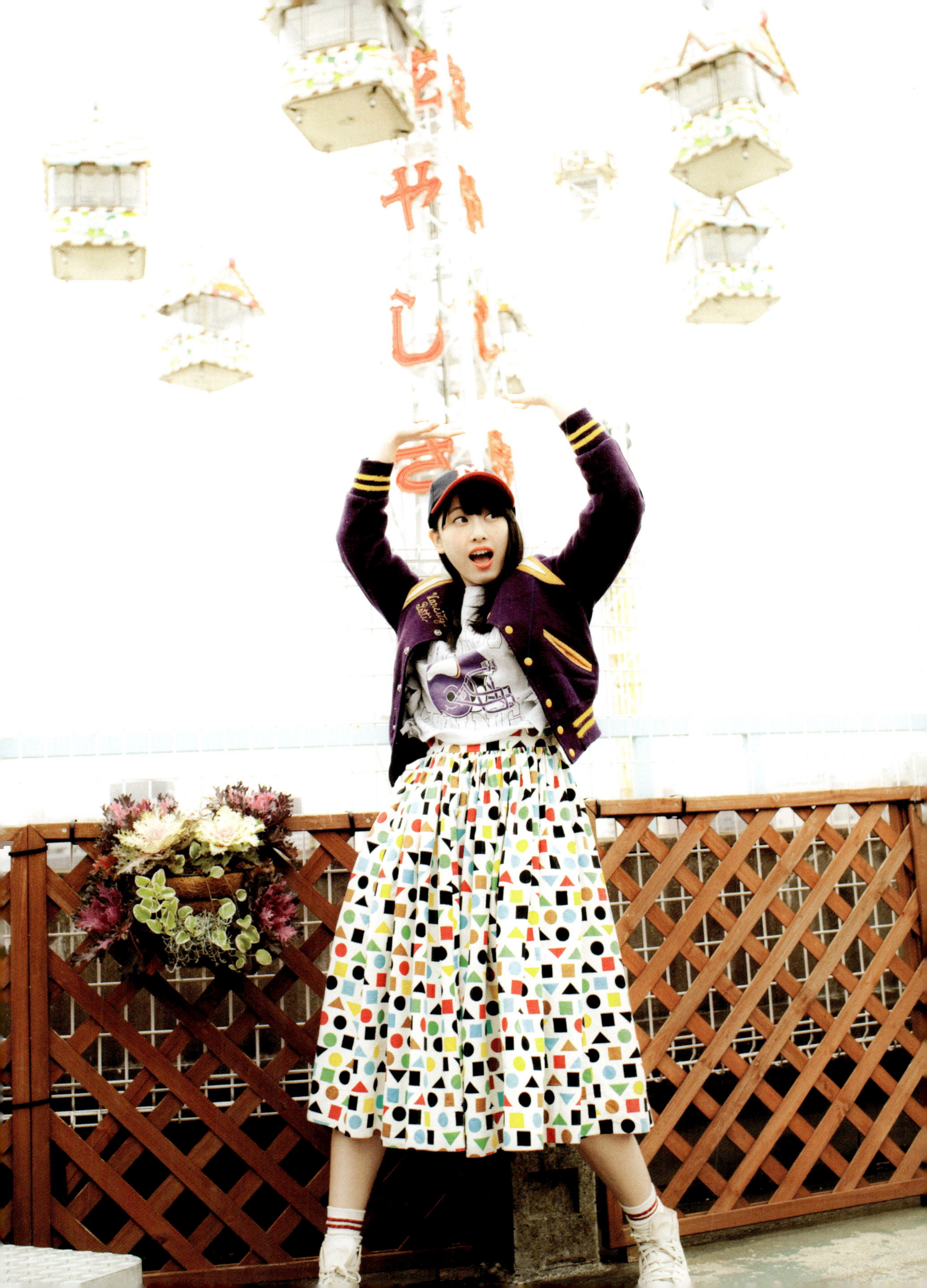

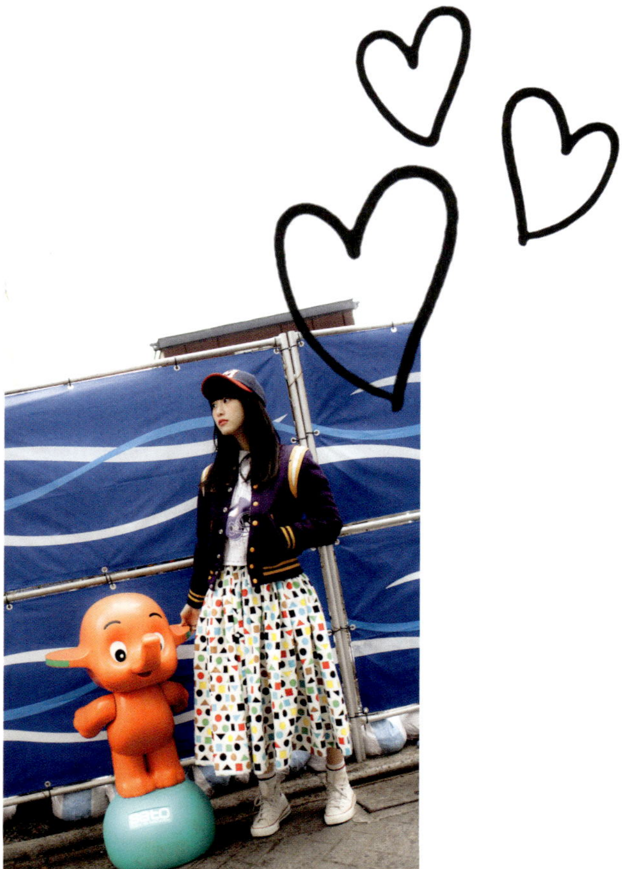

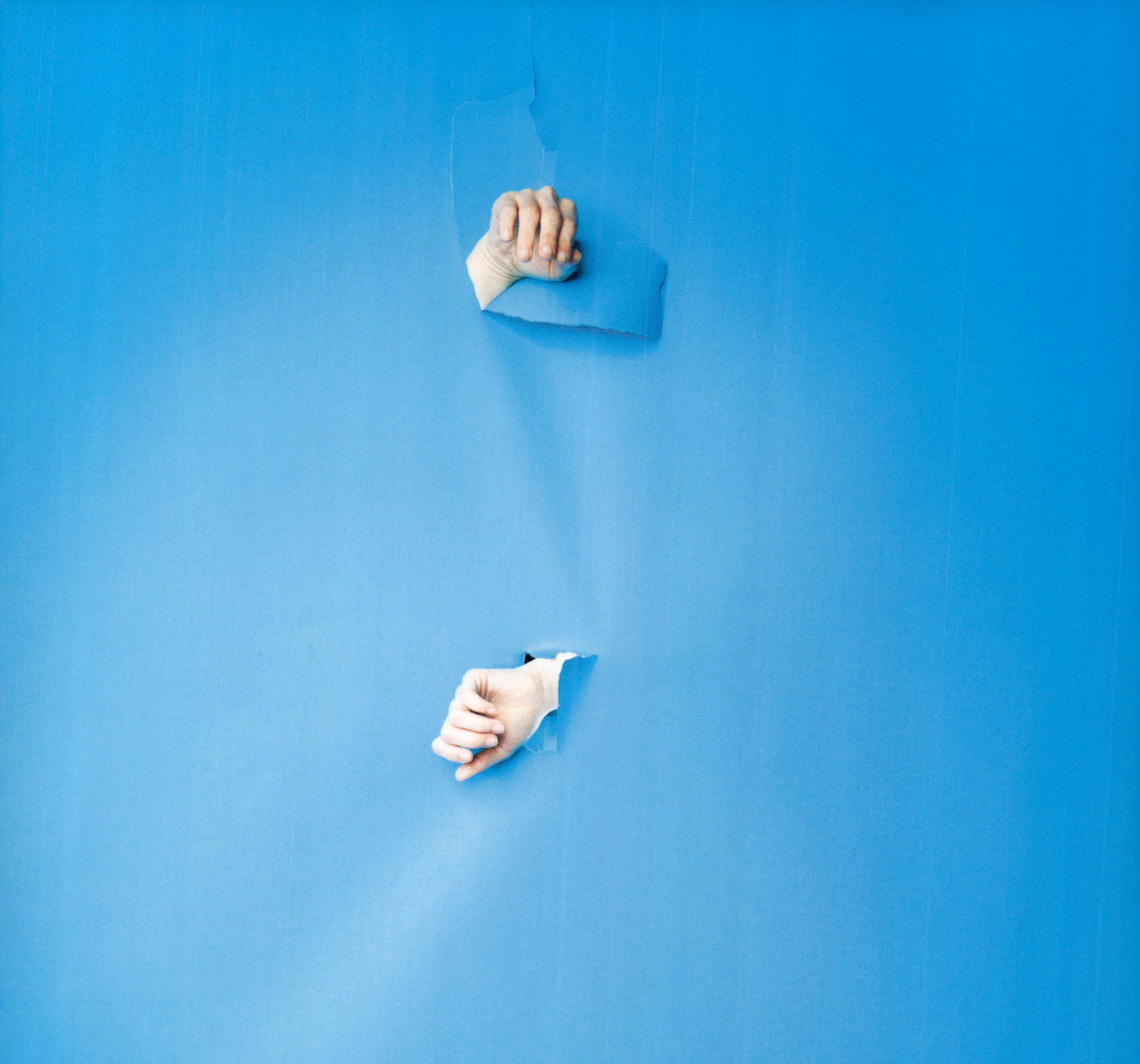

CHAPTER

2

原色スタジオ RIOT!

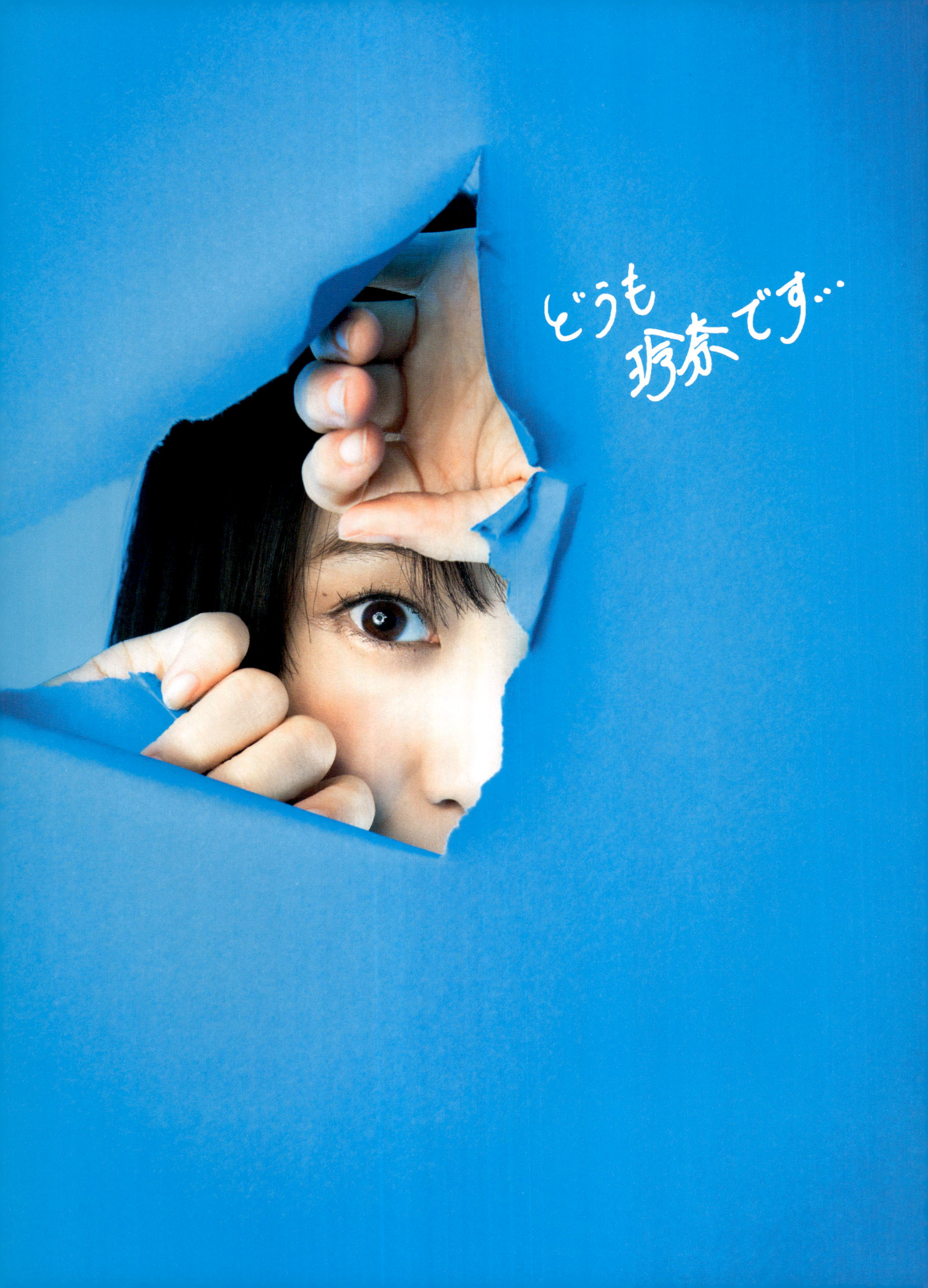
どうも
珍奈です…

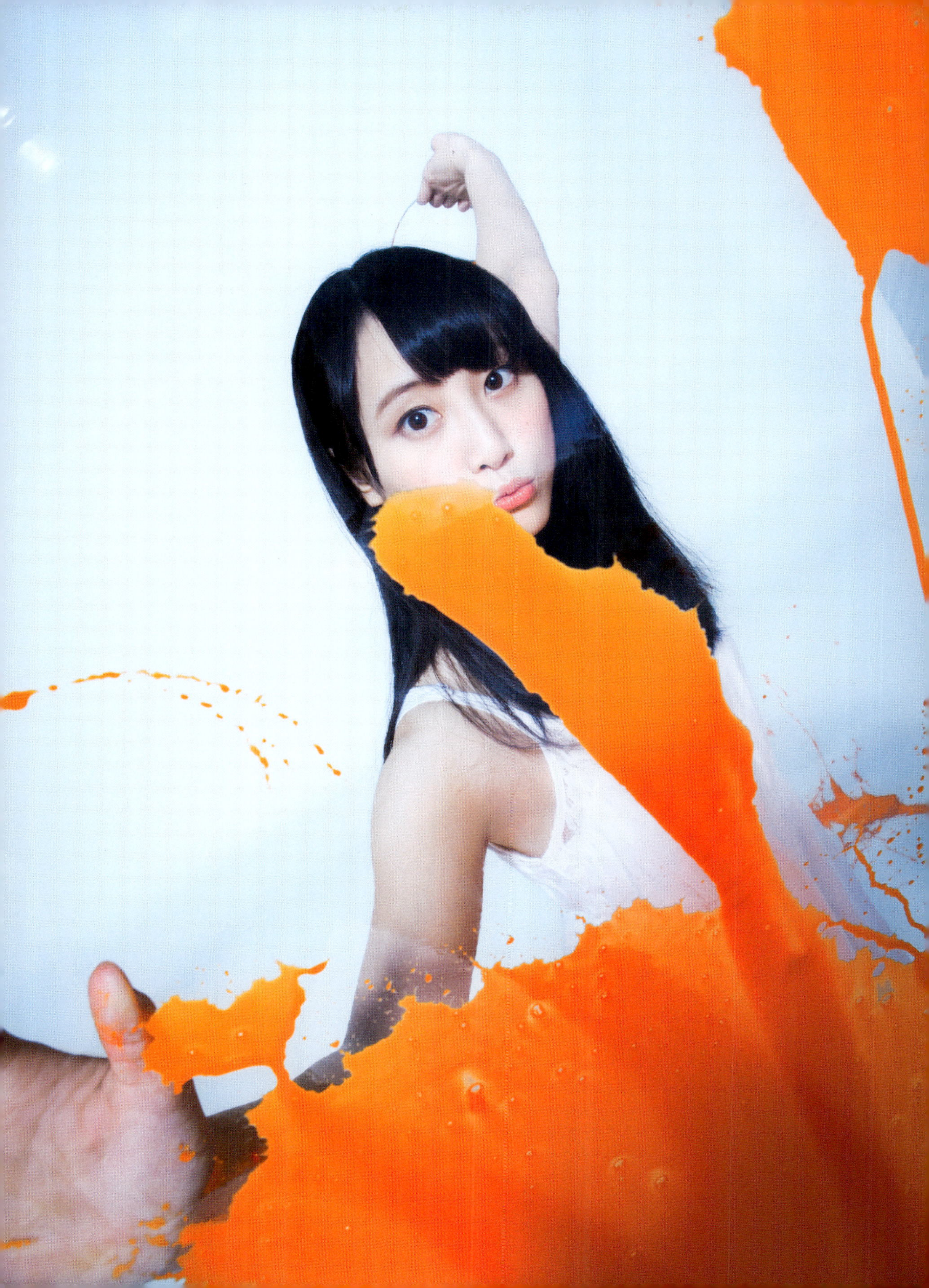

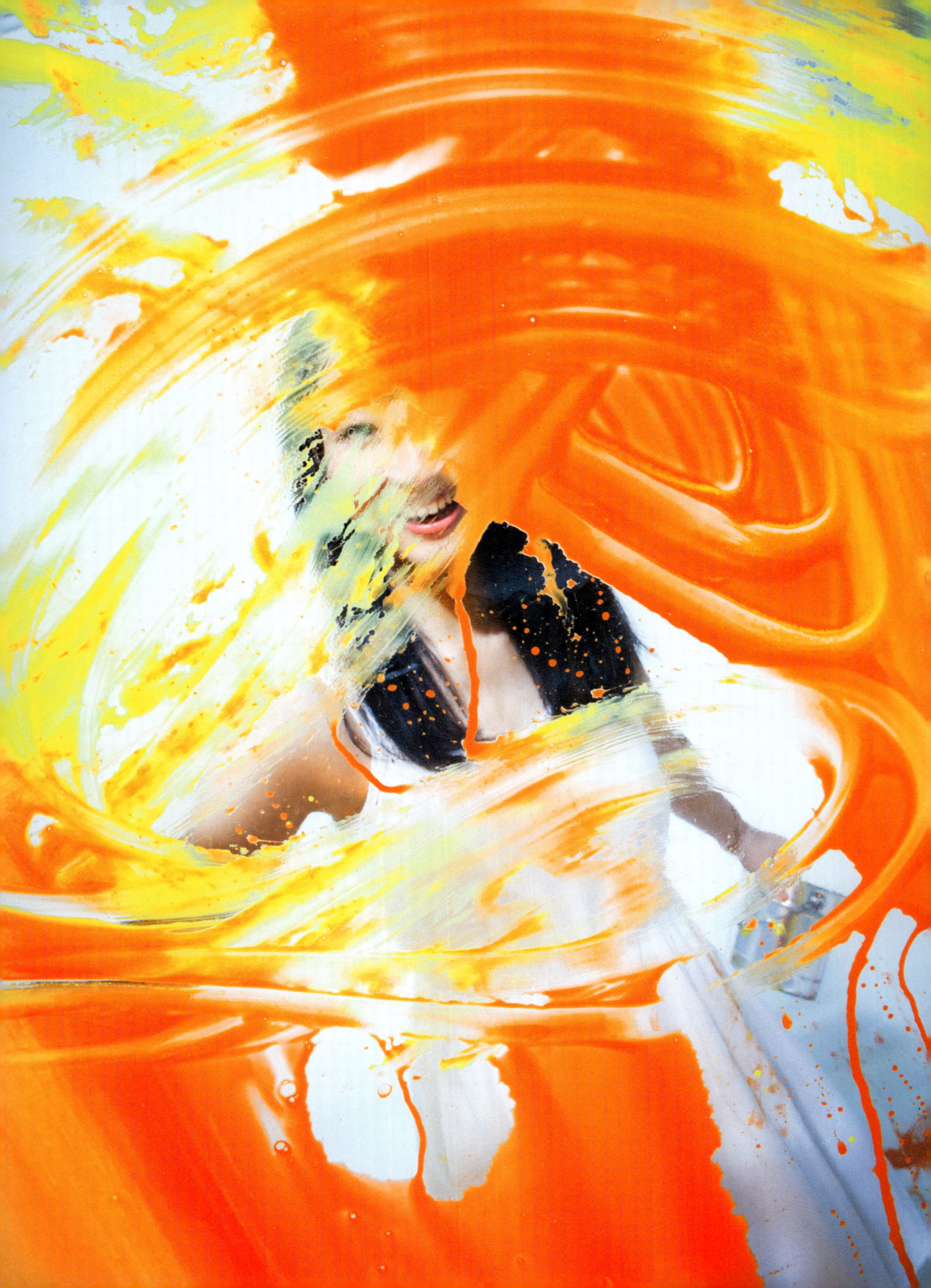

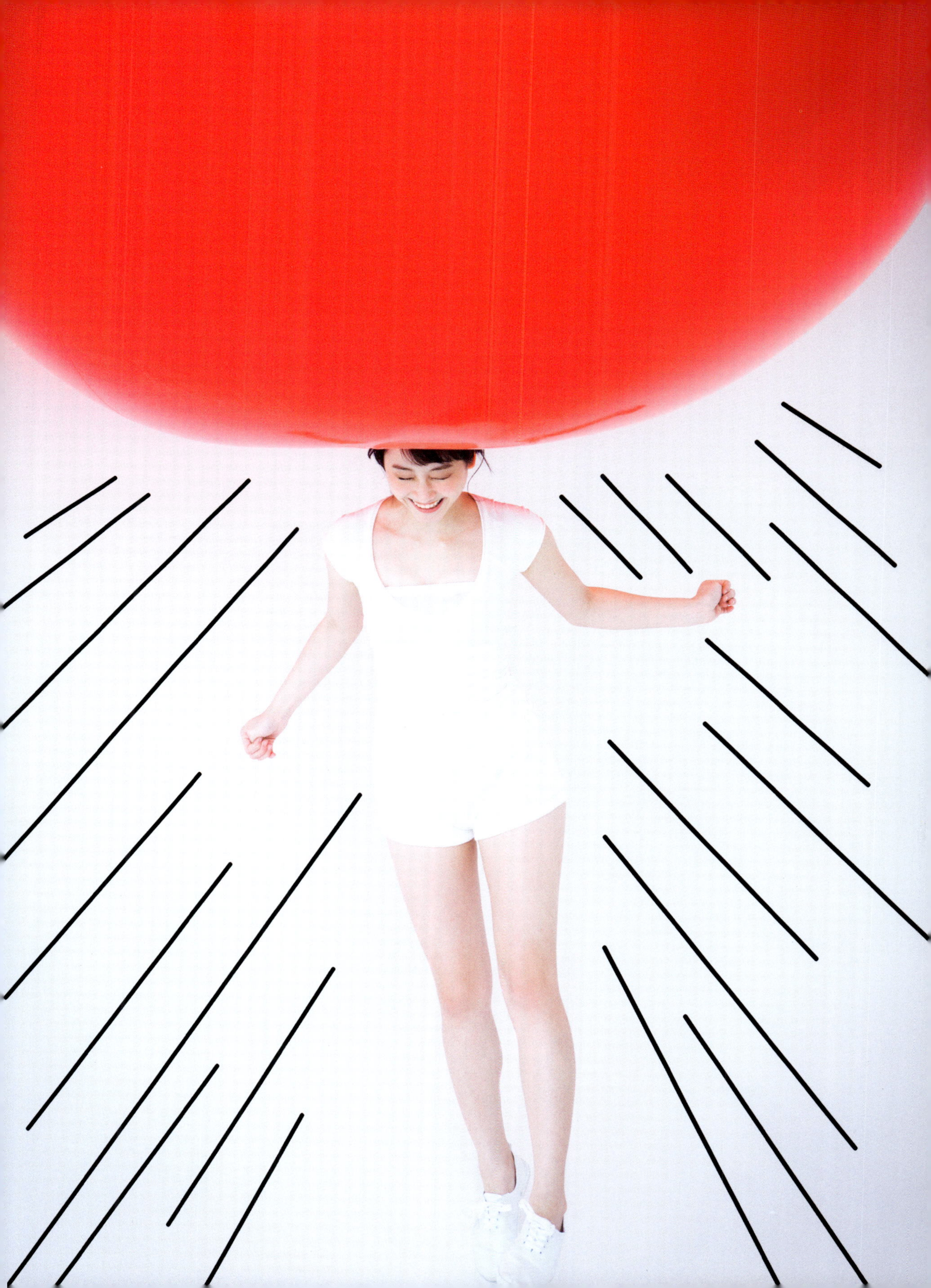

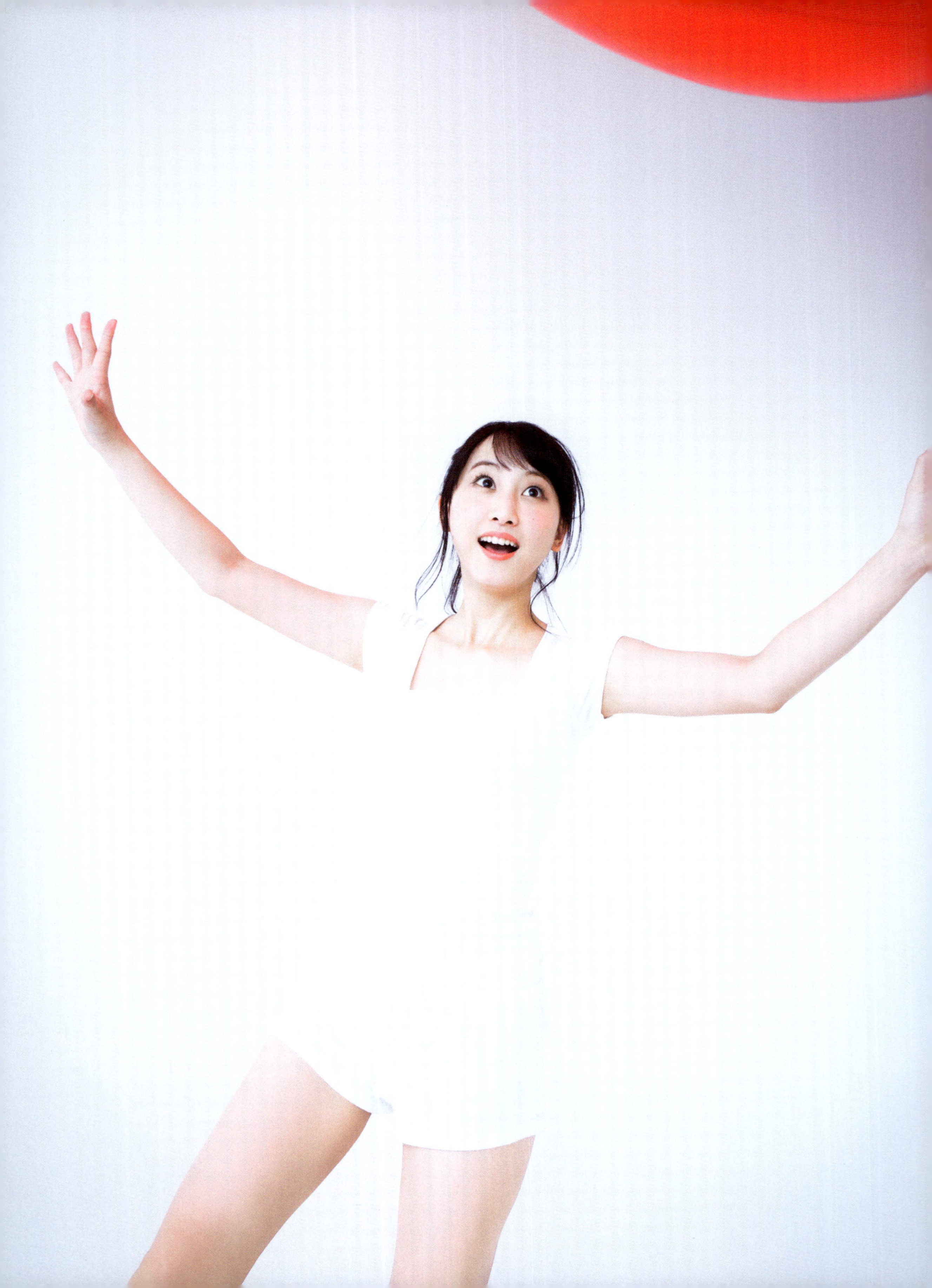

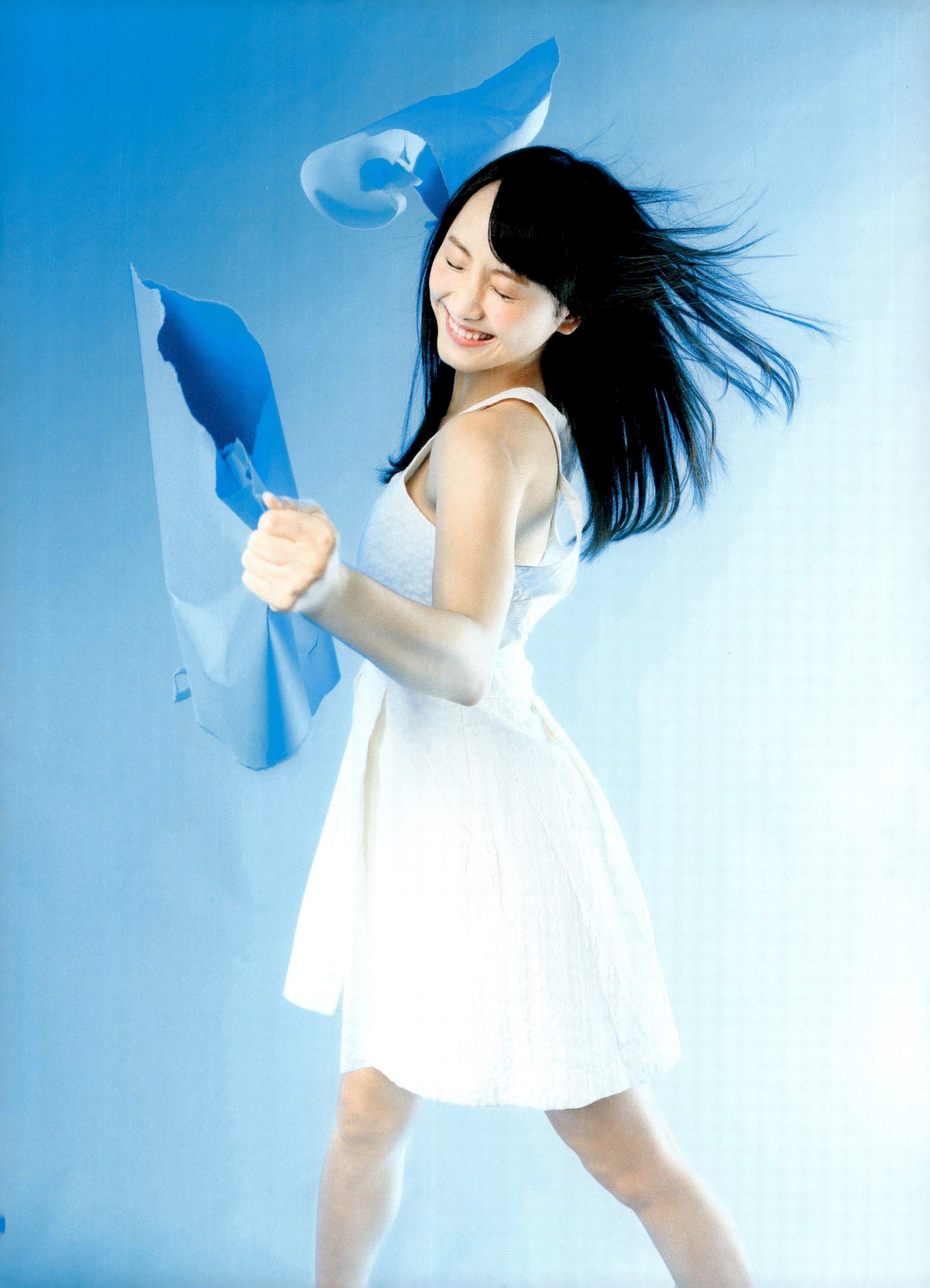

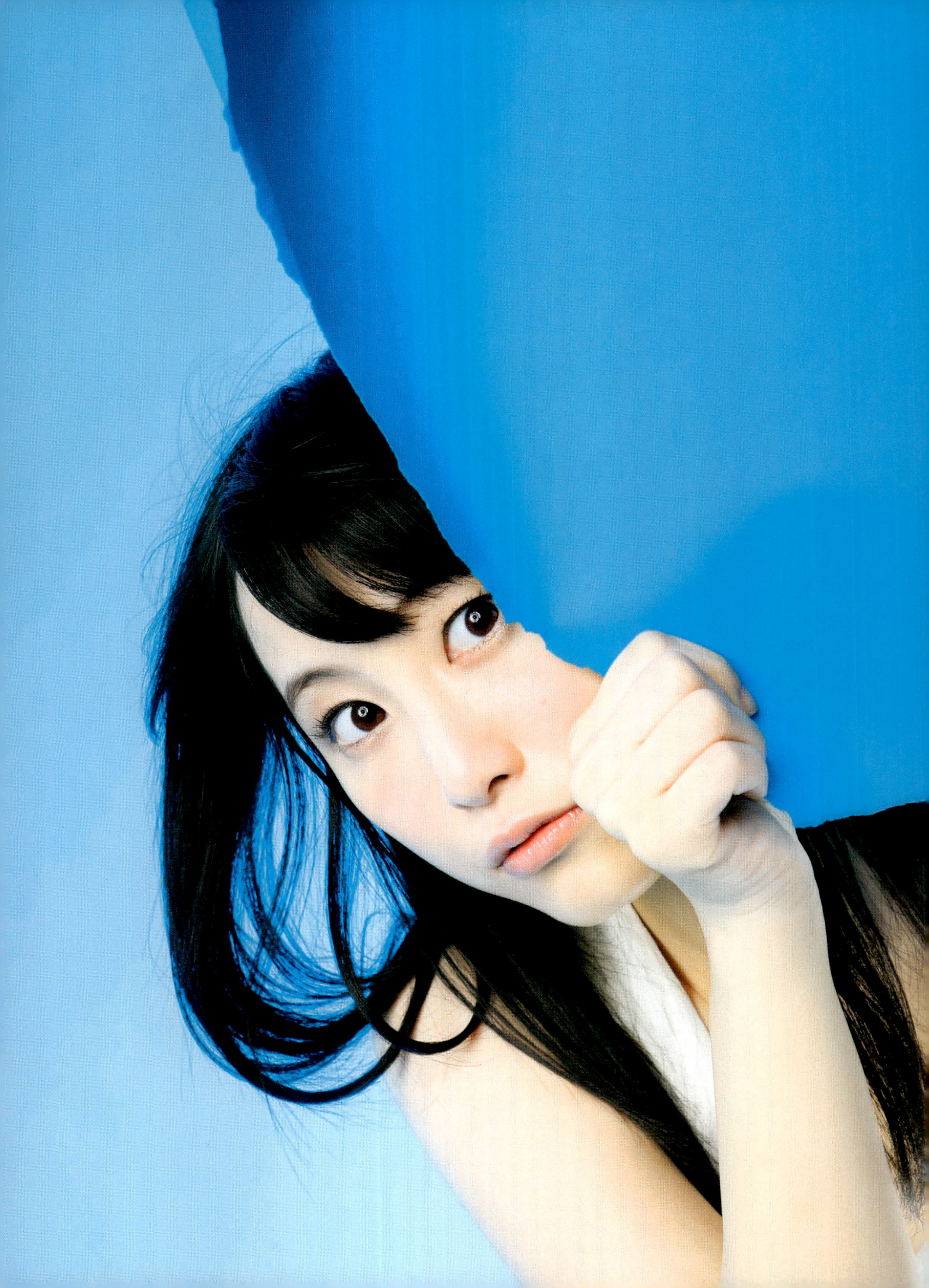

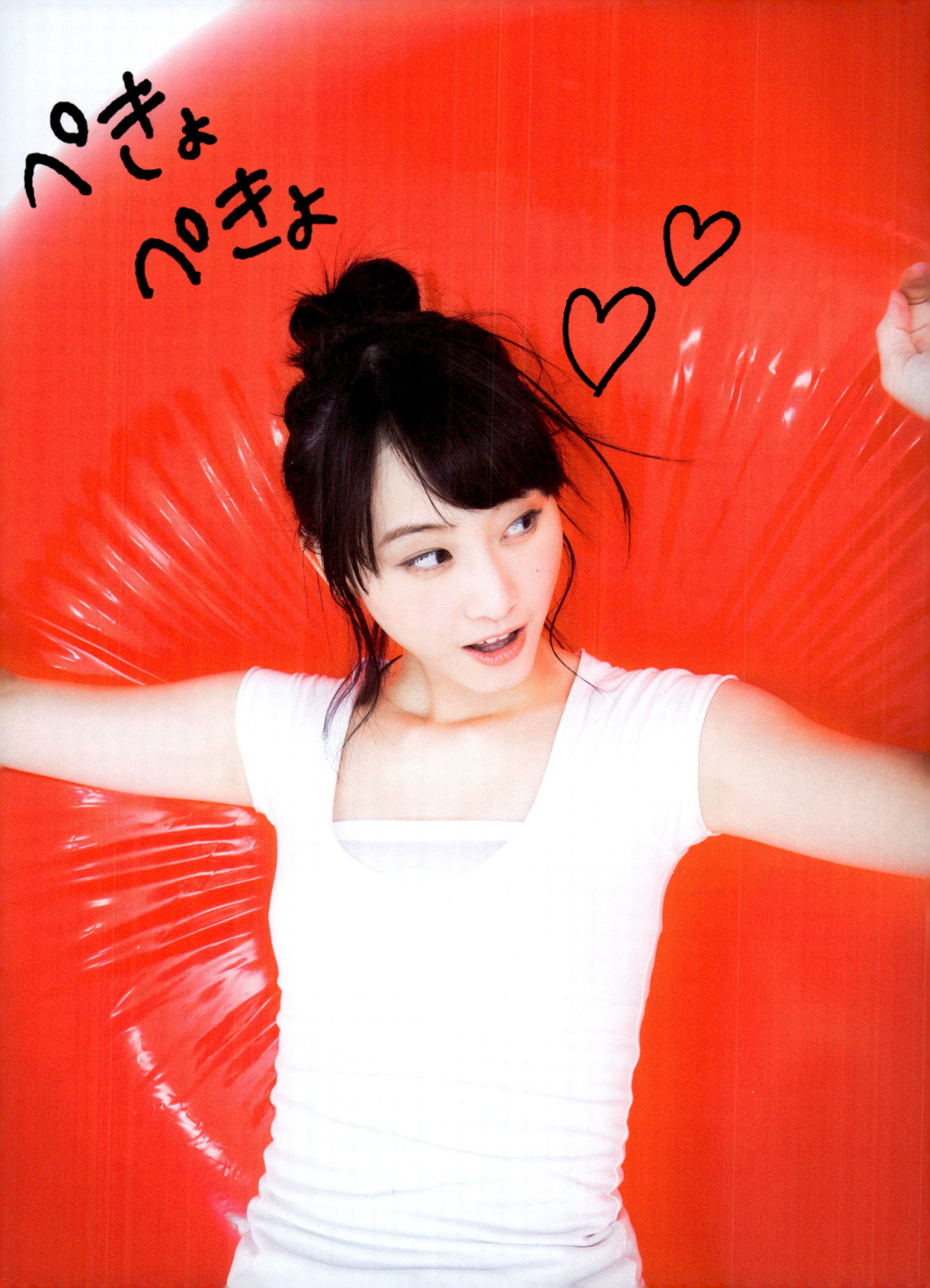
ぺきょ
ぺきょ

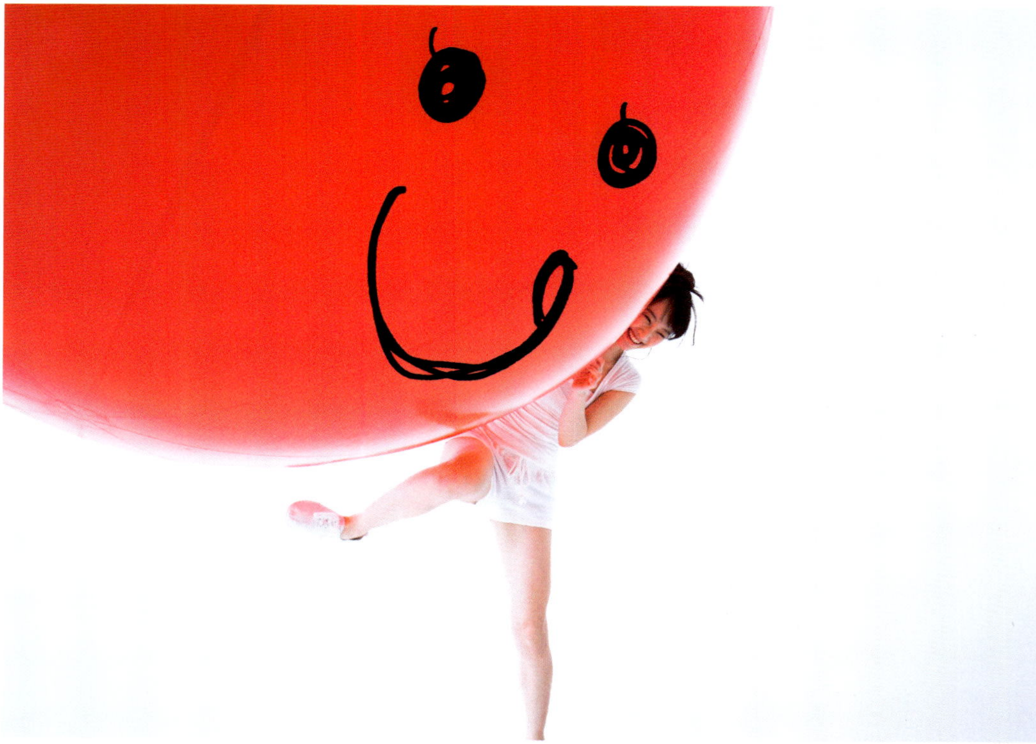

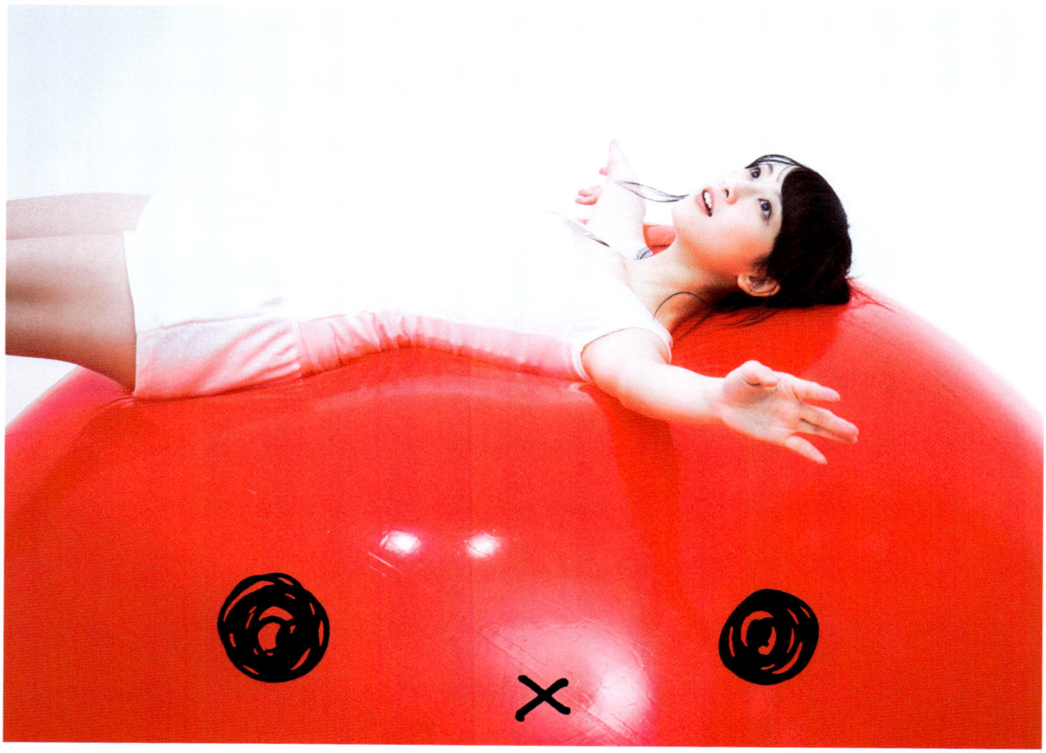

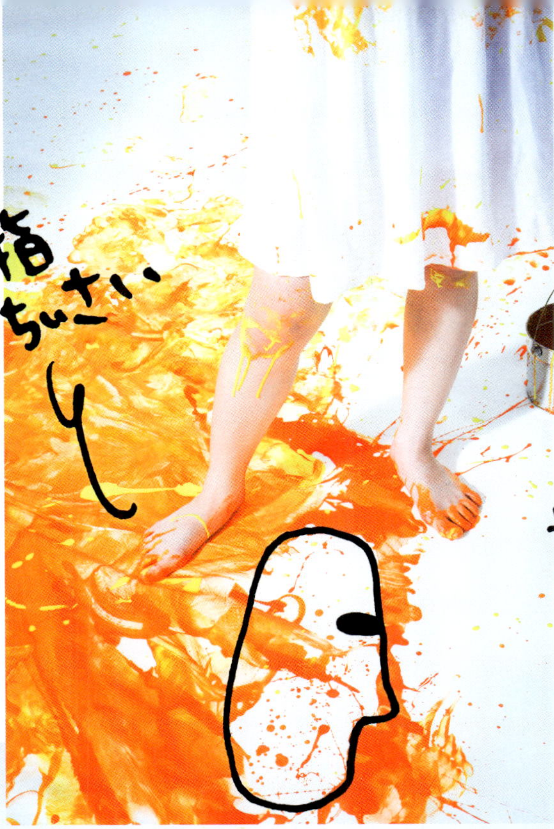
小指
ちいさい

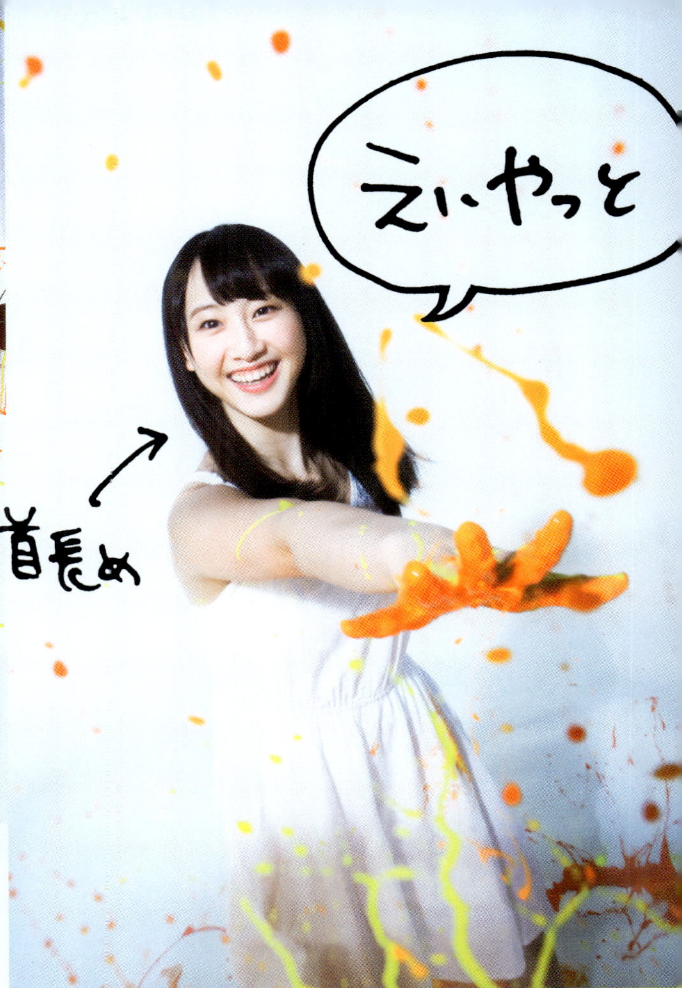
えいやっと
首長め

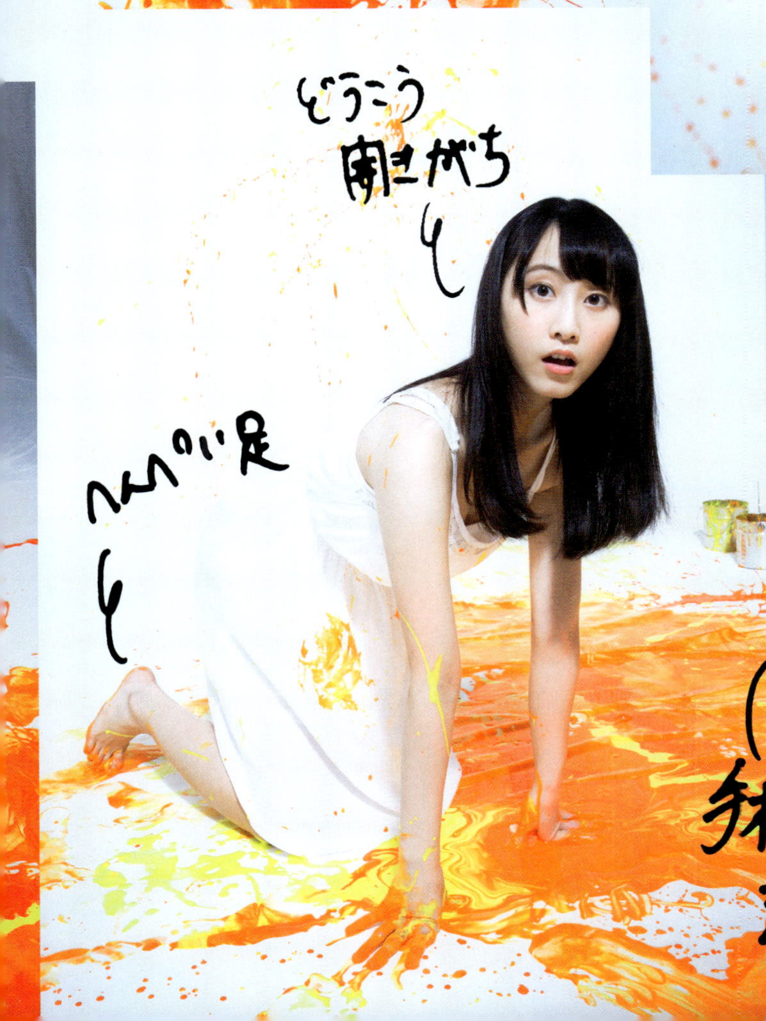
どうこう
開きがち
へんぺい足

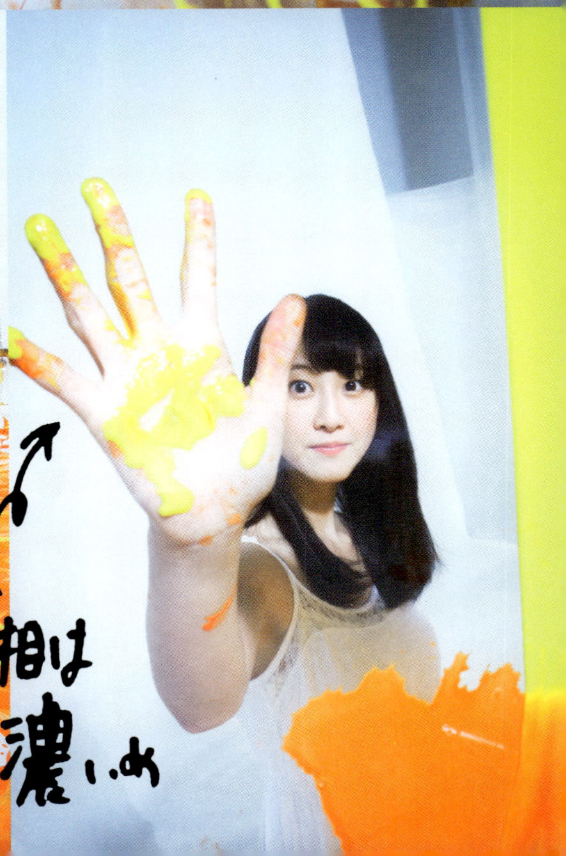
手相は
濃いめ

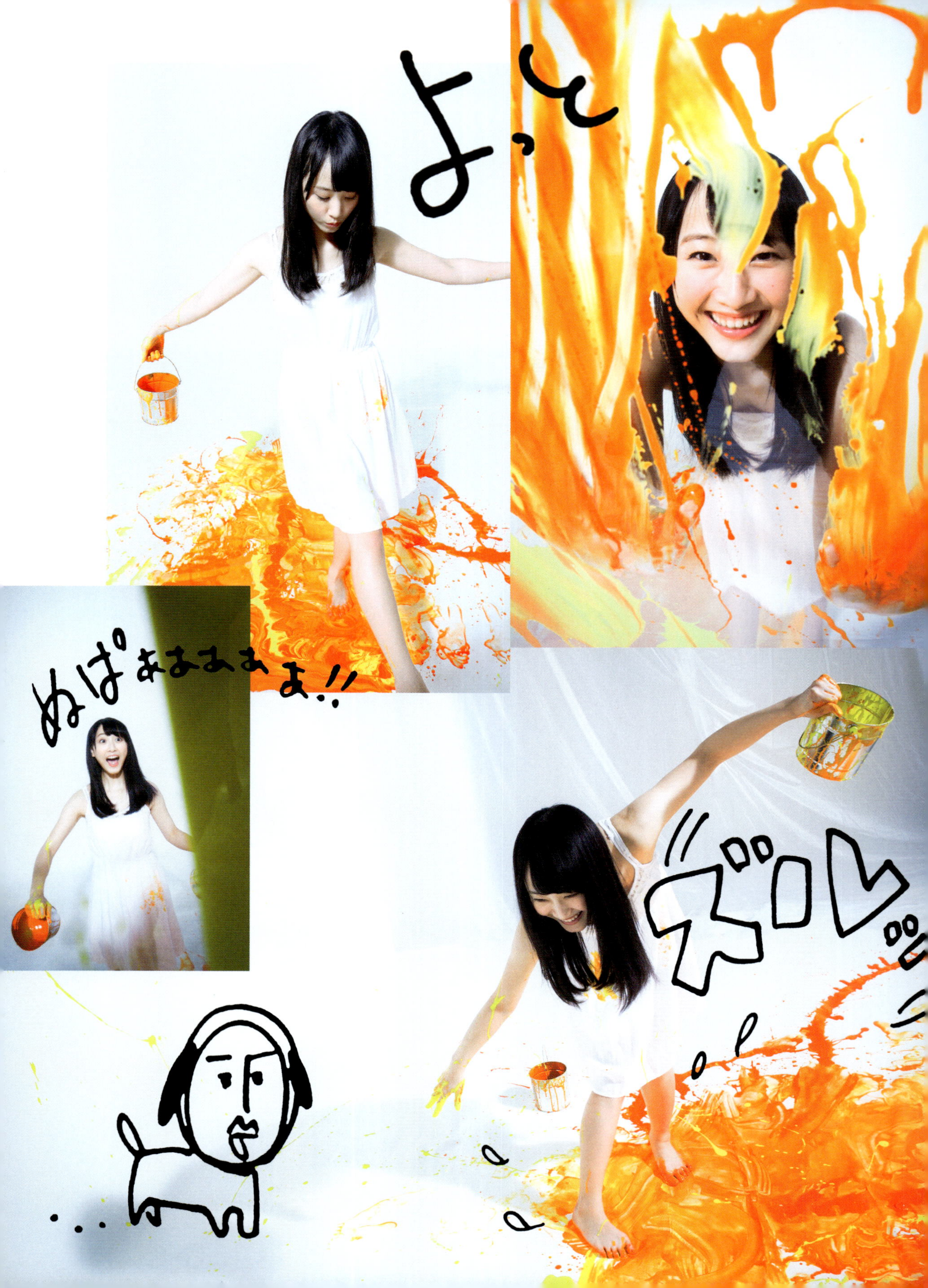
よっと
ぬぱぁぁぁぁぁ!!
ズルッ
…

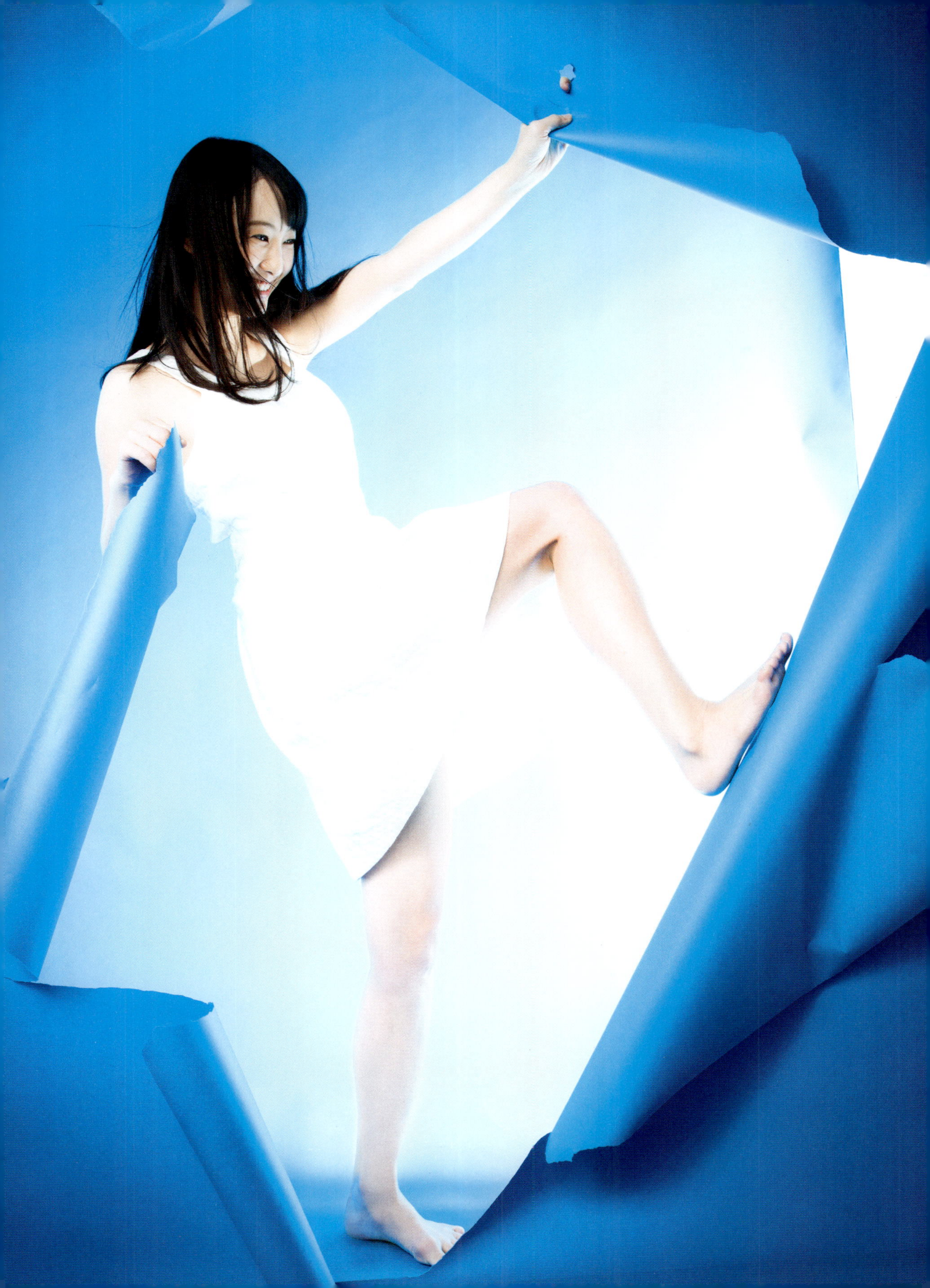

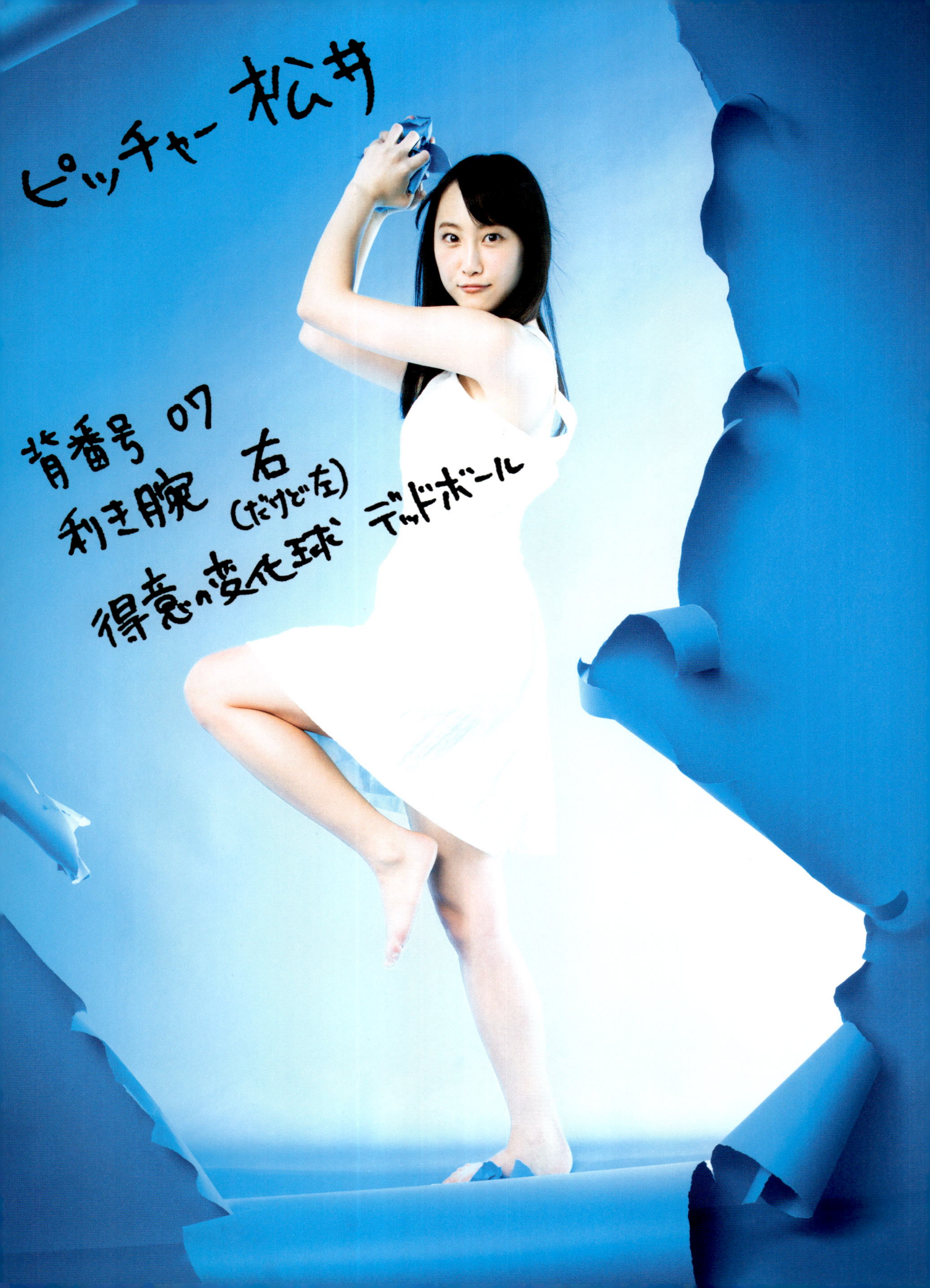
ピッチャー 松井
背番号 07
利き腕 右
(だけど左)
得意の変化球 デッドボール

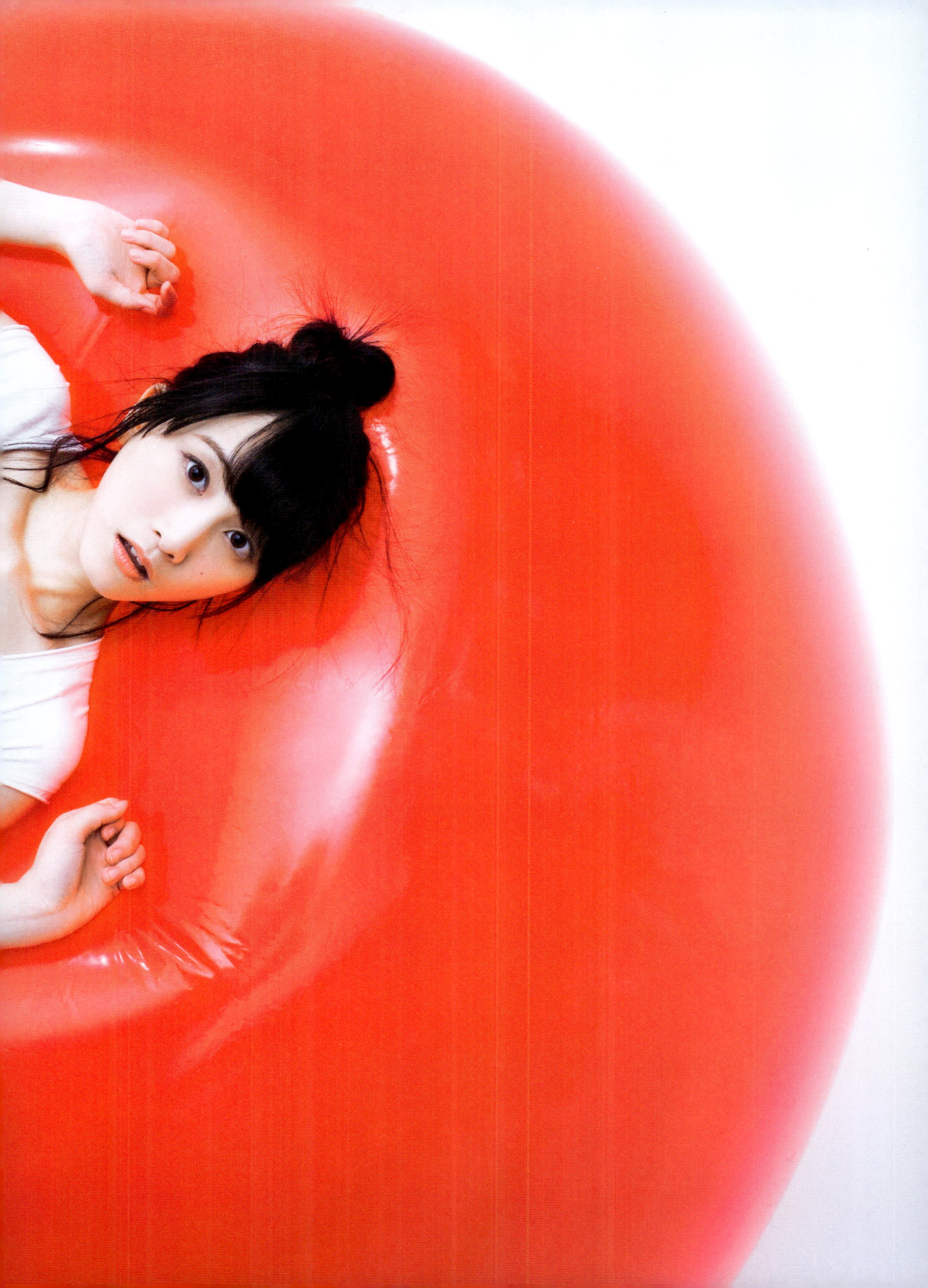

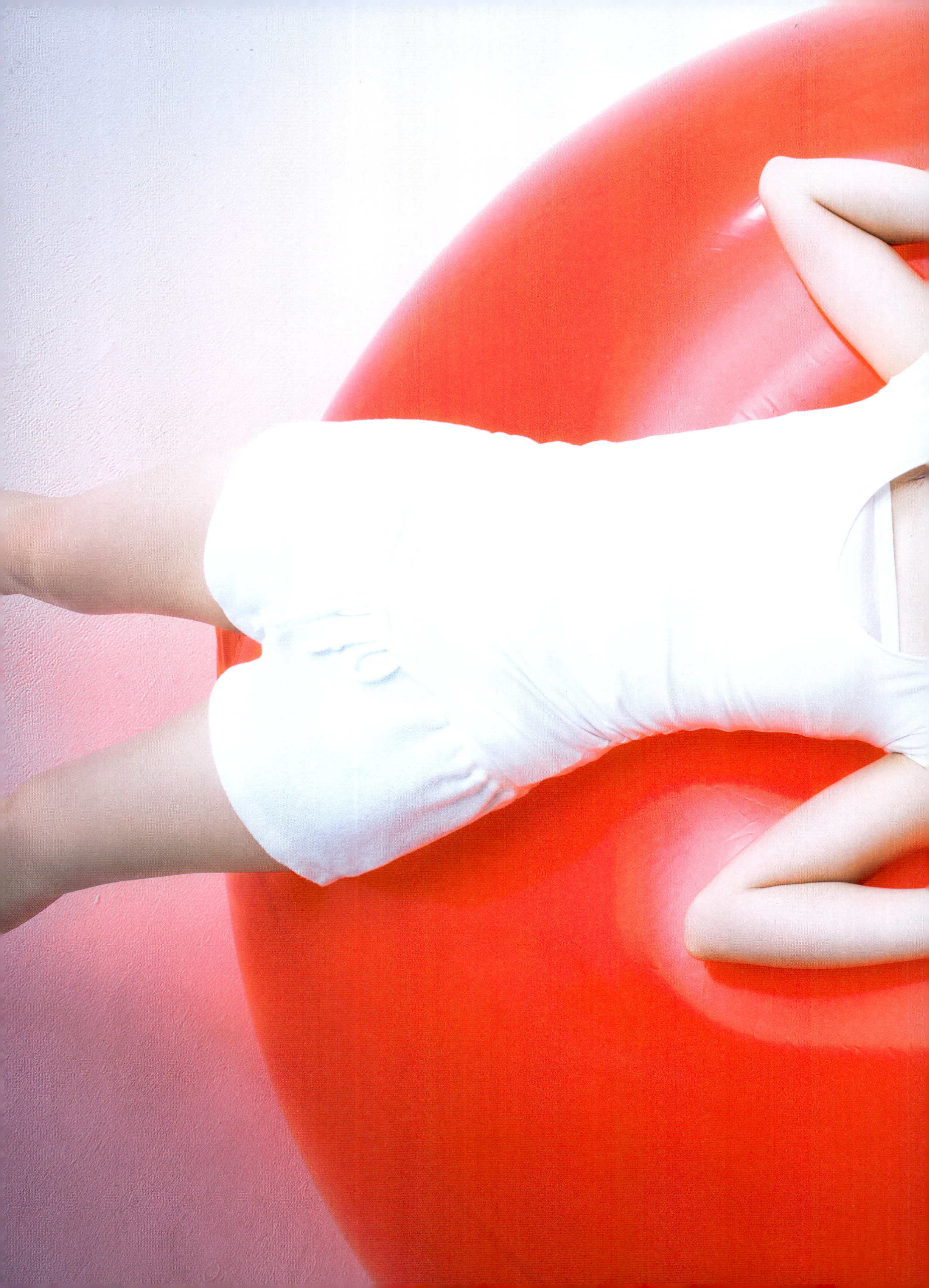

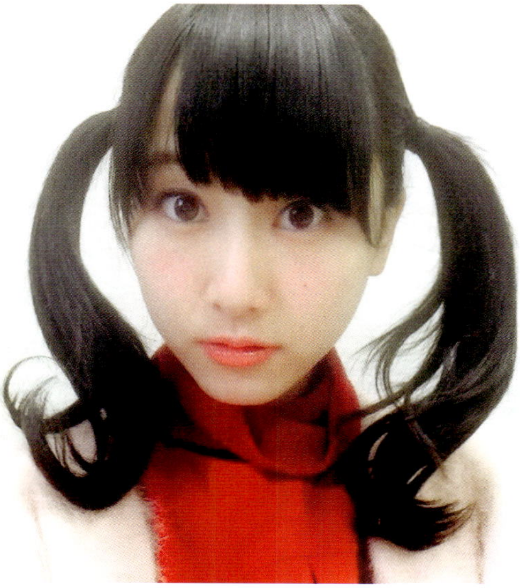

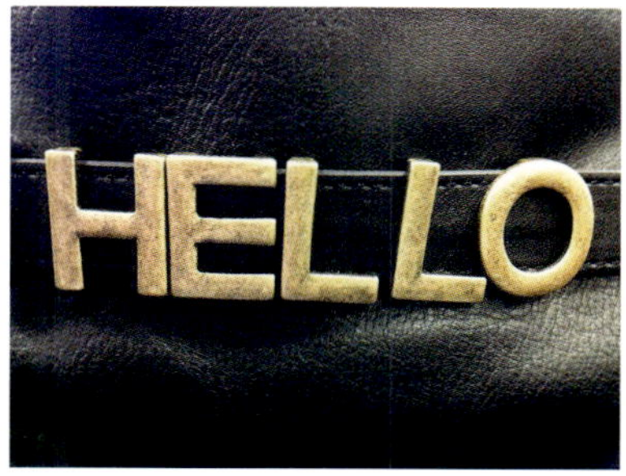
HELLO

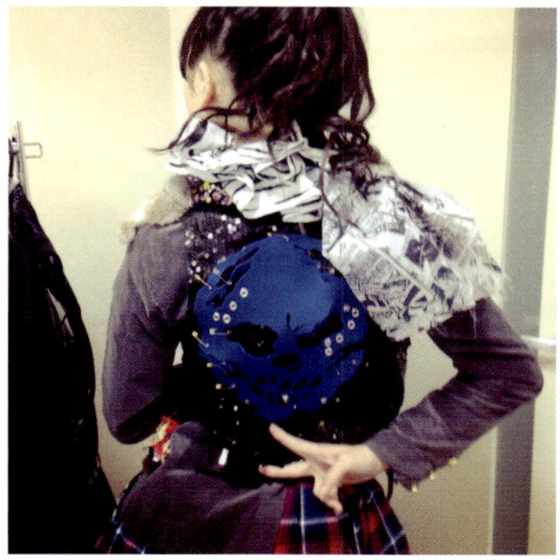

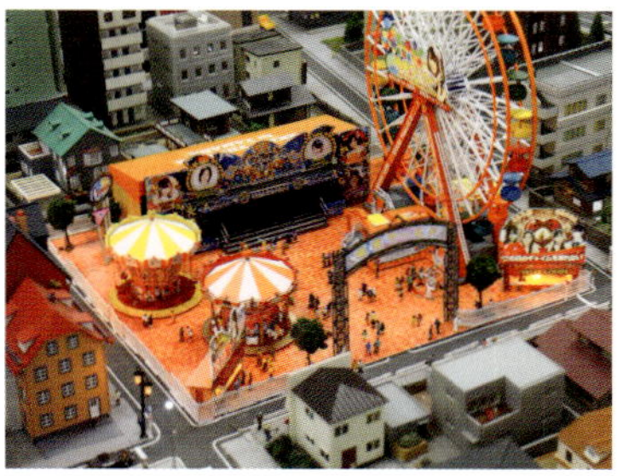

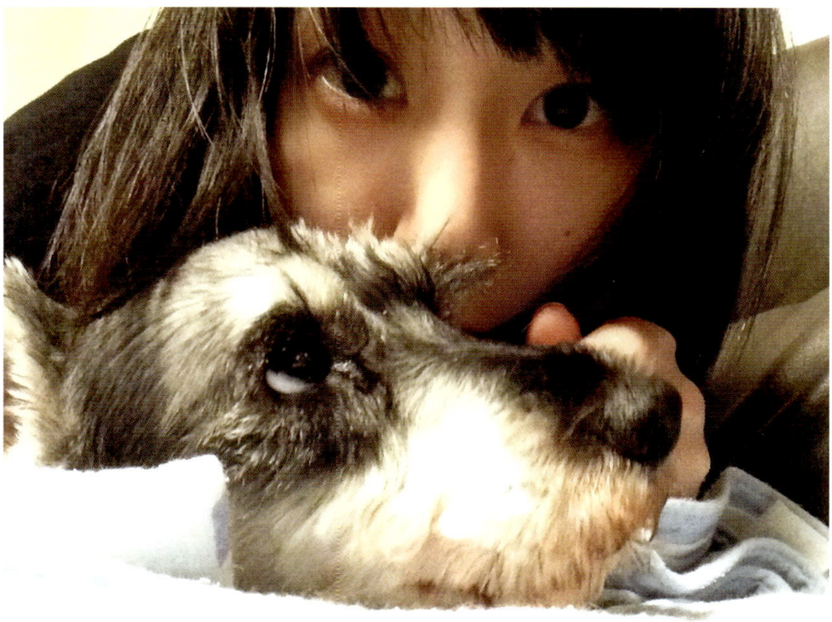

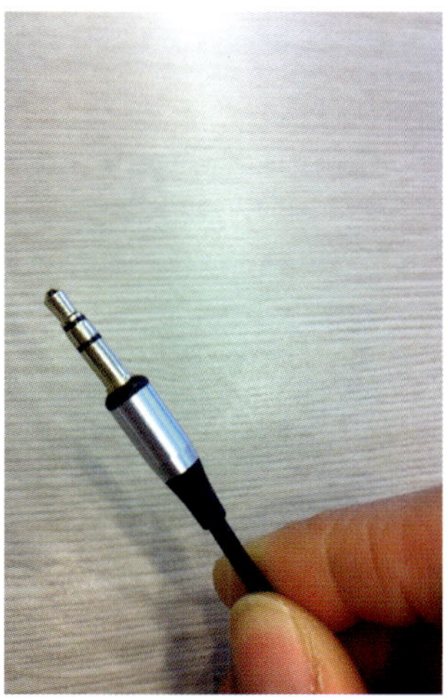

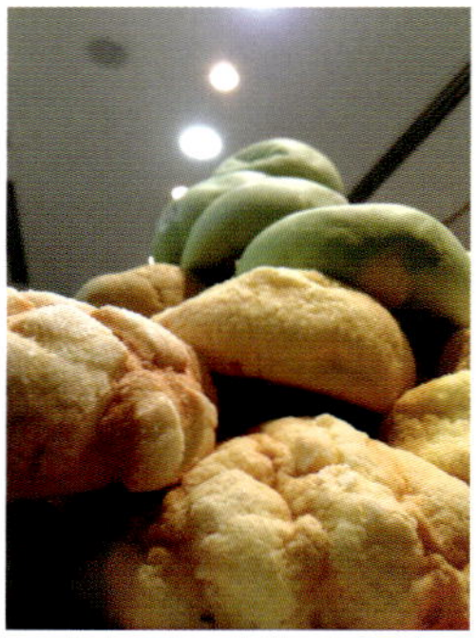

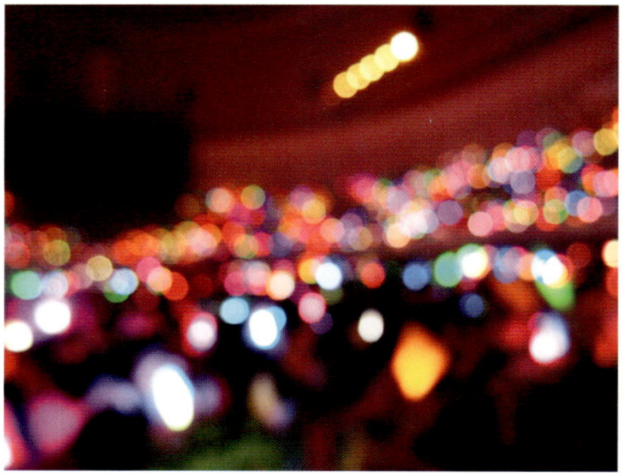

CHAPTER 3 いろいろあります

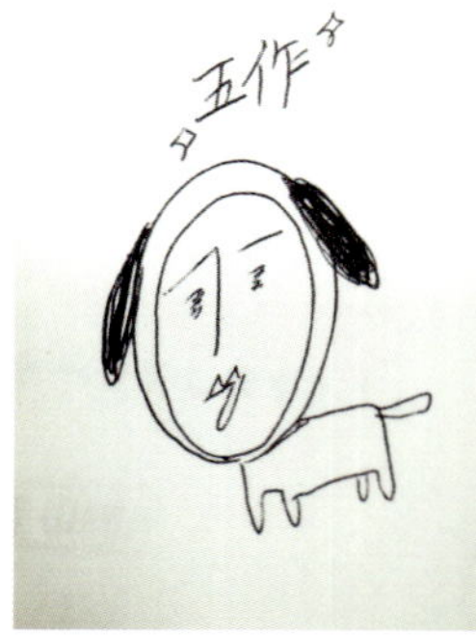

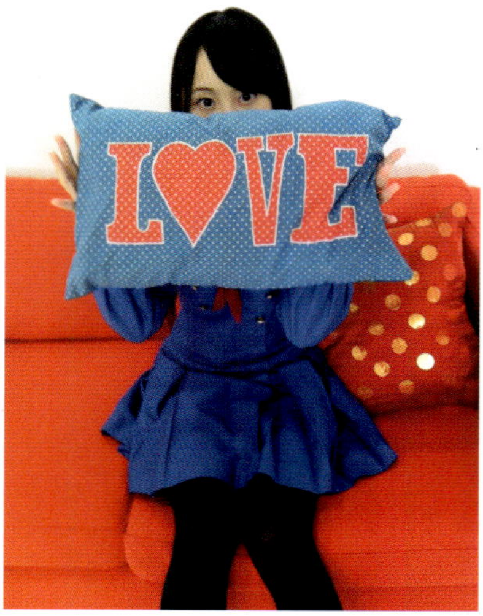

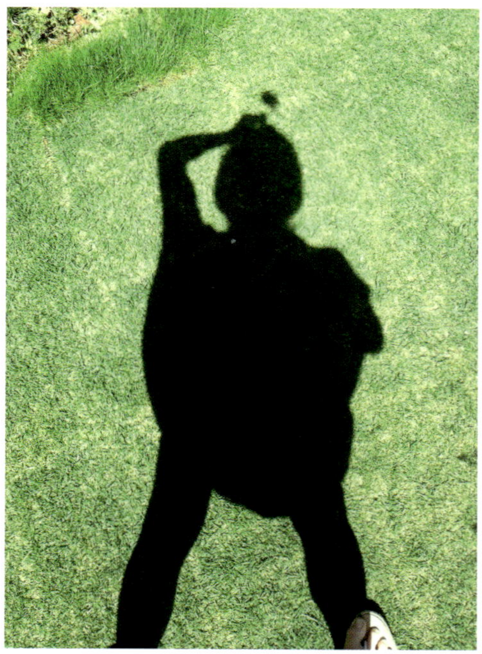

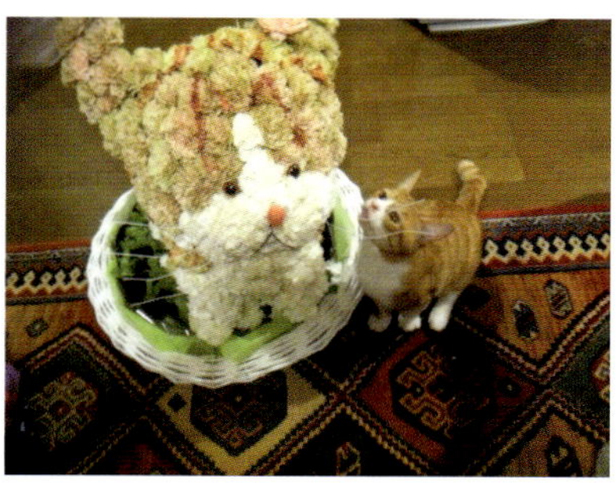

テーマ

「もやし」

もやしもやしもやしもやしもやし。
もやしって貧弱で、なよなよで、なんだか頼りないイメージ。
だけど私はもやしってすごいものだと思ってる。
だってもやしは暗い中で大きく大きく成長するから。
そんな植物ってなかなかないでしょ？
暗い日の当たらない場所で
誰にも見られてなくても大きく大きくなって、
その成長はいつか誰かに気づかれるくらい大きくなる。
普通の植物とは全く違った環境で大きく強くなること
それがもやしの魅力だと思ってる。
こういうと、なんだか軟弱なイメージじゃなくなる気がするの。
昔は私、貧弱な人だったからもやしっ子っていわれてた。
でも今はもうもやしっ子ではないよ。もう随分強くなった。
スポットライトを浴びている時よりも、
そうじゃない時の方が悔しさがあったり、
広い視野で物事が見れたりして、その経験、時間が私を強くしてくれた。
もやしみたいでしょ。
薄暗い場所でどう踏ん張るか、それが大事なんだと思う。
以上、松井玲奈のもやし理論。笑

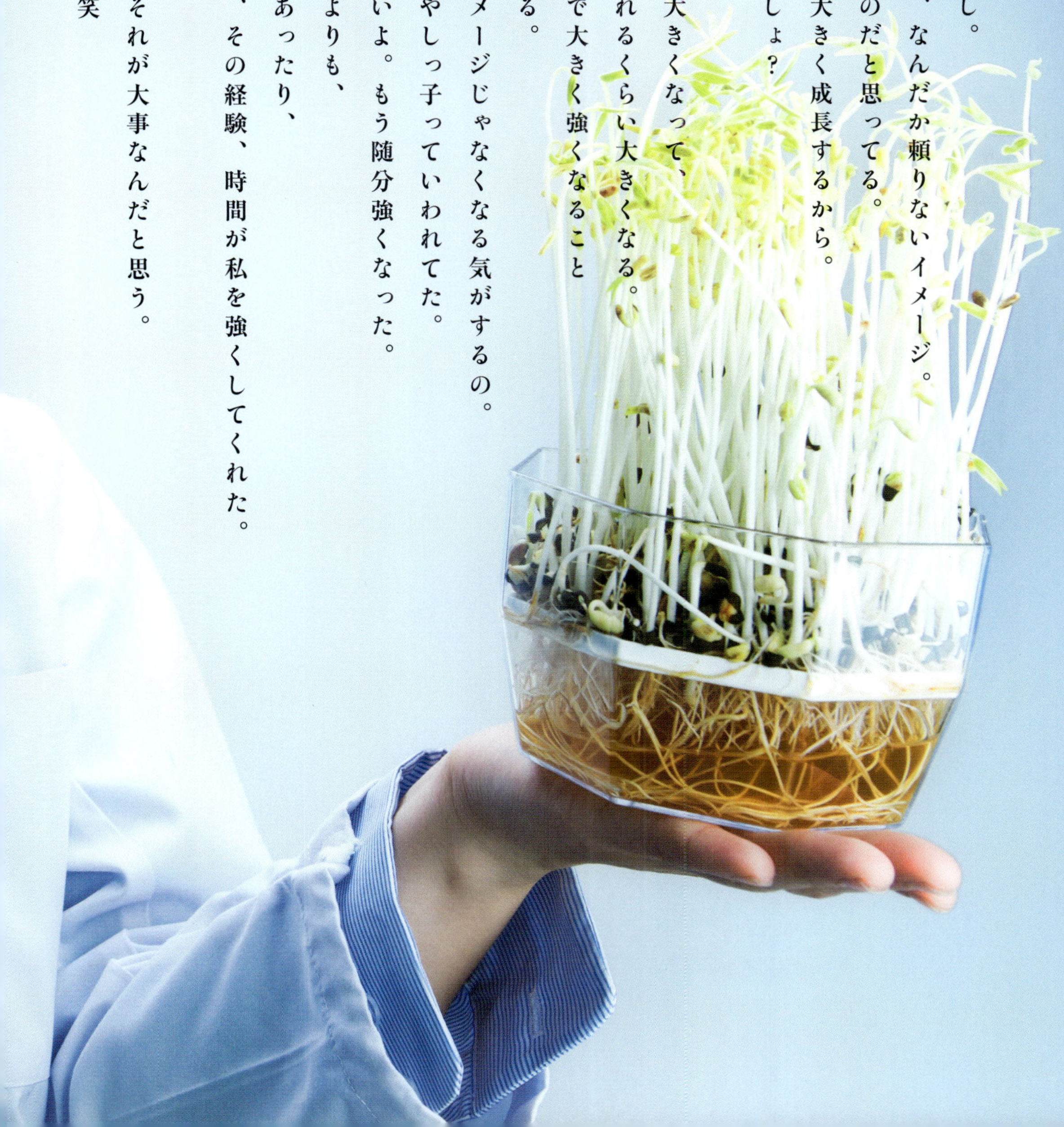

玲奈の主張 1

書き下ろしエッセイ

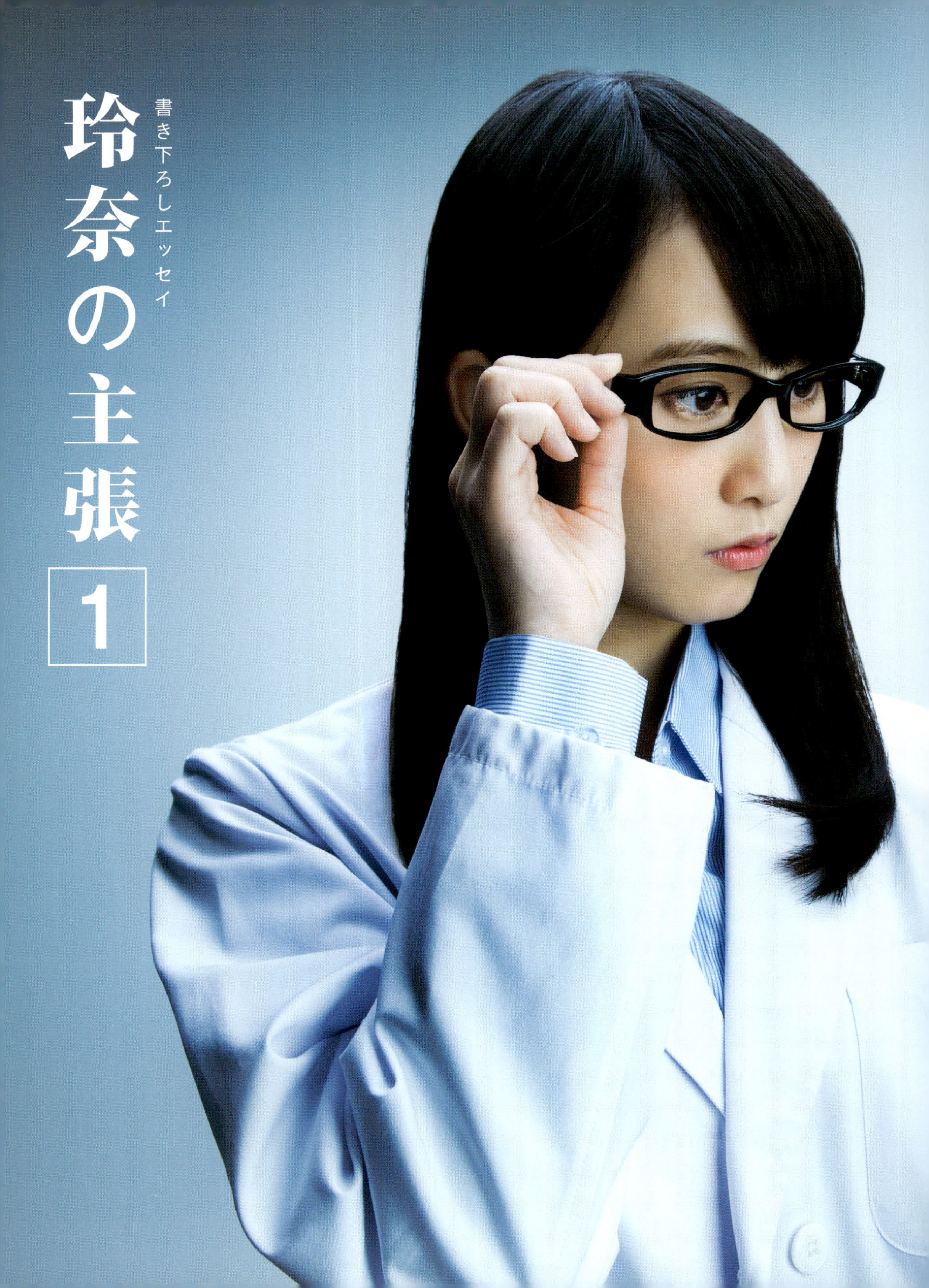

今、最もキケンなマンガ家と魂の邂逅！

対談with『悪の華』押見修造先生

マンガ・アニメ大好きでおなじみ玲奈さんですが、せっかく自分の本で対談するなら超強烈な作風のこの方と！

欲望に衝き動かされて憧れの美少女・佐伯奈々子の体操服を盗んでしまった内向的な中学生の春日高男。その姿を目撃したクラスの変わり者の女子・仲村佐和は彼に告げる。「春日くん、私と契約しよう」。盗んだ体操服を中に着込んで奈々子とデート。夜中に教室を荒らして〝クソムシの海〟に。春日が仲村に強要され異常な命令を実行するうちに、3人の少年少女の運命は想像を超えた方向に暴走を始める………。『別冊少年マガジン』'09年10月号で連載をスタートさせた『悪の華』は、誰もがフタをしている思春期のドロドロが詰まった急所を、容赦なく抉りまくる強烈な作品だ。よりにもよってこの作品をフェイバリットに挙げ、いろんな機会にリコメンドしている玲奈さん。今回は本人のたっての希望で、作者の押見修三先生と直接対談です！

そもそも、玲奈さんがこの作品に出会ったキッカケは？

松「1巻が出たときに、本屋さんで平積みされてるのを見たんですよ。表紙に〝クソムシが〟って書いてあるのを見て、惹かれて。でもその時、母と一緒にいたので〝ちょっと今買うのはヤメとこう〟と」

押「親の前じゃマズいっていう（笑）」

松「その言葉がすごい斬新で、私最初ギャグマンガだと思ってたんですよ。それでアニメ化が決まったときに一気に買って、バ～ッて読んで自分の大間違いに気づいて（笑）。でも読み進むほどにドップリはまっていって、何て言うかすごい……。楽しくてっ!!」

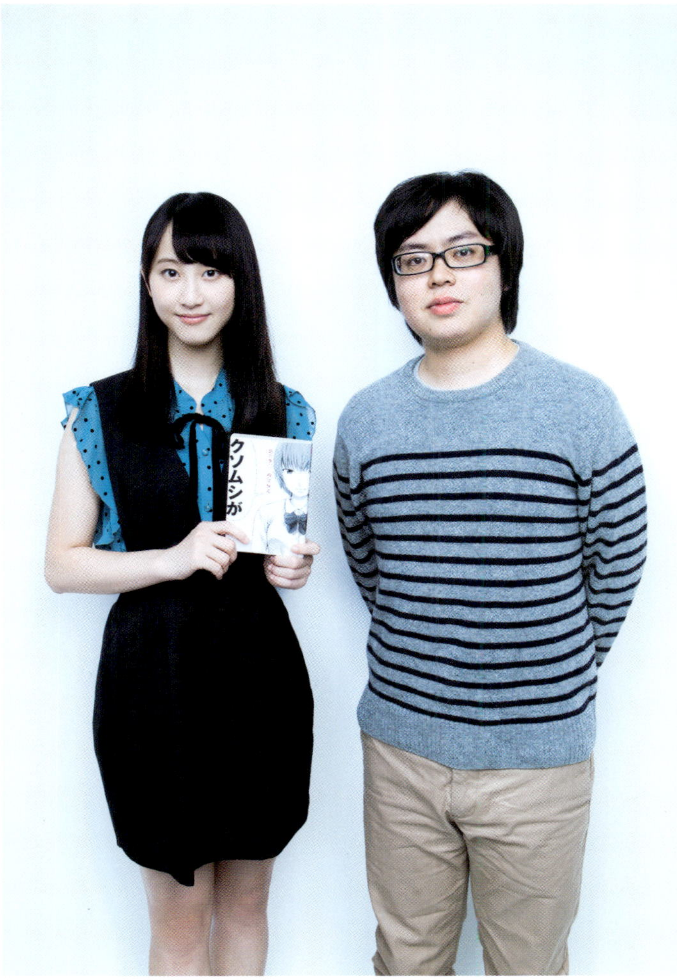

押「楽しいですか（驚）？　いたたまれないとか、読むのがツラいけど読んでしまうとか、そういう感

想を頂くことが多いんですけど」
松「普通だと隠すようなところを、ものすごく突き詰めて、やり切ってるじゃないですか。〝そこまでやっちゃう!?〟みたいな。だからバトル漫画とかとは別の意味で、スカッとするんです。気持ちいいんです、読んでると!」
押「スカッとするって言われたのは初めてかもしれない……(笑)。めちゃめちゃ嬉しいですね」
松「中学生編はそういう感じですごい突き抜けてて、でも高校生編は平和で何の事件も起こらない。ただ危険な気配だけはずっと漂っていて、何も起こらないのが逆にすっごい怖い!!!」
押「良かったです。高校生編は〝静かなことが怖い〟って感じを狙っていたので」
松「効き過ぎて怖いです。本当にモンモンとしながら読んでます」

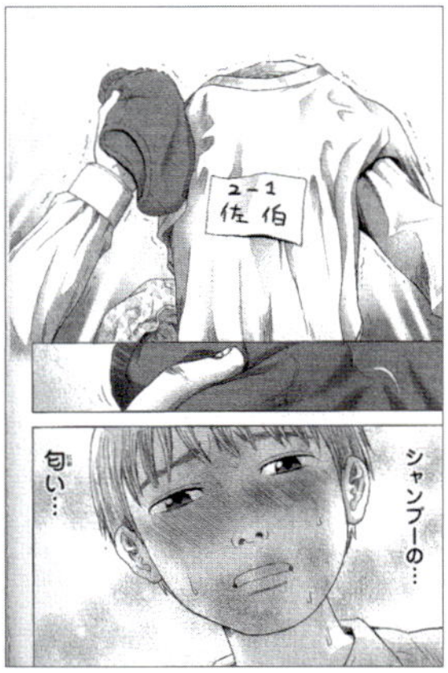

「読んでてツライって人は多いけど、その感想は初めてです」(押見)

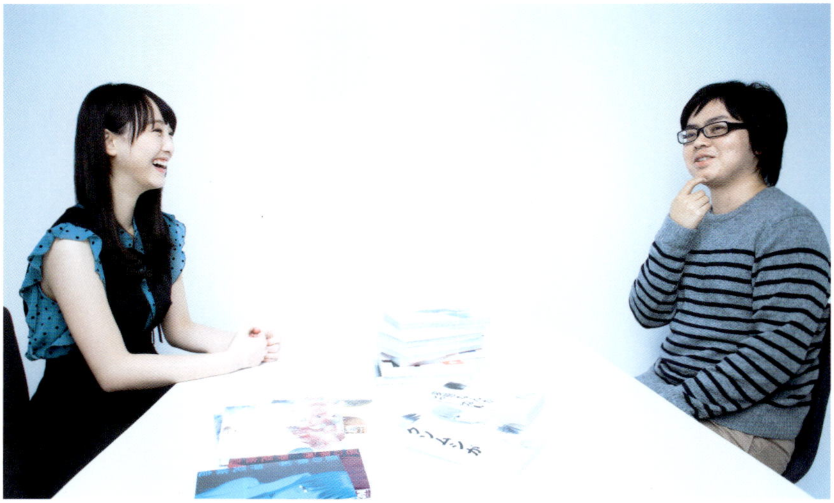

「『悪の華』は、読んでてすごくスカッとするんです!」(玲奈)

押見先生は、SKE48の松井玲奈が『悪の華』が好きらしいって聞いて、どんな感想でしたか?
押「いや〜、何かの間違いじゃないかと」
松「(笑)」
押「何て言うんですかね。学生時代とか、多分クラスが一緒でも交じり合わなかったタイプだと思うんですよ。だから、どういう風に読んでくれてるのか、想像がつかなくて」
松「押見先生と春日くんは、どれくらい近いんですか? どれくらいご自身を投影してるというか?」
押「本が好きっていうのはそのままですね。あと春日の親友の山田は、僕の中学のときの友達そのまんまです。でも、自分はもっとクズな感じだったと思います。〝みんな死ねぇぇ〜!!〟みたいな感じだったんで」
松「(笑)。私、学生時代の頃はすっごい暗くて」
押「本当ですか? でも可愛かったわけでしょう?」
松「ぜんぜんです。告白されたこととかも1回もないし。友達もすごく少なくて、学校で話しかけられても首でしか答えない、みたいな。〝鉛筆落としたよ〟って言われても〝あ…〟しか言えない。〝ありがとう〟って言えない。だから明らかに、佐伯さんと仲村さんだったら、仲村さんのほうに近いタイプだったと思います」

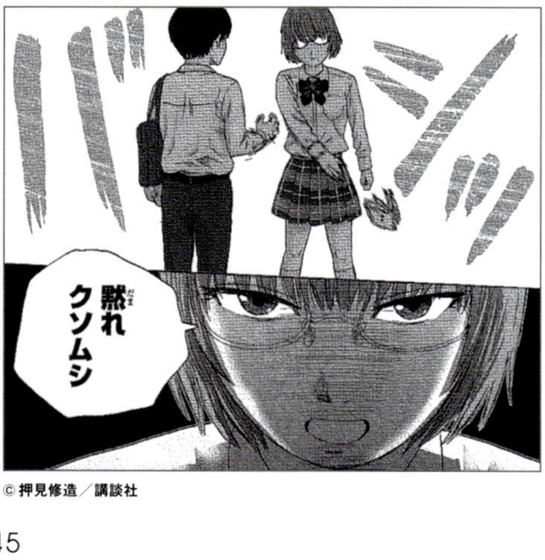

押「仲村さんってエキセントリックな感じに見えますけど、僕にとってはそんなに変わった子じゃなくて、割と普通で……。普通に生きてるんだけど心の中でこういうことを思ってる子って、けっこういると思うんですよね」
松「わかります！　いると思います!!」

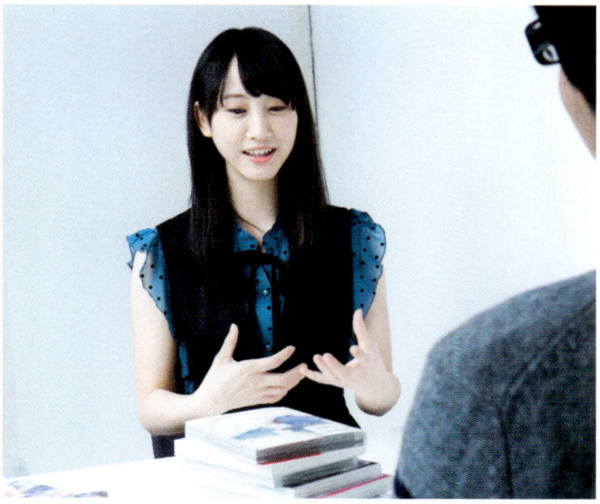

中学生編の後半、危うい事件が連発する中、奈々子と相思相愛の関係になりつつも、少しづつ仲村の生き方に共感を覚えていく春日。「オレのいる場所はどこにも無い／この町のどこにも」「私は”向こう側“に行くの／春日くんはそれについて来るの」仲村が切望を込めて繰り返す”向こう側“という言葉。やがて2人は、”クソムシな“日常に抗って共闘するようになっていく。

特に中学生編は、思春期の男子の恥ずかしいところがこれでもかと満載なわけですが、玲奈さんは読んでて引いちゃったり、ついて行けなくなっちゃったりはしなかったですか？
松「それは多分、リアルだったら、ちょっと引いちゃうと思うんですけど。自分が本当に体操服盗まれたらショックですけど。マンガだったらぜんぜん抵抗なく読めるというか……。でも、どうしてこの題材で描こうと思われたんですか？」

「私にとって、芸能界が”向こう側“だったんです！」(玲奈)

押「体操服盗むってやつですか？　まあ、自分の体験談……」
松「えっ……！」
押「ではぜんぜんないんですけど」
松「びっくりした、今(笑)！」

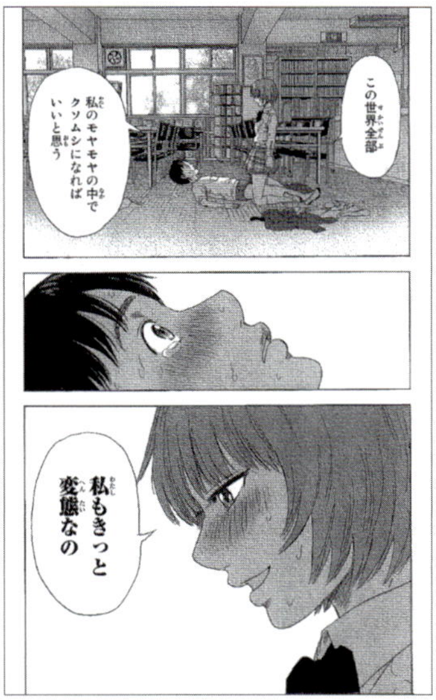

押「よく聞く話ではあるじゃないですか。いきなりディープ過ぎても誰もついてこれないかなと思って。みんな妄想するけど、本当にやっちゃう人は少ないような。そういうところから始めて、どんどんディープになっていく、っていう」
松「お伺いしたかったのが、どうしてここまで描き切れちゃうんだろう？　って。マンガで描くのにも勇気がいるレベルだと思うんですよ。何でここまで、さらけ出しちゃうことができるんだろう？と思って」
押「何なんですかね、そういう性質というか……。私生活でもそうなんですよ。人と会って話してるときに、自分の話になると、つい不必要に自虐に走ってしまって、自分の短所とか言いまくって、さらけ出し過ぎてドン引かれて、あとで1人になって後悔する、みたいな」
松「あ〜でも！　分かる気がします。私も自分の趣味の話とかなると、引かれるって分かってるのについ突っ走っちゃって。後で、ああ何であそこまで言っちゃったんだろうって……。バランスが難しい」
押「そうなんですか。アイドルってすごく人と会う仕事だし、大変ですよね」
松「大変です」
押「でも、松井さんは、学生時代はすごい暗い子で、それなのに何でアイドルになろうと思ったんですか？　いきなりスポットライトが当たる、真逆の場所じゃないですか」

松「でも私、暗い子だったんですけど、自分の将来は、今のこの、芸能のお仕事以外に考えられなかったんですよ。ほかの道を考えたことは、一度もなかったです」

押「えっ、すごいですね」

松「学生時代はもう、自分のいる場所が、なんか真っ黒でぐちゃぐちゃで。エネルギーをどこにも出せなくて。閉じられた場所で。そこから逃れるには…………。あ、だから私にとって、〝向こう側〟だったんですよ、芸能界が！」

押「それは………（呆然）」

松「だからオフの日に家にいて日常に戻っちゃうと、自分の出したいものがデトックスできなくて、逆に体調が悪くなっちゃったりするんです。階段ごろごろ落ちてるような感じに」

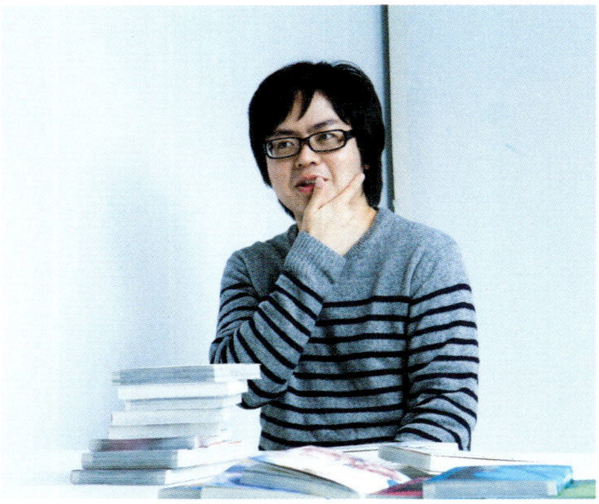

押「アイドルであることで、それが解消されるという……」

松「そうなんです。ある意味発散っていうか。もちろんお仕事で大変なこともあるんですけど……。仕事の場で全部バ～ッと出してるんです」

押「今の〝向こう側〟の話は、ビックリしました。嬉しいです。何か……。持って帰ります。大切に」

松「いやいやいや（照）」

押「僕もマンガ家になってなかったら、本当にヤバかったと思うんで。想像するだけで怖いですね」

「その言葉、大切に持って帰ります」（押見）

さっき交じり合わなかったタイプとおっしゃってましたけど、学生時代に同じクラスにいたら、共鳴してたかもしれないですね。仲良くなってたかも。

松「学生時代でいちばん嫌いだった行事って何ですか？」

押「イヤすぎて逃げ出したのは、体育祭です」

松「あ～。やっぱり～（笑）」

押「男子校で、すごい男っぽい高校だったので、体育祭終わった後に校庭に全校生徒が集まって、たき火して、みんなで絶叫しながら歌を歌うんですよ。それがイヤで、歯医者に行くって言って逃げました」

松「（笑）。私、足がすごい遅いのに、なぜかリレーの選手とかなっちゃって、自分が最下位でひとり遅く走ってるのを、周りの人たちが励ましてくれるんですよ。〝が～んばれ！　が～んばれ！〟って」

押「それイヤですよね～（笑）！」

最後に、それぞれ今回の対談の感想をお伺いできたらと思います。

押「自分なんかが出てきていいのかな～と思いながら来たんですが、こんなこと言ったら怒られるかもしれないけど、とても馬が合うと思いました」

松「嬉しい～！　なかなかいないですそんな方!!」

押「トップアイドルと馬が合うなんて、自分今まで生きてて良かったなと」

松「私は『悪の華』を読んで、学生時代の自分が〝あ、あれでも良かったんだな〟って、スッとするところがあって……。今日押見先生とお話して、改めて、いくらモンモンとしてても、それを発散する場所があればいいんだなって。自己表現をできる場所があるのは幸せなことだなと感じました。ありがとうございます！」

押「こちらこそありがとうございます！　とりあえずタイムマシンに乗って、学生時代のモンモンとした自分に言ってやりたいですね。教室入っていって、〝お前すごいアイドルと対談するぞ！〟って（笑）」

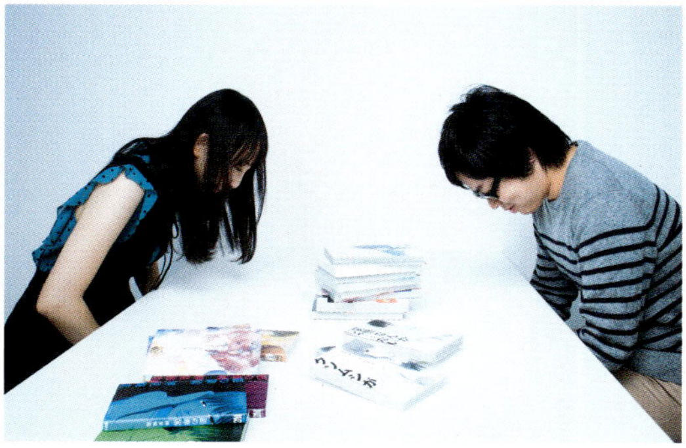

押見修造 おしみしゅうぞう

1981年群馬県出身。2002年、ちばてつや賞ヤング部門優秀新人賞受賞。
現在『別冊少年マガジン』で『惡の華』を、『漫画アクション』で『ぼくは麻理のなか』を連載中。

テーマ

「狭い」

狭いよくらいよ怖いよーなんてことはない！
狭いとこ、隙間、大好き！
これって猫と同じ感覚。
自分だけの空間が必要で、
誰にも邪魔されないテリトリー。
あとは人見知りが故の警戒心の強さでもある。
狭いとこにいる時、例えば部屋の隅っこ。
この時必ず壁側に顔は向けない。
顔は外に向いてる。
それはちゃんと周りが見えるように。
自分のテリトリーに誰も来ないように見張ってる、
そういう心理。
狭い場所から見える景色が広ければ広いほど安心する。
なんかね、自分が小さく小さく感じるから
その分もっともっと広い世界を知りたくなるの。
狭い場所が好きだから、
広い場所が好きだなんて変な話。　笑
物ごとの裏表。

書き下ろしエッセイ

玲奈の主張 2

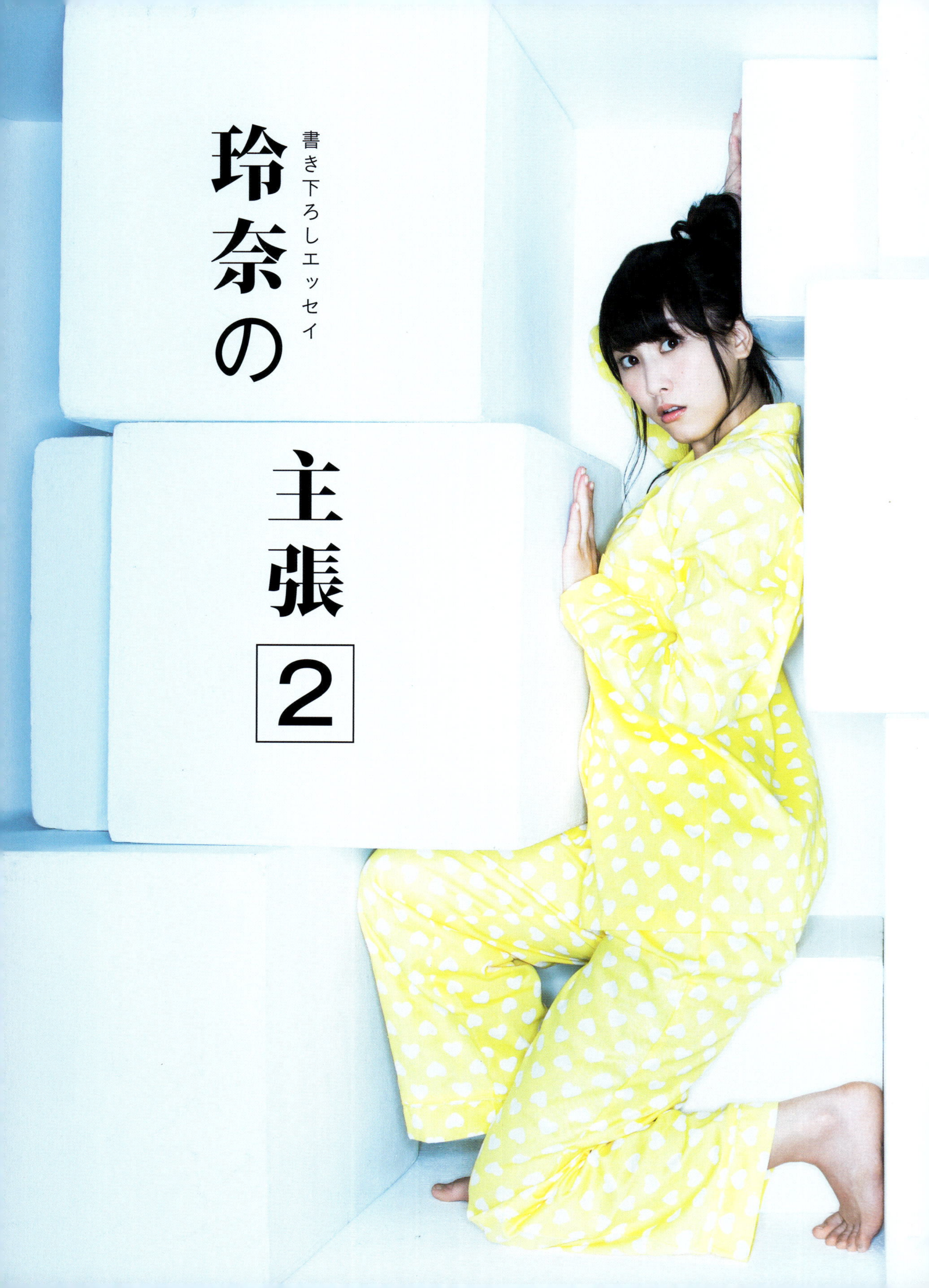

Q 松井玲奈プロデュースでガリガリ君の新味登場！さて何味？

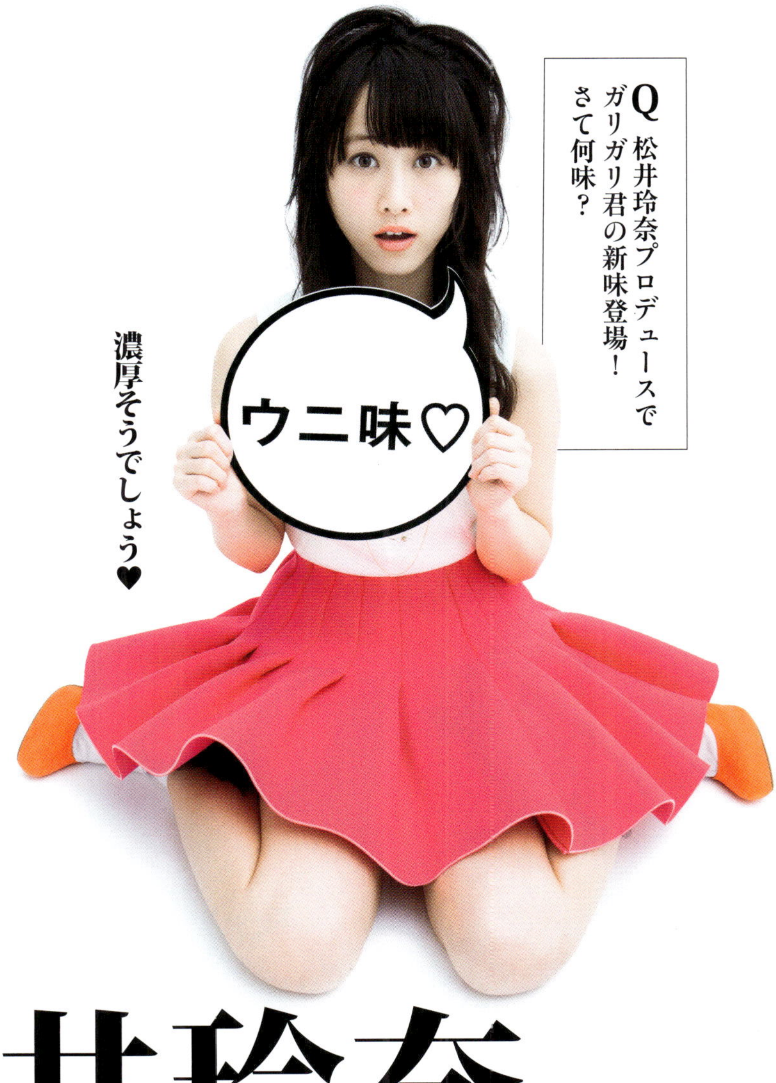

濃厚そうでしょう♥

松井玲奈とどうでもいい質問48

彼女のモノの考え方の根本に迫る一問一答連発コーナーですがその質問はすべて特に意味も必然性もなし！ 考えるな！ 感じるんだ!!!

赤身よりもガリが好き♥

Q あなた用の巨大古墳の形を考えてください。

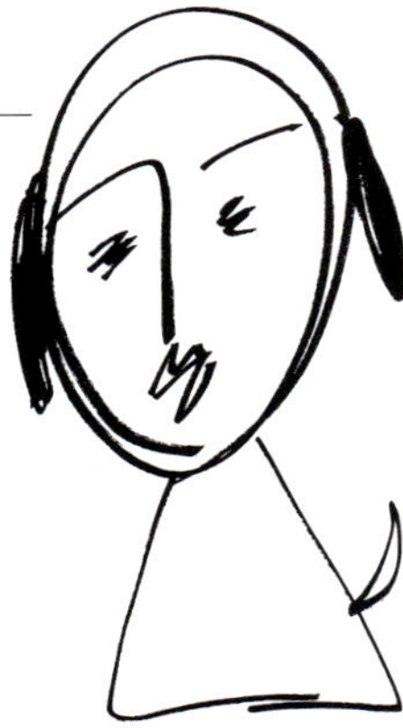

人面犬です。名前は"五作"！

Q 藤子マンガのサブキャラは「出来杉くん」のようにキャラや見た目がそのまま名前になってるケースが多いですが、あなたが藤子マンガのサブキャラだとしたらどんな名前ですか？

「ひねこ」

ひねくれてるから。ネガティブなことばっかり言ってて話が進まないんですが、ドラえもんが道具で何とかしてくれると思います。

Q 意味は置いといて、響きが好きでつい口にしたくなる言葉というのがあったら教えてください。

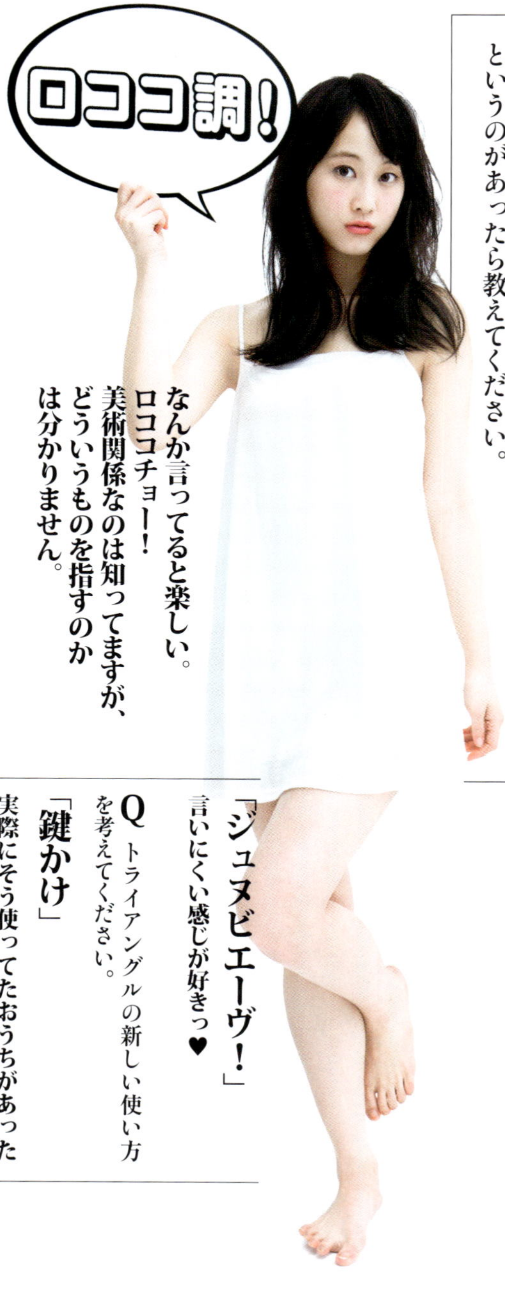

なんか言ってると楽しい。ロココチョー！美術関係なのは知ってますが、どういうものを指すのかは分かりません。

Q ジュヌビエーヴとジョセフィーヌとジュスティーヌではどれが一番良いですか？

「ジュヌビエーヴ！」

言いにくい感じが好きっ♥

Q 好きな漢字の部首は？

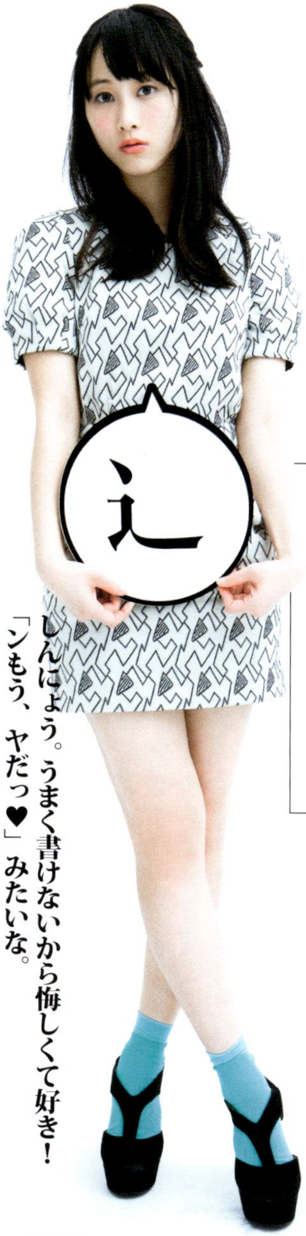

しんにょう。うまく書けないから悔しくて好き！「ンもう、ヤだっ♥」みたいな。

Q トライアングルの新しい使い方を考えてください。

「鍵かけ」

実際にそう使ってたおうちがあったんですよ。ドラフト生の小石ちゃんの家（笑）。トライアングルにフックがいっぱいついて、そこに家の鍵とかがズラっと。オシャレで便利！

Q 新幹線の500系3000番台B編成を擬人化したらどんなメンズになりますか？

「バリバリのビジネスマンですね。紺色スーツで身長187cm。靴のサイズは27.5cm。仕事もできるが、株で儲けてる副収入のほうが多い！」

Q 今この時点での、理想的寿司ネタ食べる順は？

「かんぴょう巻、ガリ、ガリ、ガリ……。イクラ！」

ウニ！」

あまりお寿司で赤身を食べたいと思わないんです。むしろ赤身よりガリが好き。

Q 好きな地図記号は？

田んぼですね。最初に出会ったときに、記号なのかただの点々なのか分からなかったから。曖昧なものが好きなんです。

"" 田んぼ

Q 好きな擬音語、擬態語は何ですか？

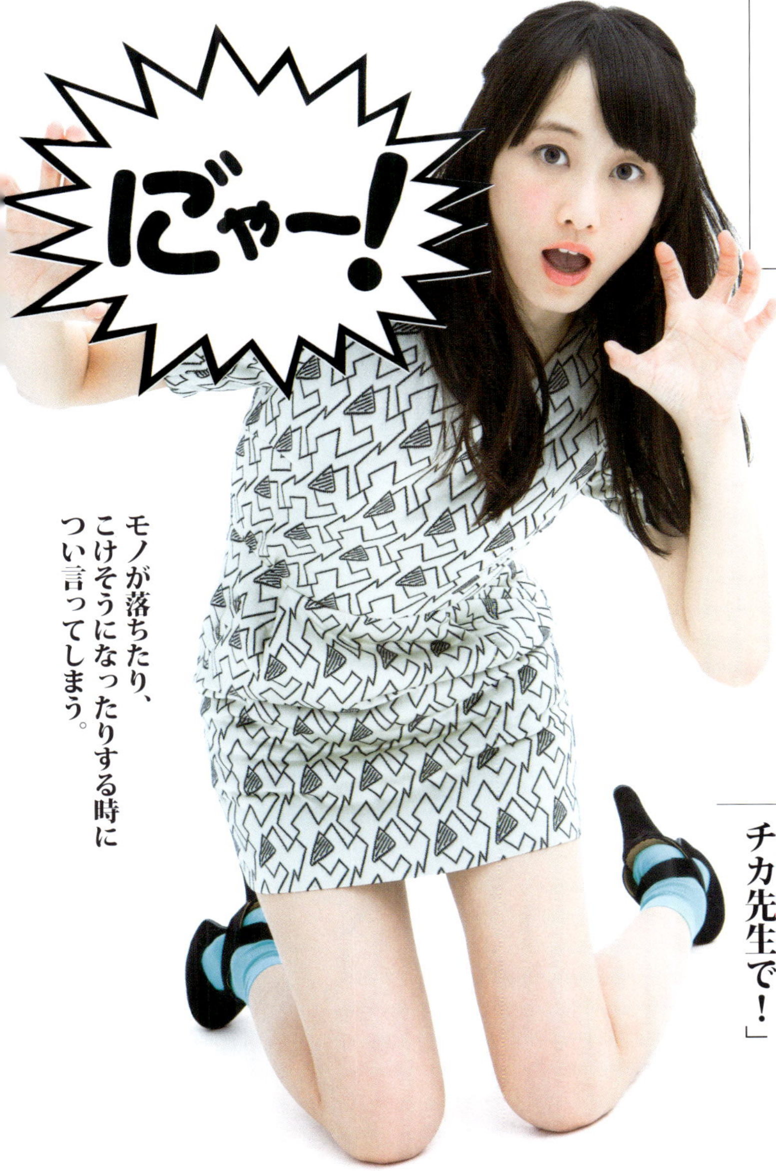

モノが落ちたり、こけそうになったりする時につい言ってしまう。

Q マスクマンとしてプロレスラーデビューすることになりました。リングネームは？

「仮面舞踏会」

必殺技は……。タンゴ！"おおっと仮面舞踏会のタンゴ決まったぁぁ～！"とか。どんな技かは分かりません。

Q 人生でずっと腑に落ちないことがあったら教えてください。

「う～ん……。"腑に落ちない"の"腑"がなぜこんなにも"肘（ひじ）"に似ている必要があるのか？」

Q あるマンガ作品を、本来の作者とは別のマンガ家に"カバー"してもらうとしたらどの組み合わせが見たいですか？

「『Dr.スランプ』を羽海野チカ先生で！」

羽海野先生がどんなタッチで"うんちくん"を描くのか、想像しただけでそわそわしてきます！

つのだ★ひろ

Q "男と女の間には［　　］な［　　］がある"で［　］欄を埋めてください。助詞は変化しても構いません。

「花見の場所取りの感覚がある」

結婚してどちらがイニシアティヴを取るかというのは、早い者勝ちで自分の領分を先に決めちゃった者勝ちだと思うんですよ。夢がない？　確かに！

Q 「男の人と女の人が結婚して、どうやったら子供が生まれるの？」と聞いてきた生意気な子供に、面倒なので適当に説明してください。

「え～、人という字は、人と人が支えあってですね……」

金八先生すいません。

Q "桃が上流から流れてくる"以外の状況で「どんぶらこ」という擬態語を使った文章を作ってください。

「流しそうめんが、流されながら竹の節目を乗り越える瞬間の様子」

闇の★が私です

Q 静岡と愛知の間に新しい県が出来ました。名前をつけてください。

「富岡県」

場所は関係ないんですが、富岡県という名前の県ができることで、富山県とか福岡県とか岡山県とかが一気に紛らわしくなって、すごく面倒になるんですよ！ うふふふっ♪

Q あなたは、性格的にロマン派ですか。バロック派ですか？

「マロン派です！」

Q 神様はいると思いますか？

「いると思います」

ちなみにヴィジュアルはこんな感じ。でもご利益とか考えてはいけません。特に何もしてくれないですから。ただまっすぐ前を向いてるだけです。

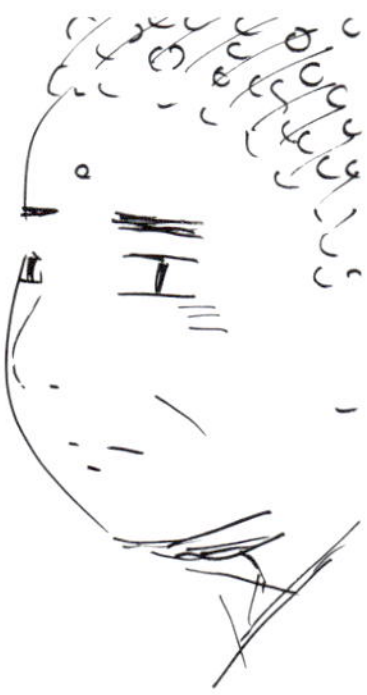

Q 2つのものを1つにするドラえもんの道具"ウルトラミキサー"をヤフオクで落としました。手始めに何と何を合体させてみますか？

「ドラえもんとポコニャン」

どれくらいのネコ感になるのか見てみたい

Q コンビニで買い物をしてたら、白いイタチみたいな奴が寄って来て「僕と契約して魔法少女になってよ！」とか言って来ました。どう対処しますか？

「"カニかま"を与えます」

それでゴマかします。

Q 井上陽水とキアヌ・リーヴスとあなたの3人で新バンド結成！ バンド名は？

「井上☆マトリックス」

私が入ってない？ つのだ☆ひろ的な感じで間に☆を入れて、その☆が私です！

Q 商店街の福引きで「何でも3メートル大の巨大ぬいぐるみにしてくれる券」が当たりました。何をぬいぐるみにしますか？

「ホワイトタイガー」

ドンキにある？ いやあれは3メートルはない。

Q いちばん好きな演歌の曲を教えてください。

「『天城越え』」

石川さゆりさんが歌われるのを紅白で見てた時に、突然バーンって背景が真っ赤になったんですよ。それが余りに衝撃的で、「この曲すごい！」って……。いや曲も素晴らしいんですよ！

Q 久々のオフの日に父親に呼び出されて行って見たら変な研究所みたいなところで、いきなり「お前がエヴァンゲリオンに乗るんだ、レナ……」とか言われて、包帯の綾波が連れて来られて何か痛そうにしてます。どう対処しますか？

「119番」

乗りません。常識的に対応します。

Q 謎に包まれたニックネーム「れなひょん」の「ひょん」の語源を教えてください。

「(大島) 優子さんが、"何か、ひょん、ってしてるから、れなひょん！"って言って……」

それが意外と普及して。"ぬらりひょ

Q 赤ずきんちゃんを助ける方法を考えてください。

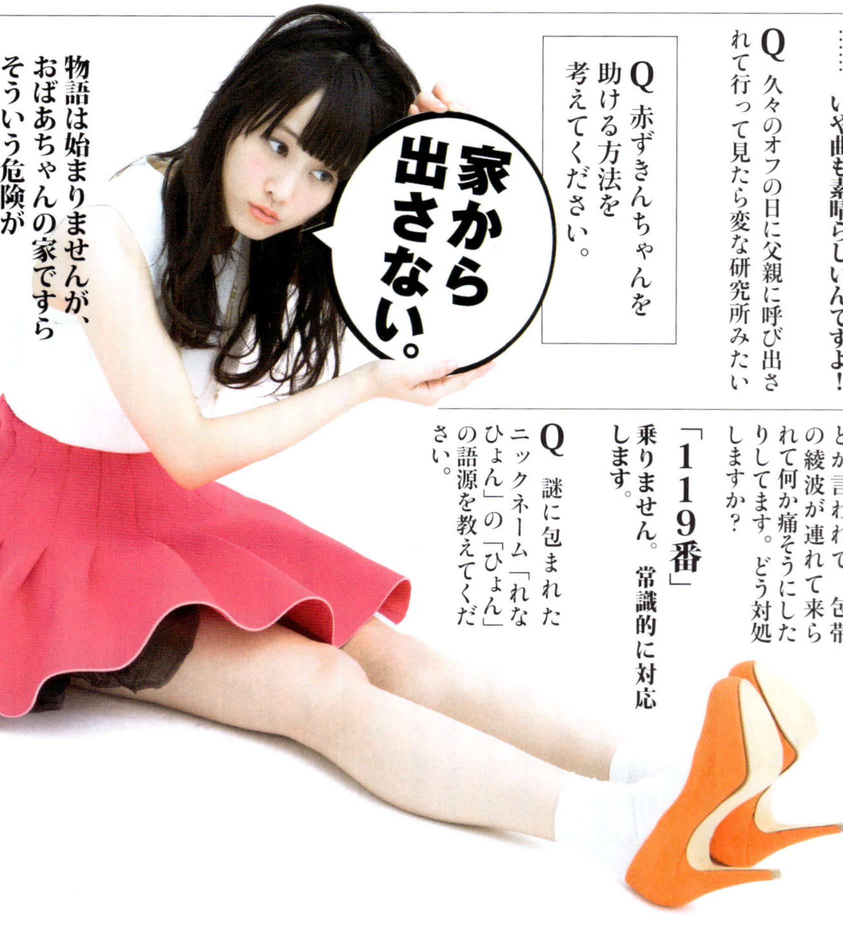

家から出さない。

物語は始まりませんが、おばあちゃんの家ですらそういう危険が待ってるんですよ！ 家から出ないのが一番！

いちばんよく見た藤子アニメは『ポコニャン』！

ん"とは関係ありませんが、共感する部分はあります。

Q 時は2027年、リニア中央新幹線が開業し東海道新幹線は相当なピンチに！ お客を呼び戻す画期的なキャンペーンを考えてください。

「7割引き！」

いやもう、さすがに相手が40分とかだと……。

Q マンガ・アニメで、好きな10番手以下のサブキャラは？

「『ガンダムSEED』の"ダコスタ"」

ザフト軍の端っこのキャラクターで、ディアッカと同じ声優サンが声をあててました。たまに出て来て「あ、今日ダコスタ出てる！」って感じが好き。

Q 嚢←この字は何と読みますか？ 意味もお願いします。

「ヘラクレスオオカブト！」

装飾が多いところが。

Q 絶対に誰も買わないTシャツのデザインを考えてください。

Q 初めて地球にやってきた身長3メートルのタコ型宇宙人との交渉係に任命されました。部屋に2人きりになった瞬間、最初に何をしますか？

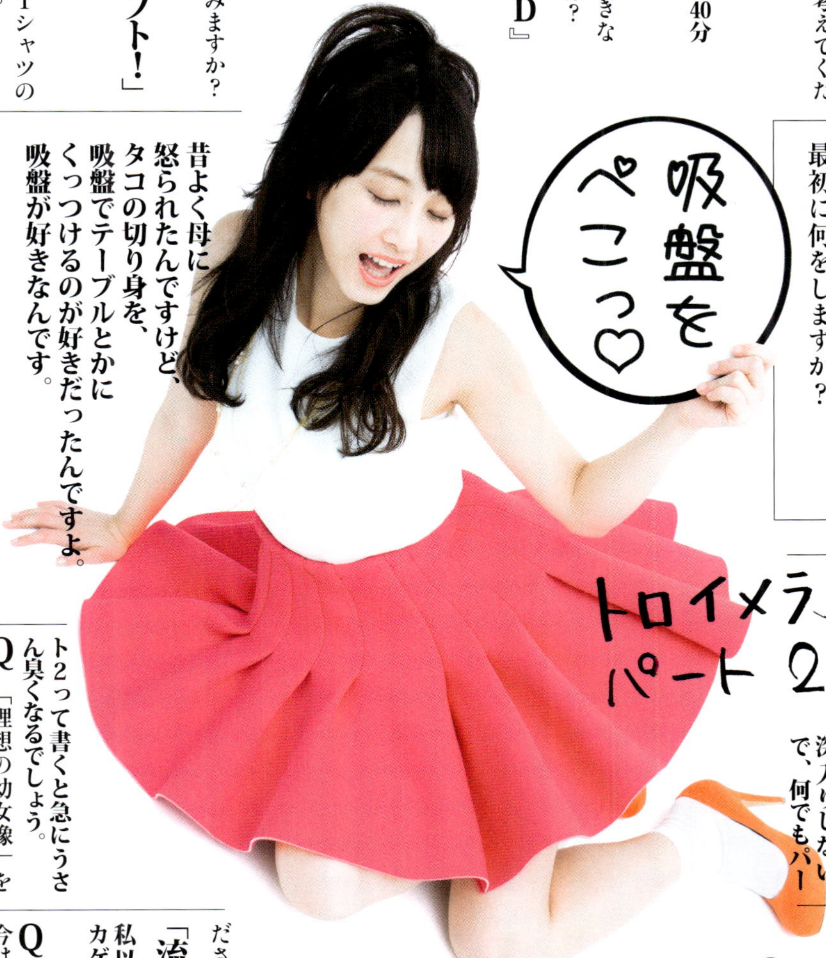

昔よく母に怒られたんですけど、タコの切り身を、吸盤でテーブルとかにくっつけるのが好きだったんですよ。吸盤が好きなんです。

トロイメライ パート2

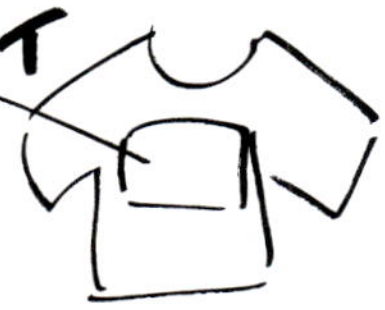

トロイメライって、聞いたことはある言葉なんだけど、意味は知らないんですよ。その感じが好きなので、あえて調べない。あえて深入りしない。で、何でもパート2って書くと急にうさん臭くなるでしょう。

Q 「理想の幼女像」を教えてください。

『苺ましまろ』に出てきそうな女の子が好き♥

HKT48の矢吹奈子ちゃんの手のディティールが『苺ましまろ』っぽくて……（遠い目）。

Q 今の気持ちを575の俳句にしてください（制限時間1分）。

「温度差で／体がかゆい／そんな時期」

Q 「なつかしい」という言葉から、まず最初に何を思い出しますか？

「『ポコニャン』！」

いや本当に好きなんです。一番よく見た藤子作品だと思います。思い切りの良い語感が素晴らしい！

Q 「自分にしかないかもしれないフェチ」があったら教えてください。

「流線美フェチ」

私以外にもいると思いますが、トカゲとか新幹線とか。

Q 「幼少の頃はすごく怖かったが、今はぜんぜん怖くないもの」があったら教えてください。

みかんの皮むきなら自信があります。

「しいたけ」

あの傘の裏側のシュシュシュシュシュシュっていうのを見てると、斬り殺されるんじゃないかって思って、細かく切ってないとダメだったんですけど、今はもう丸ごといけます。

Q 逆に、「幼少の頃は平気だったのに、大人になってからダメになったもの」があったら教えてください。

「ある音域の大きな音」

最近でいうと"ふなっしー"ですね。あの音域がたぶん私がいちばん怖い音域なんですよ。それが大きい音で聞こえると本当に怖くて、昨日ふなっしーで泣きました。

Q これから15年間かけて外宇宙への冒険旅行に出かけるわけですが、あなた用の余剰な荷物スペースはあと50センチ×50センチ×50センチしかありません。何を持って行きますか。

「『Dr.スランプ』全巻」

何度読んでも飽きないんですよね。3巻までしか家にないんですけど、その3巻までを繰り返し読んでます。いや、4巻以降も買えばいいんですけどね。何故か買わない。

Q 自分が世界を支配している闇の帝王ではなかったことに気づいて激しく落ち込んでいる小学2年生男子をなぐさめてください。

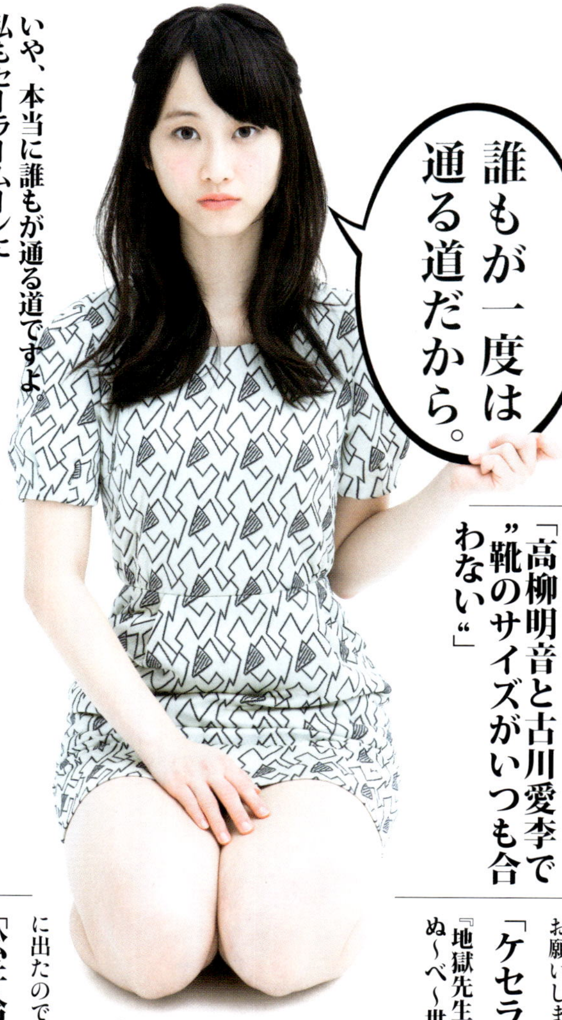

誰もが一度は通る道だから。

いや、本当に誰もが通る道ですよ。私もセーラームーンになるつもりでしたけど、ある段階でちょっとムリだなって気づきました。理由は、うさぎちゃんの髪型です。

Q SKE48のメンバーでドンジャラの役を作ってください。

「高柳明音と古川愛李で"靴のサイズがいつも合わない"」

確か22とか22.5とかなんですよね～。いつもブカブカなんですよ。

Q 自分が考えるこの世で一番パンクっぽい言葉は？

「ロドリゲス！」

Q 天気予報で「明日は雷雨後曇り、お昼過ぎから吹雪になった後、夕方前には30℃を越える陽気になるでしょう」とのこと。どんな服装で出かけますか？

「そもそも、出ない！」

Q 好きな妖怪は何ですか？ 理由もお願いします。

「ケセランパサラン」

『地獄先生ぬ～べ～』に出てきます。ぬ～べ～世代なんで。

Q 「絶対に自分が優勝できるスポーツ競技」を創案してください。

「みかんの皮むき」

自信があります。思い切りよくザックリ行くのがコツです。

Q ある朝起きたら、松井さんが新聞の一面にドーン！ 何のニュースで一面に出たのでしょう？

「松井玲奈、リーグ優勝！」

Q 赤鉛筆と青鉛筆、生まれかわるならどっちがいい？ それはどうして？

「青鉛筆。赤より長く生きれるからです」

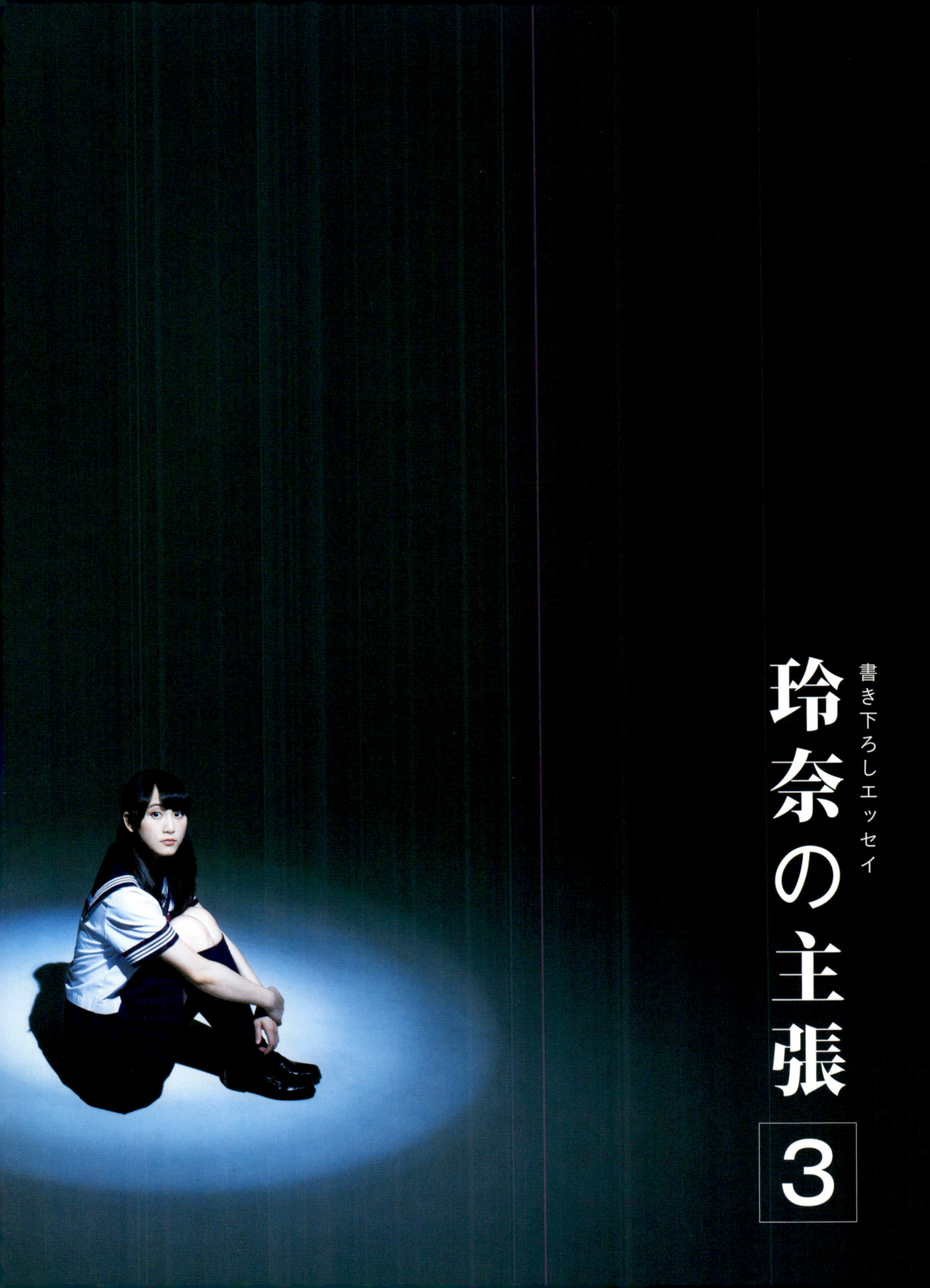

書き下ろしエッセイ

玲奈の主張 3

「ぼっち」（テーマ）

ぼっちには2種類ある

流動的ぼっちと能動的ぼっち

私は…能動的ぼっち

謎の超ショートフォトストーリー

鉄道模型の夜

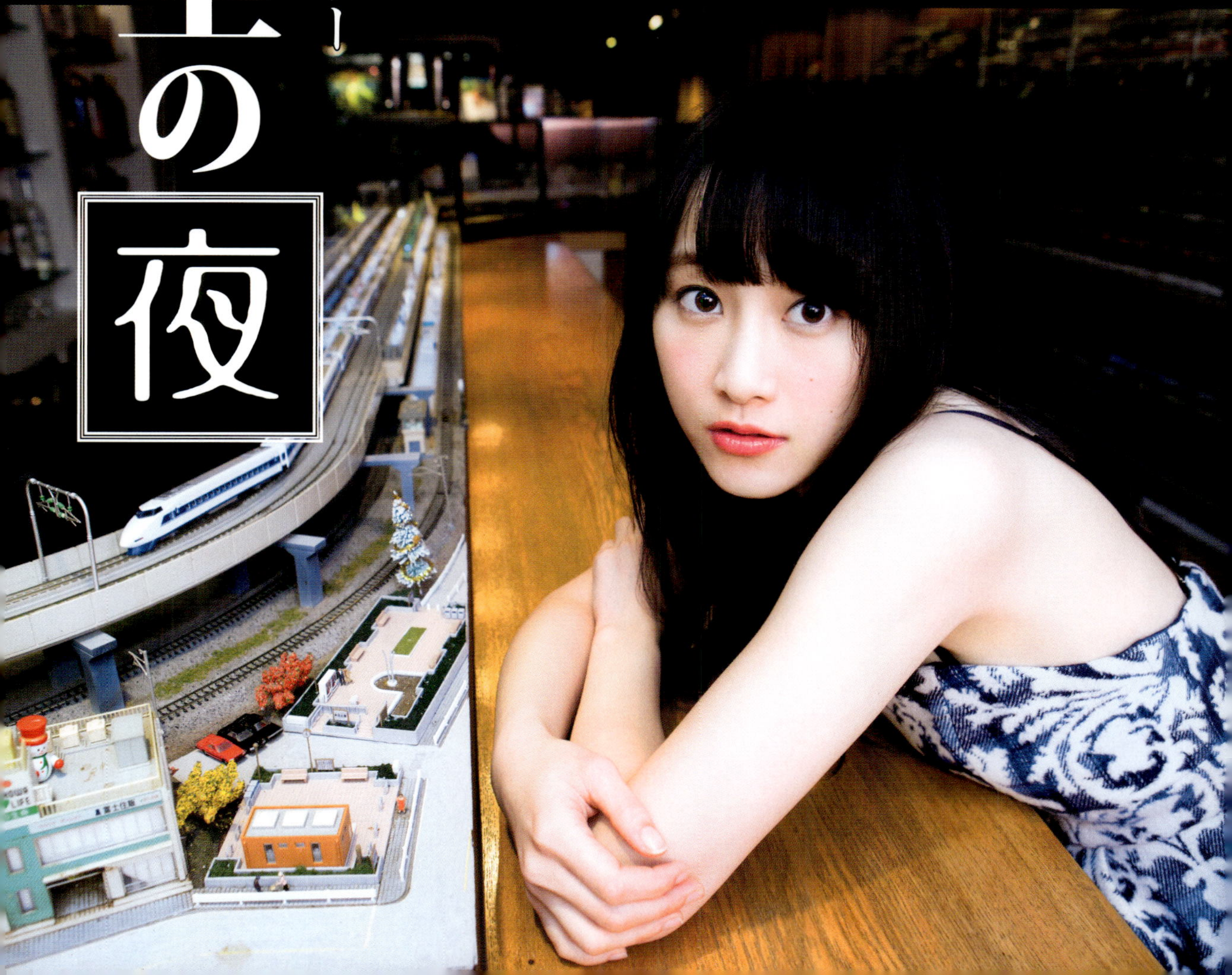

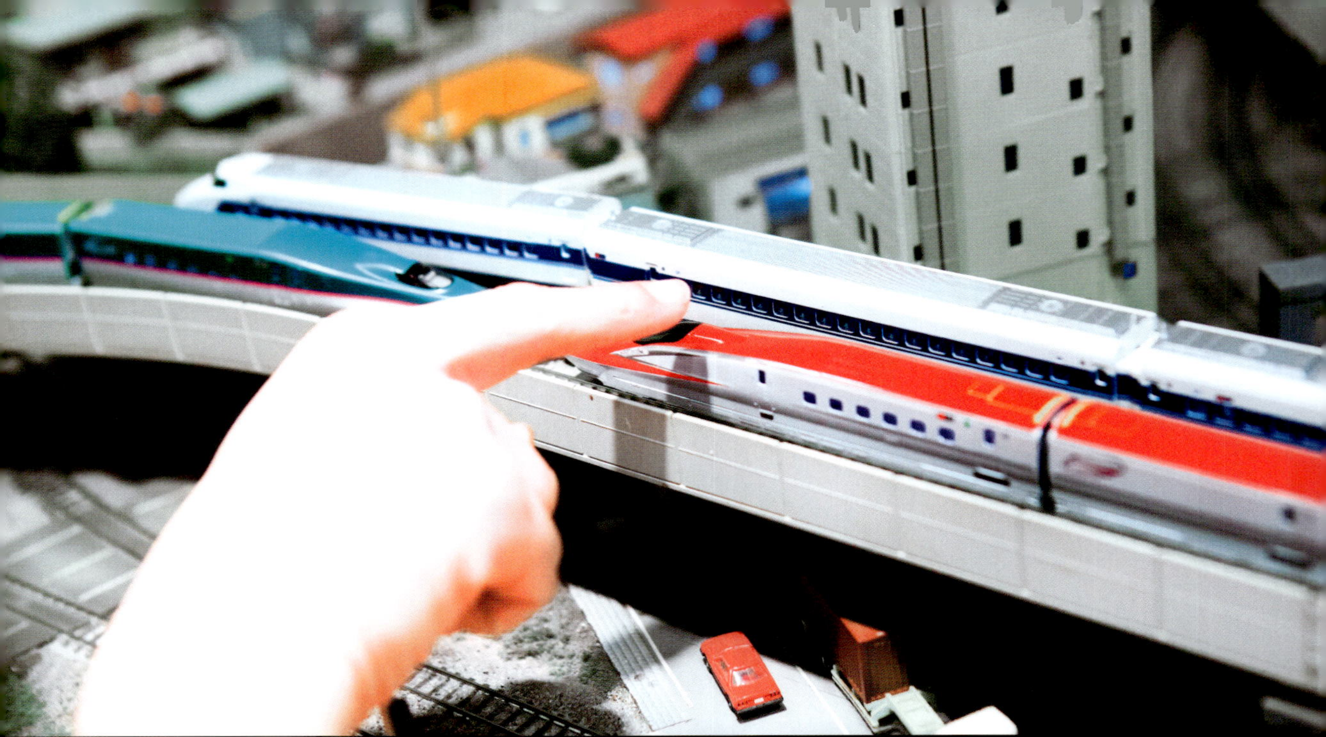

新幹線はやっぱり、ヴィジュアルや動きが流線型でウネウネってしてるところが好きなんです。爬虫類がカワイイのと同じ感覚ですね。最近のお気に入りは200系！　顔は0系みたいな〝いかにも昔の新幹線！〟な感じなのにミドリ色なのが好き。こうやって模型のレイアウトで見るのって、ウネウネを体感できるのと、［つばめ］の頭の黒い部分とか、ホームで実物を見てもよく見えない部分を堪能できるのが素晴らしいです！　それにしても、みんなカワイイなぁぁ♥　よく、ゆでたまごに新幹線の顔の部分を絵で描いて、そのままむいて食べたりするんですよっ♪（一同呆然）

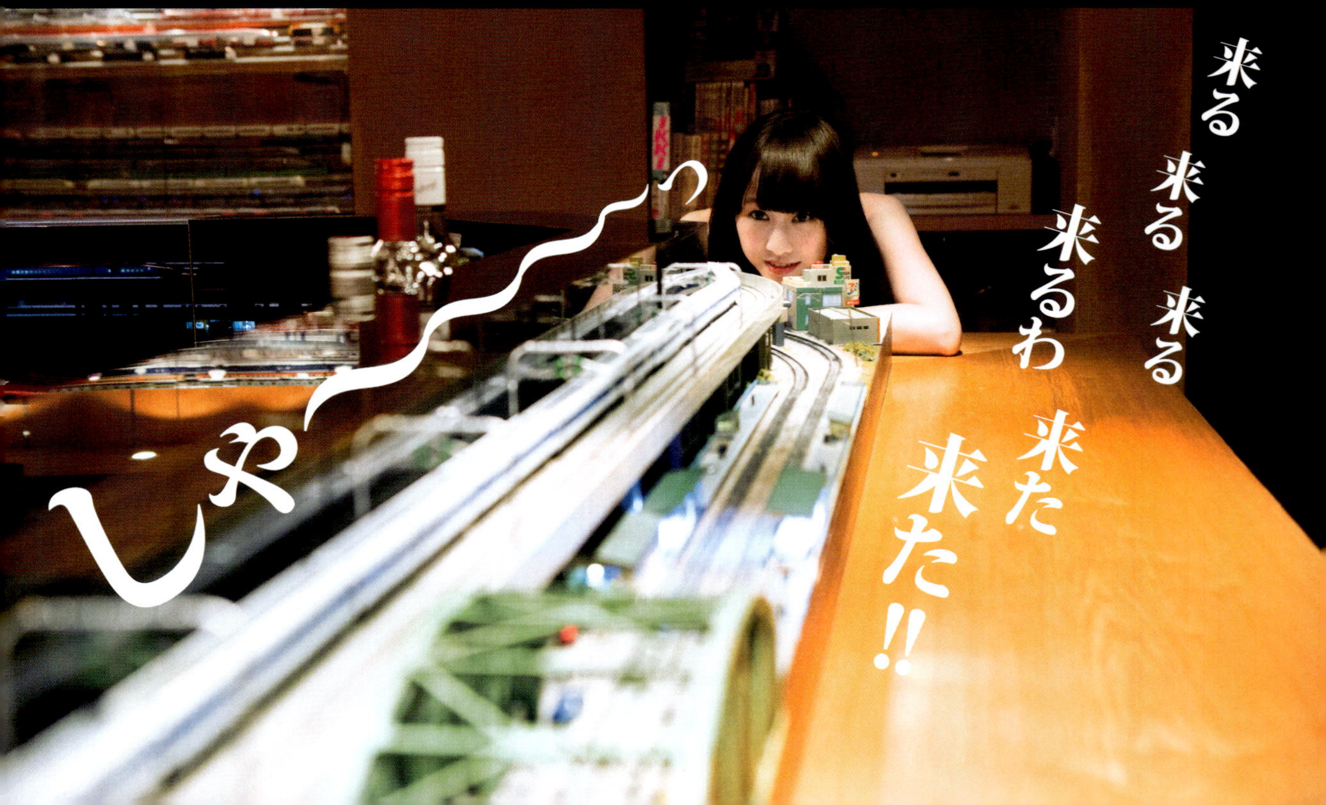

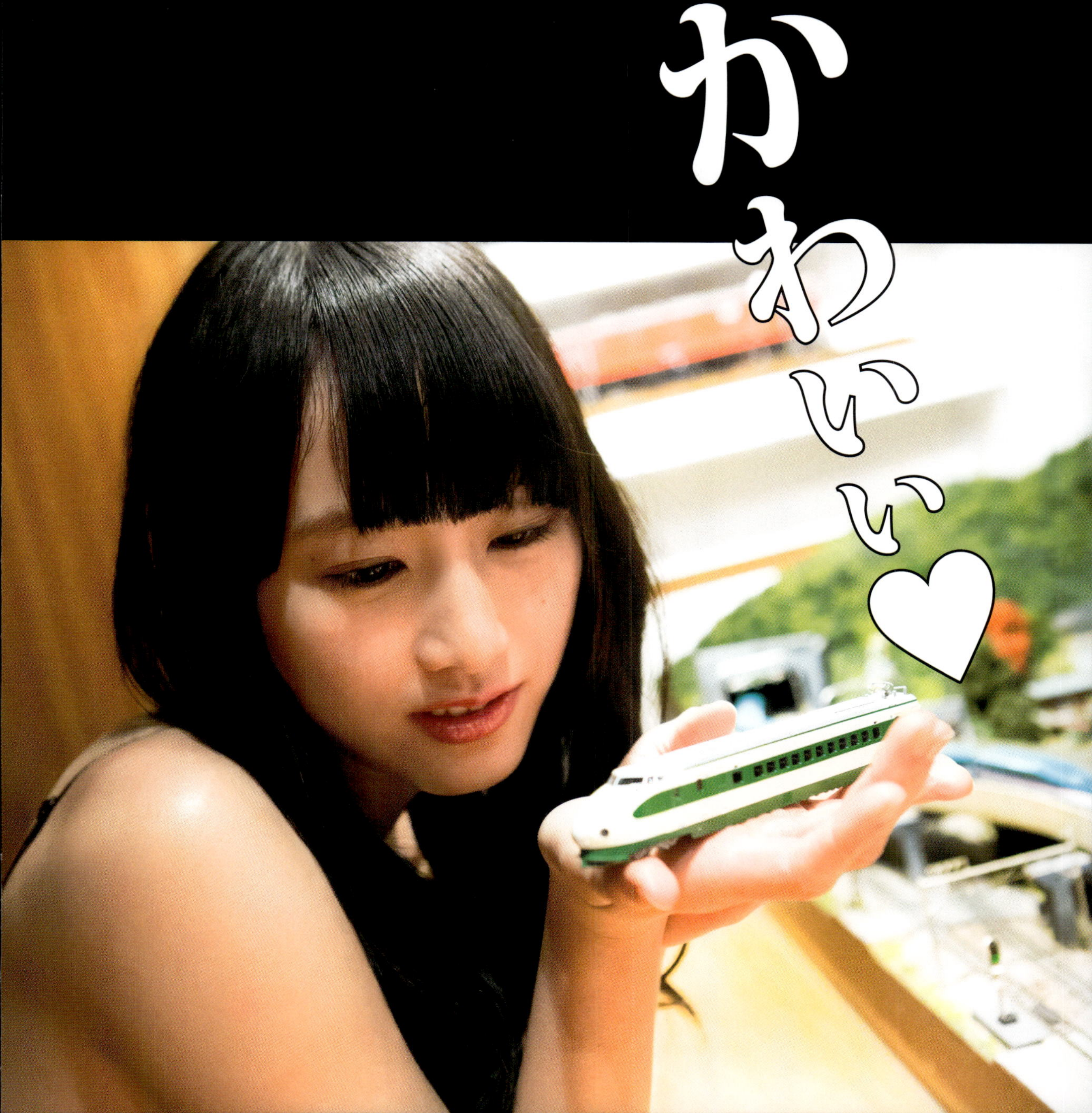
かわいい♥

なんかえらい好きらしいので

松井玲奈、グルメマンガを語る。

最初に意識して買ったグルメマンガは『きのう何食べた?』です。きっかけは『きのう何食べた?』ってタイトルを見て、〝え、どんなマンガなの!?〟って(笑)。そのテーマで、どうやって話が広がってマンガとして成立するのか興味を持ったんです。読んでみたら、料理の作り方がすごく細かく説明される中に、2人の男性の生活も描かれていて、すごく面白くて。その次に読んだのが、『てんむす』だったんですけど、そこでビックリしたのが、『きのう…』と『てんむす』では、食べ物の描き方がぜんぜん違うんですよ! 『てんむす』はキャラクターより食べ物のディティールが細かくて、作品の中ですごいダイナミックな存在感があるんですよ。逆に『きのう…』は、私達が日常で接してるのと同じさり気ない感じで食べ物が出てきて、すごく自然なんです。食べ物を扱うマンガでも、こんなに描き方が違うんだな~って知って、〝これは面白い!〟って。

『夢色パティシエール』は、少女マンガの超王道の展開のなかでケーキ作りが描かれていて楽しいし、『ワカコ酒』はキャラの絵柄のシンプルさと食べ物の描写の細かさのギャップがさらにすごい! 手塚治虫のキャラが大友克洋の食べ物を食べる、くらいの(笑)。『おとりよせ王子 飯田好実』はね、お取り寄せって気軽さから、けっこう実際に頼んで食べてます(笑)。「山うに豆腐」とか頼んで、マンガに出てくる通りに食べて、〝あ~おいし~っ!! この味~っ!!〟って♥

そう、グルメマンガの良いところは、お店に行ったり自分で作ったりして、マンガに出てくる食べ物を実際に食べることができることなんですよ! 『ONE PIECE』のグランドラインには行きたくても行けませんが、『孤独のグルメ』に出てくるB級グルメは実際に食べれる! 登場人物たちが感じてるヨロコビを、私たちも体感することができるんです!!

あと、普段グルメマンガを読んでると、普段の生活でおいしいものを食べたときも、〝おいし~〟だけで終わらない。〝このプルプルの食感が!〟とか〝この後味が!〟とか自然に表現が出てきて、そのヨロコビがより大きくなる。グルメマンガで、人生が豊かになるんです!

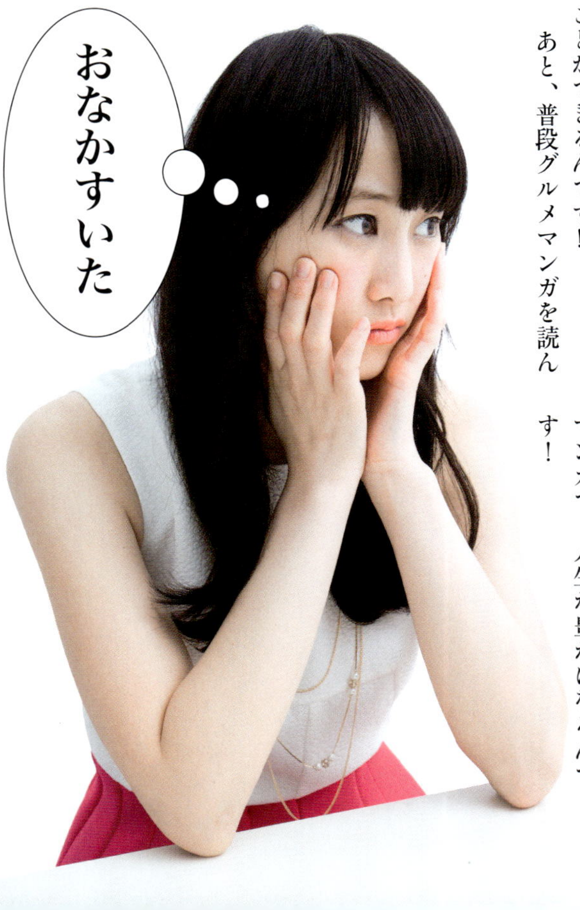

てくる料理を作ってみた。

たーっぷり入った"おいなりさん作りにチャレンジ！ 果たして上手くできるのか!?

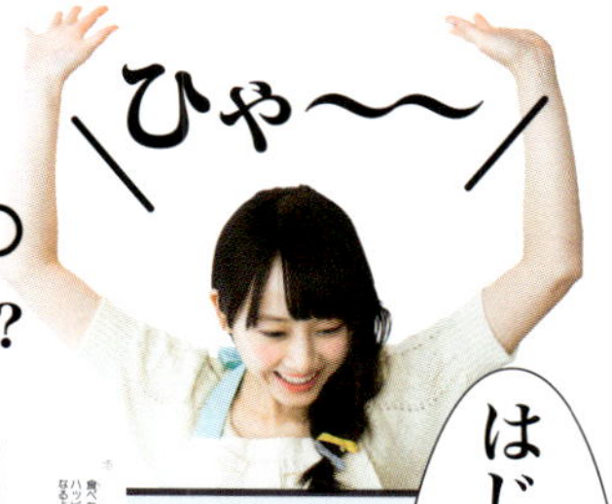

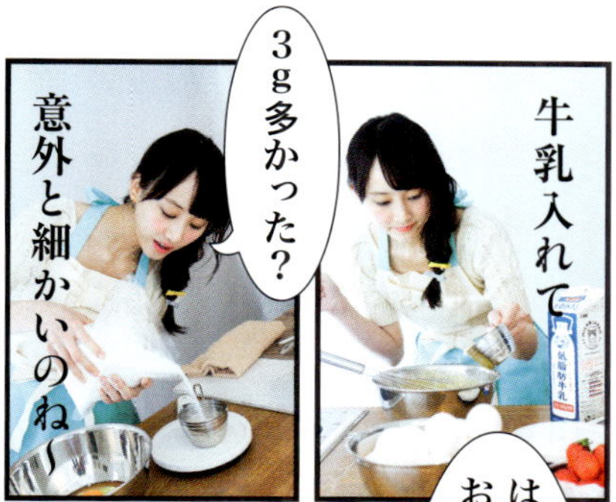

牛乳500ml、グラニュー糖80gを混ぜます

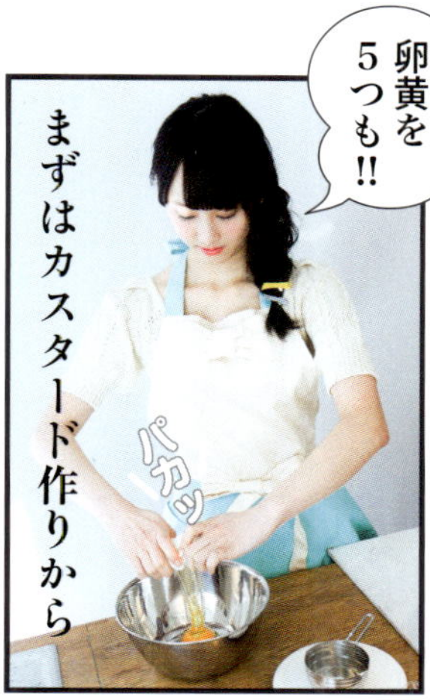

カスタードクリームには卵黄を５個使います

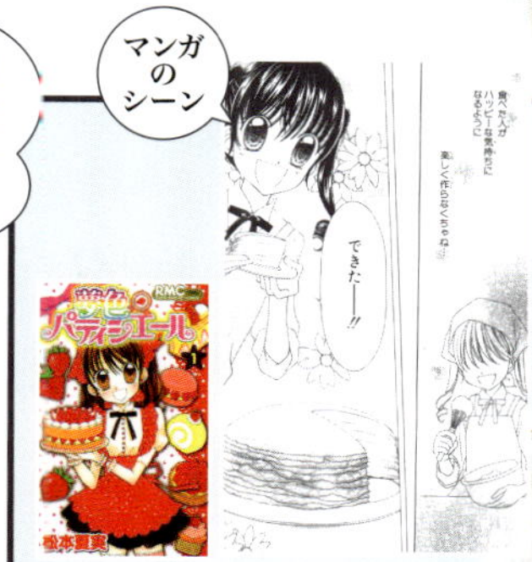

『夢色パティシエール』
（松本夏実著・集英社刊）

玲奈さんが大好きなスイーツ満載の少女マンガ。主人公・天野いちごが仲間たちとともに一流のパティシエールを目指して大奮闘！今回は第一巻に登場するミルクレープ作りに挑戦です！

© 松本夏実／集英社りぼんコミックス

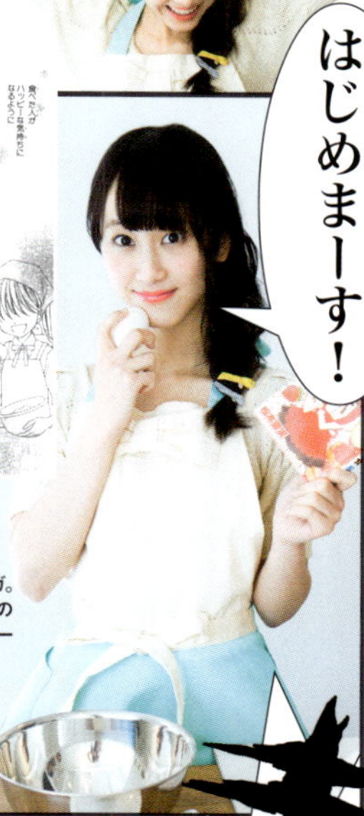

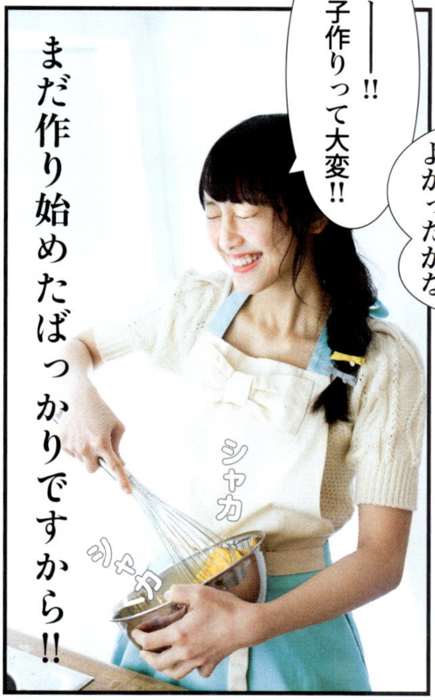

カスタード作りでのひとコマ。⬆の卵黄、牛乳、グラニュー糖を混ぜながら「パティシエの人って大変!! だってずっとこれやってるんですよね!?」

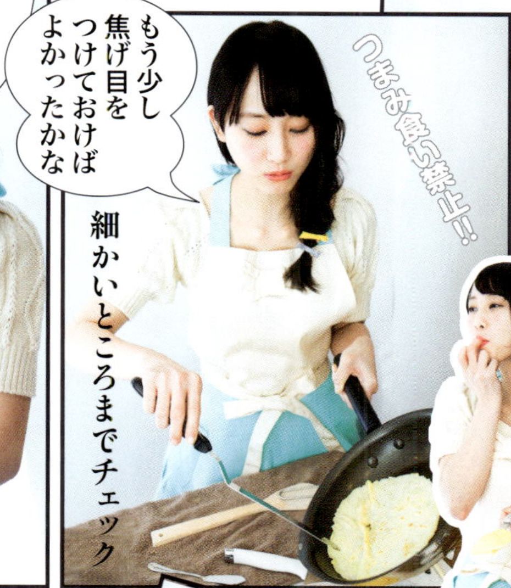

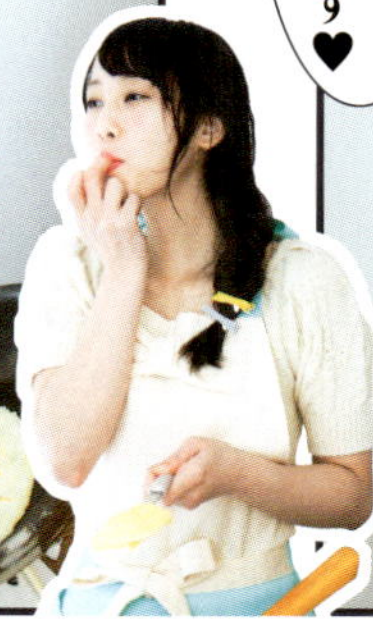

生地が焼ける間に
カスタードクリームを
ペロリ♥

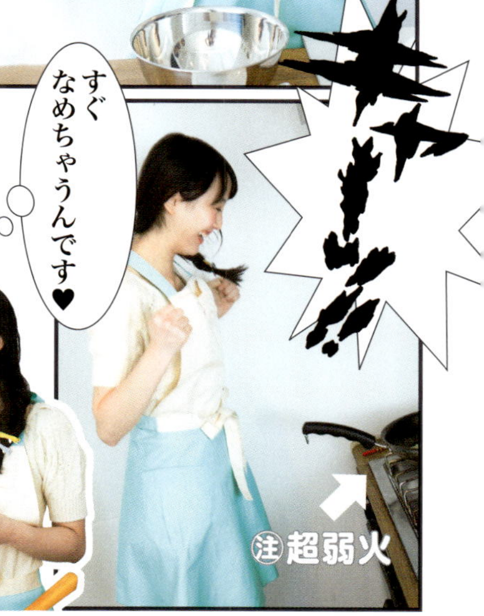

生地を焼こうとしたら悲鳴！でも超弱火ですから!!

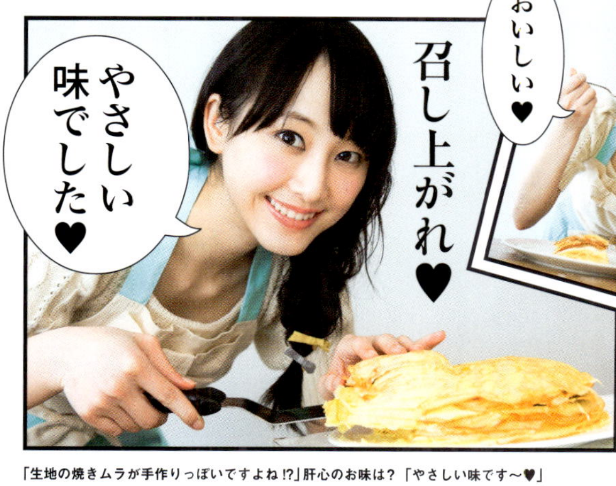

「生地の焼きムラが手作りっぽいですよね!?」肝心のお味は？「やさしい味です〜♥」

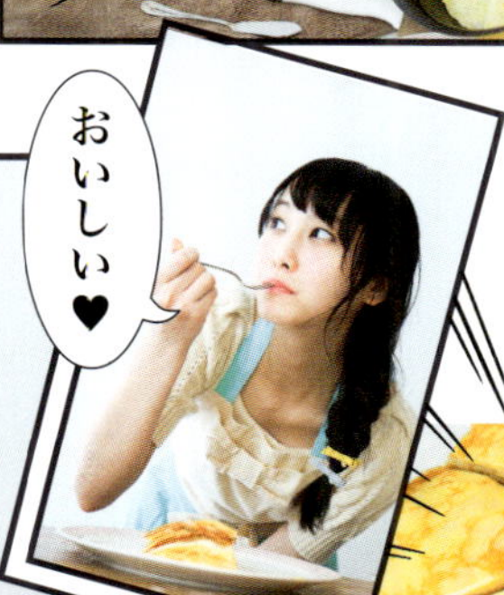

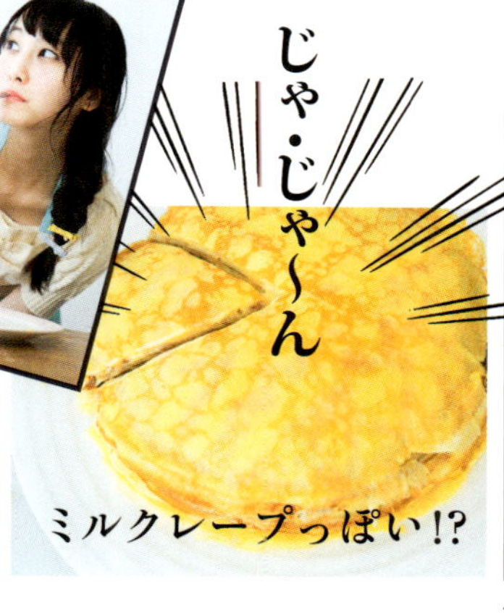

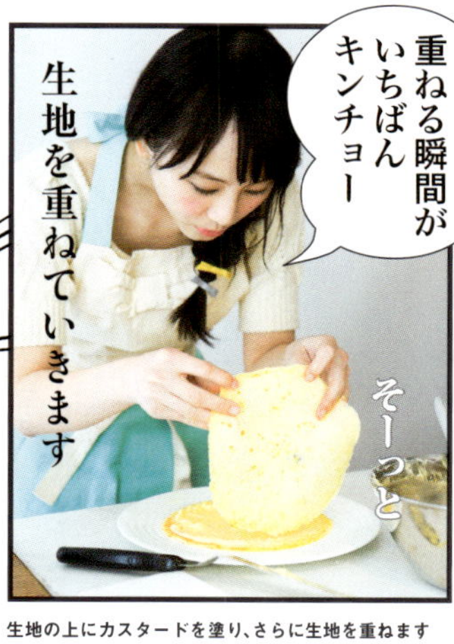

生地の上にカスタードを塗り、さらに生地を重ねます

玲奈さんが大好きなマンガに出

グルメマンガマニアの玲奈さんが『夢色パティシエール』のミルクレープと、『3月のライオン』の"ゴマた

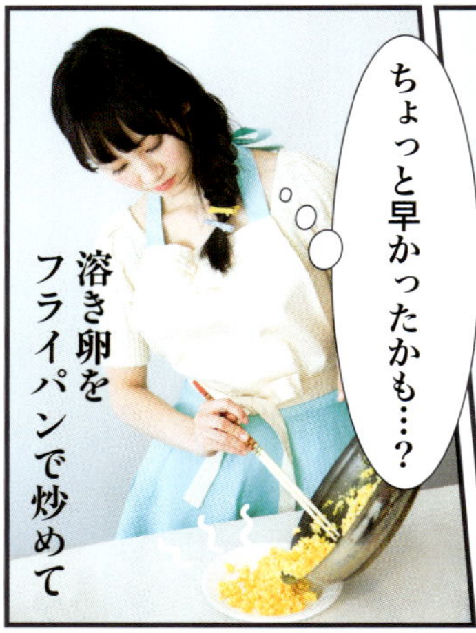

汁気をなくし、ほろほろになるまで炒めます

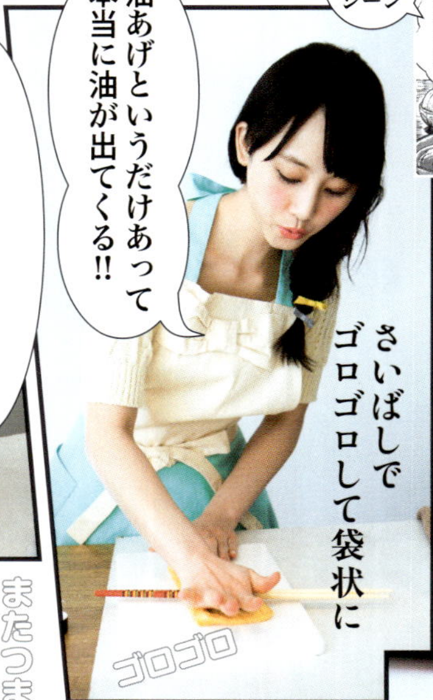

油あげを箸で滑らせていくと袋状になります

マンガのシーン

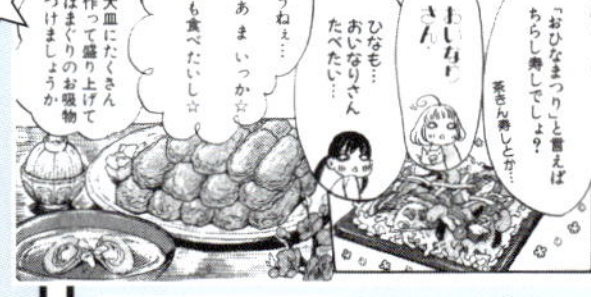

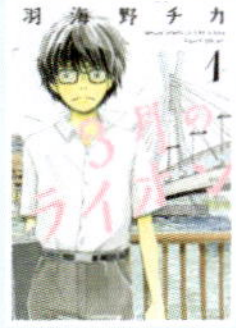

『3月のライオン』
（羽海野チカ著・白泉社刊）
プロ棋士の孤独な少年が、周囲の人々との交流の中で次第に心を癒し、成長していく姿を描く物語。「（第4巻に登場する）"ゴマたーっぷりのおいなりさん"がおいしそうで作ってみたかったんです！」

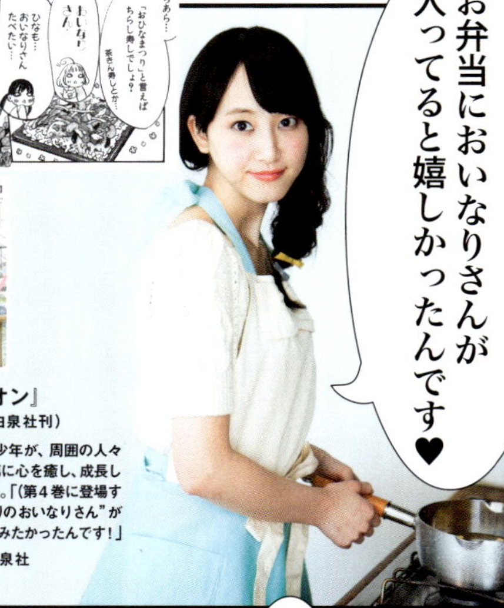

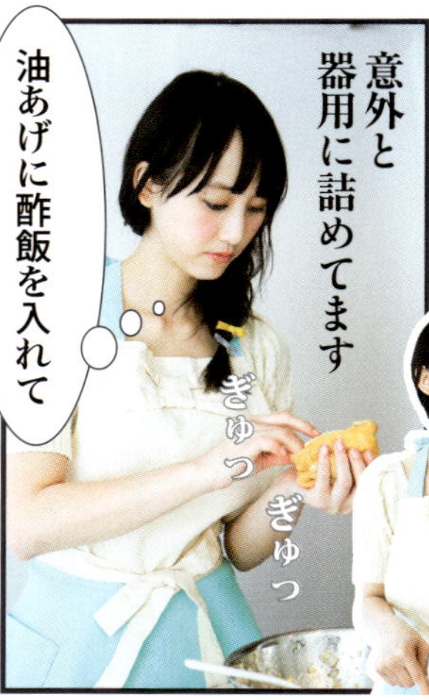

酢飯にはレンコンとたーっぷりのゴマを混ぜます

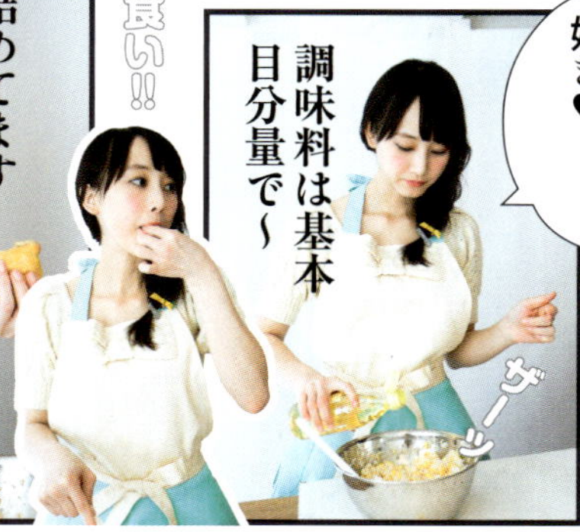

油あげを煮ている間に酢飯作り。松井家はお酢多めで

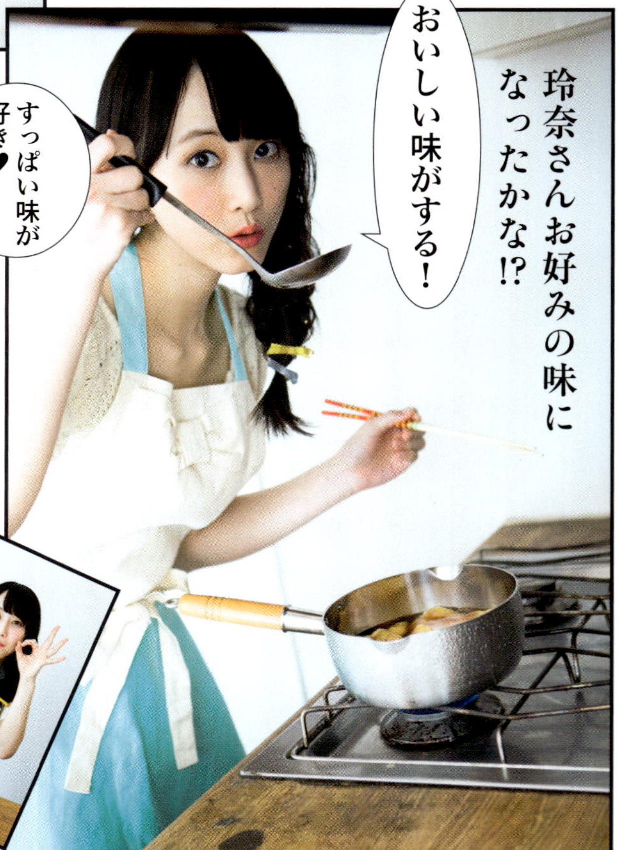

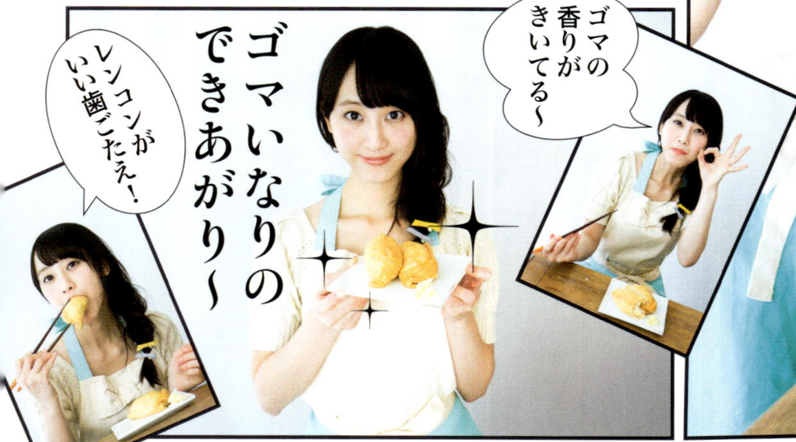

大好きなガリを横に乗せたら完成！
「おいし――い!! ゴマの香りがすごくきいてる！ お正月に作ります!!」

袋状にした油あげに味付けをしていきます。醤油、みりん、砂糖の入った鍋に入れて中火で10分煮ます

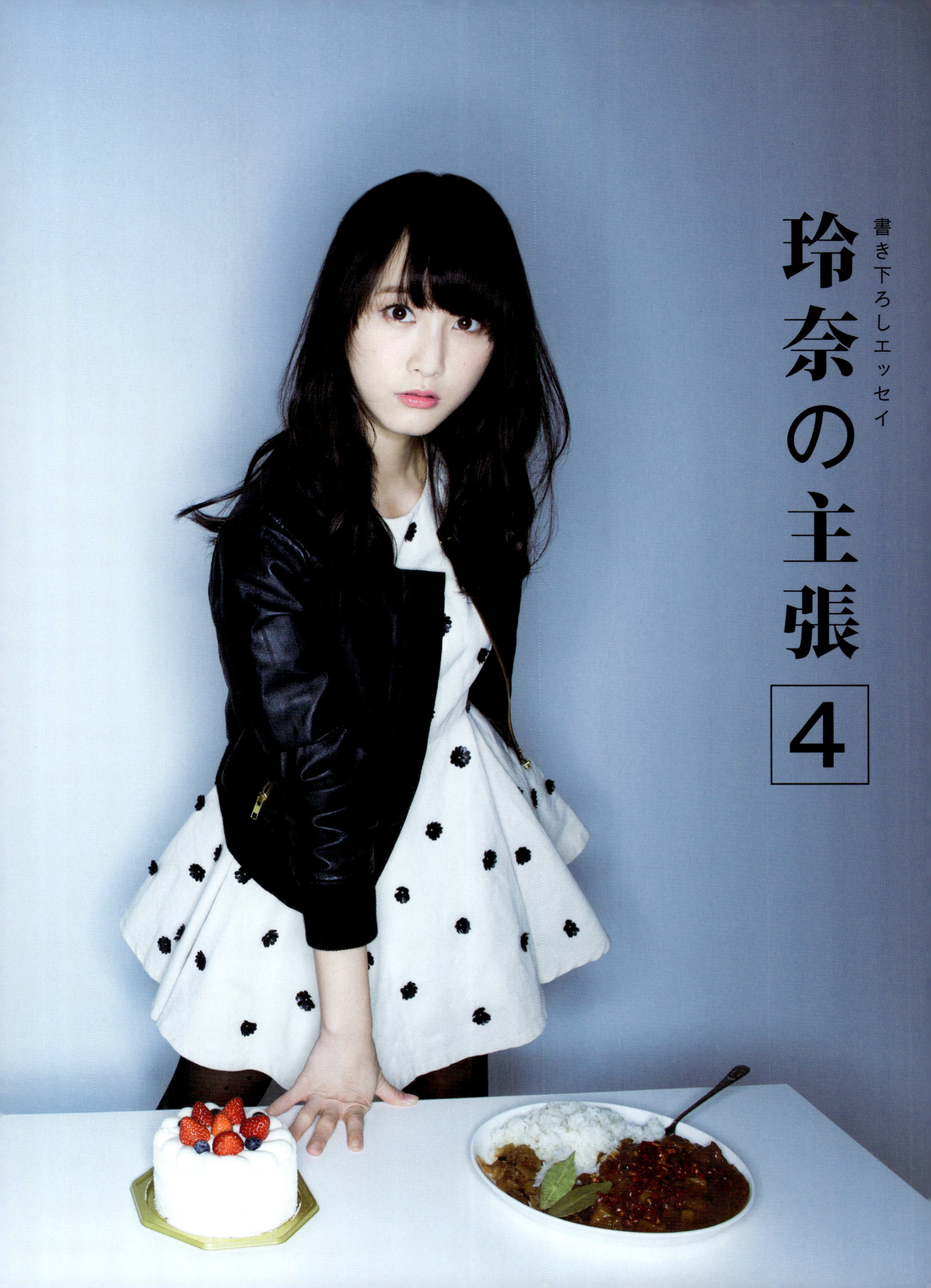

書き下ろしエッセイ

玲奈の主張 4

テーマ

「甘辛」

皆さんのイメージの中で私は辛いもの好きなイメージがあると思う。
でも実際は甘いものが好き。
辛いものは得意なだけなのだー。あとは興味本意。
これは辛いのかな？　食べられるのかな？　そんな好奇心。
そもそも辛いという感覚がわからないのです。
みんなが辛い！　と声を上げると
何がどうなってどんな風に辛いと感じるのか詳しく知りたくなる。
みんなが言うには痛い、熱い、痺れるらしいけど…
私は熱いは感じたことがあるけれど、それが…もしかして辛い？
でもその熱さがおさまらなくてソフトクリームを2個食べて落ち着かせました。
そんなことは初めて！　あれが辛いという感覚なのでしょうか？
一方甘いものは大大大好き！
ケーキも1ホールはぺろっと食べれちゃうし、
アイスも、チョコもいくらでもお腹に入れたくなっちゃう。
もちろん和菓子も大好き。（今は気を付けて我慢してますけどね）
もし明日死んでしまうとしたらお腹いっぱい生クリームを食べたい！
ありとあらゆるスイーツが食べたい！　そんな感じ。
つまり辛いは得意、甘いは好きってこと。

松井玲奈のアタマのなかまとめ。

編集部内で記事ページをチェックしてたんですが、ガンダムマニアの編集者が〝好きなサブキャラを聞かれて、いきなりダコスタが出てくるのは完全にどうかしてる！〟って主張してて。

「いやいや。うちの地元ではダコスタけっこうメジャーだったんですよ。みんな大好きですよ、ダコスタ！」

　全体を通して、玲奈さんのモノの考え方の、そういうナナメ上から来る感じが出ちゃってるんですが、その原点がどのへんにあるのか知りたいと思っております。

「まず、母がけっこうマイペースというか、変わった人で。私か兄かは忘れたんですけど、生む時に、ちょうど『ドラクエ』がファミコンで出たときで、産婦人科の病室にファミコンを持ち込んで、ずっと『ドラクエ』をやってたらしいんですよ」

のっけから凄い話ですねそれは……。どんな胎教だよっていう。

「私がものごころついてからは特にゲーム好きな感じでもなかったんですけどね。ただすごい本が好きで、文学からＨＯＷ ＴＯものから何でも、本棚にギッシリあって、溢れて床に積んであったり。だから子供の頃から、読むものには不自由しなかったですね。母のおかげで本好きになったと思います」

　お母様の本で、特に読んで印象に残ってるものってあります？

「え～っと……。お寺の写真集」

　子供が読んで楽しいかぁ!?

「いろんなお寺の彫刻とか仏像とか見て、〝うわ～キレイ～♥〟って。あとクローゼットの中に、アメコミのフィギュアがすごいいっぱい入っていて。それは父が集めていたんですけど」

　両親揃って持ち物が多いんですね……。

「どっちも、1度好きになるとトコトンまで行っちゃう人なんですよ。で、その中に『ナイトメアー・ビフォア・クリスマス』のジャック・スケリントンのフィギュアがいっぱいあって、小学校入る前からず～っとジャック

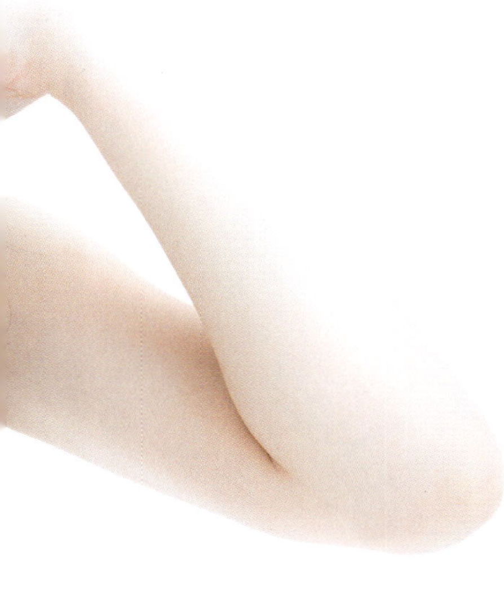

父も母も、1度ハマるとトコトン行っちゃう人で。

が好きでしたっ♥

ま、ガイコツですが。

「父は車いじりも大好きで、今はないんですけど、昔スポーツカーがうちにあったりして。あとパソコンのカスタムとかもやってて、私も小さい頃からパソコンに接してたし。カメラとか映画とかが好きなのも父親の影響ですね」

幅広過ぎる！　そのようなご両親のもとで、すくすくとマニアックな感性が涵養されていった、と。学校とかではどんな子だったんですか？

「小さい頃はすごく活発な子だったんですよ。保育園の頃、先生達がちっちゃいステージみたいなのと、かわいい衣装とか作ってくれて、それを着てみんなで歌ったりとかできる遊び場みたいなのがあって、何かそこからず～っと離れないで、ず～っと歌ってたらしい（笑）」

なるほど。その辺が今に至る……。

「原点ですね。その頃からずっと、人前に出て何かをやるっていうのが好きだったんです。で、小学校1年生の頃までは、小さい子の面倒は見るし、ケンカがあったら止めに行くし、何をするにもみんなの先頭に立って、ってタイプで。でも、2年生のときに転校して、それまでの学校が、みんな仲良しな感じだったのに、新しい学校はグループごとに分かれて行動する感じで、なじめなくて怖くなっちゃったんです」

そこからぼっち人生まっしぐらに？

「そうですね。何か特別大きい出来事があったわけじゃないんですけど、人と話すのが苦手になって、友達もすごく少なくなっちゃった」

マンガやアニメの、2次元的な世界への目覚めはどんな感じだったんですか？

「それは兄の影響が大きいですね。3歳上の兄が『少年ジャンプ』とか読んでて、アニメも見てたんで、その影響で私も見てました。自分からガ～ッとのめり込んで行ったのは小

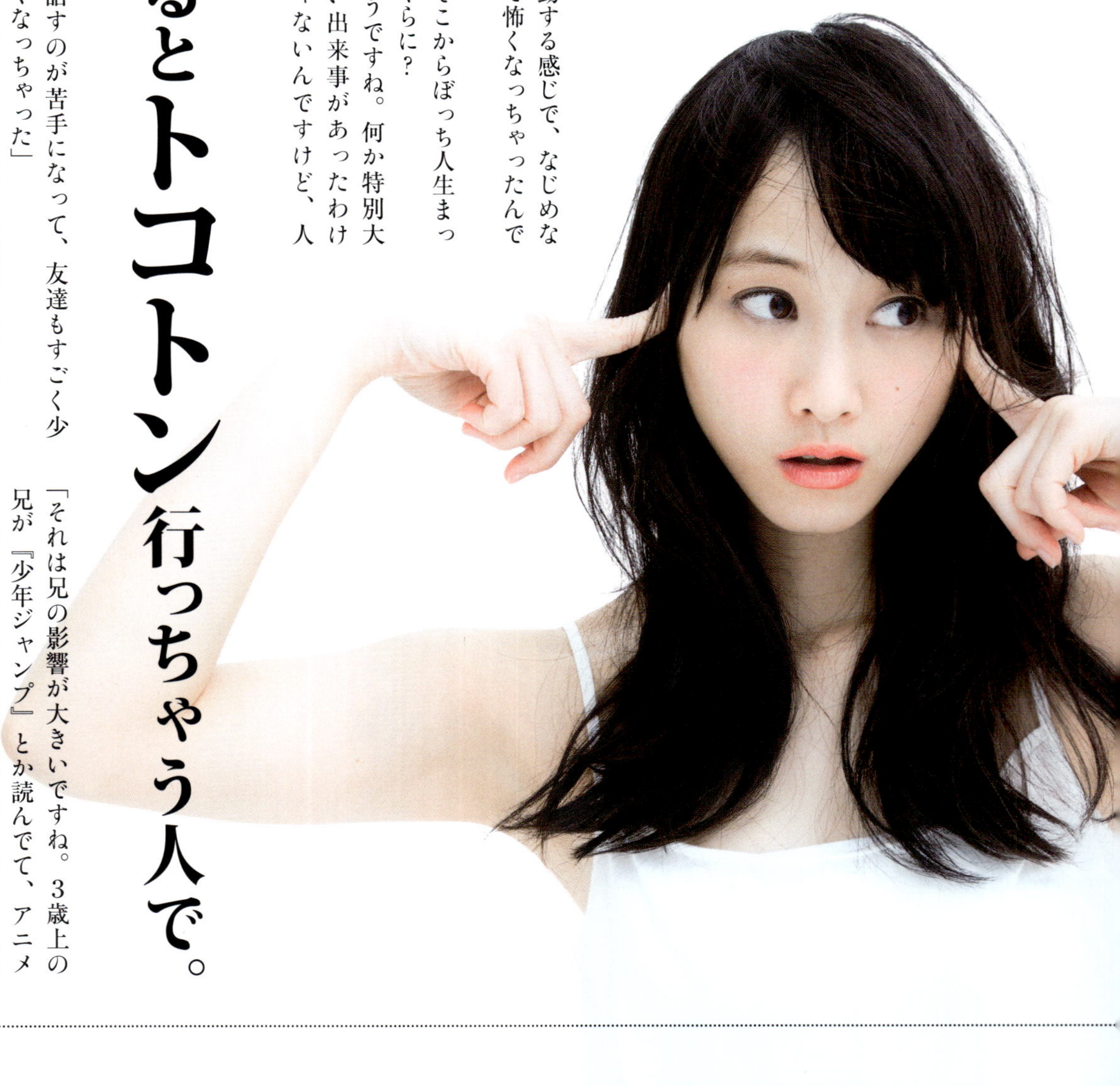

特に好きだった作品は『ハガレン』『テニプリ』そして「戯言シリーズ」が"人生の基盤"ですっ!

6から中1くらいの頃、『鋼の錬金術師』と『テニスの王子様』にすごいハマって……。『ハガレン』は、設定がすごくしっかりしていて、"こういう考え方があるんだ!"って世界が広がっていく感じが新鮮で。『テニプリ』は普通にキャラ萌えで、もうDVDも欲しい、キャラソンのCDも欲しい、グッズも欲しい! あの頃が、落ち着きのないオタクのピークですね。好きなキャラが出てくると、黙っていられなくてキャーキャー言いながら見る感じの。でも一番影響を受けたのは、2次元じゃなくてライトノベルなんですけど、西尾維新の「戯言シリーズ」です。中学校の頃に読み始めて……。何て言うか、人生のバイブル!!!」

確かに人気のシリーズでしたけど、そこまでの影響っていうのはいったいどういう?

「もう、人生の基盤です。もともと『キノの旅』とかラノベはいろいろ読んでたんですけど、「戯言」でビックリしたのは文章です。エンターテイメントな作品なのに、自分が知らない漢字とか言い回しが次々に出てくるのが衝撃的で。物語だけじゃなくて、そこに並んでる字面がすでに面白くて、まず言葉にすごく魅かれたんですよ。シリーズ2作目の『クビシメロマンチスト』に葵井巫女子って子が出てくるんですけど、例え話がいちいちブッ飛んでいて、"わ〜、こんな発想があるんだ〜"とか」

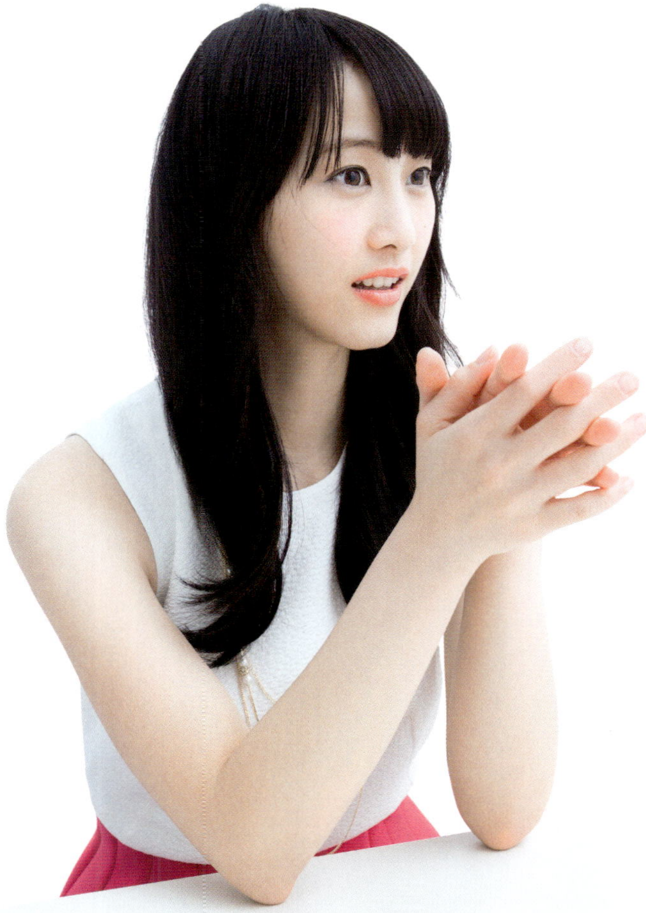

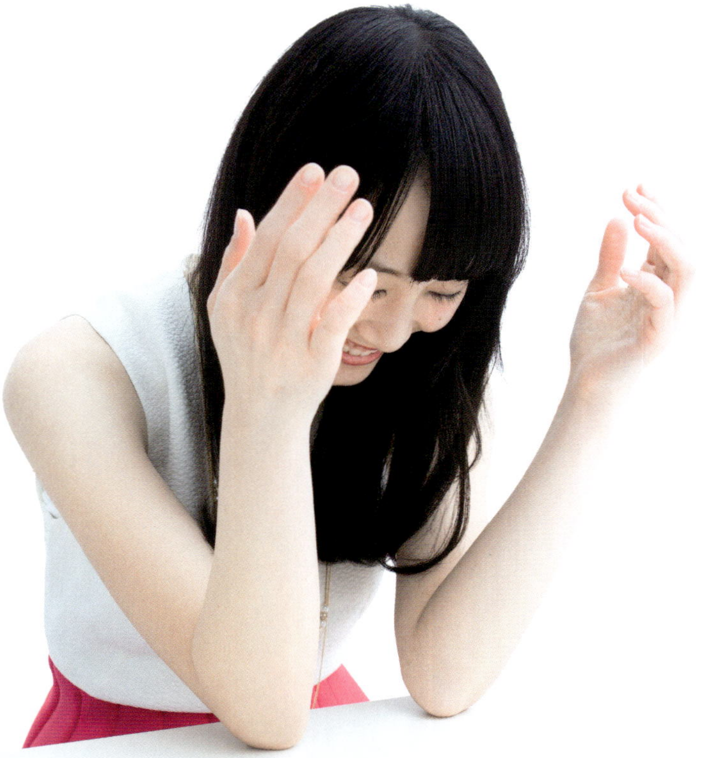

そもそもキャラの人名が読めないですもんね。言葉に対する特殊なフェチ感があるっていうか。

「あと、主人公の"いーちゃん"がものすごく屈折していて、それをそのまま受け取って育ってしまった感じです。完全に中2病！」

あの主人公の自分語りって、答えがないようなことを延々グダグダ言ってる感じで、苦手な人にはかなり鬱陶しいと思うんですけど。

「いいからストーリーを進めてよみたいな(笑)。でももう、当時はアレがカッコ良くて！ 思いっ切り影響を受けました。「戯言シリーズ」を読んでから、世の中を引いて見るようになったんですよ。それまで主観的に、全部自分のこととして切実に受け取っていた世界が、すごく客観的に距離を置いて見るようになった感じで。世の中が全く違うものに思えたんです」

小2の段階で、すでに世間とは馴染めないってモードが始まってたわけですが……。

「馴染めないのが当たり前で、そんなに問題にすることじゃないんだって開き直るようになったんだと思います。自分は、周りと比べたらちょっと変で、でも人と違っててもいい。人と違ってるからいい。周りに合わせて自分を曲げたりしなくていい！ って」

それがエッセイに出てた"能動的ぼっち"路線なのか?!

「そうかもしれない(笑)」

押見先生との対談でも出てきましたが、そこからよくSKE48に加入してアイドルとして活躍！ って真逆の方向に転換できたな〜、と。

「中学生の頃から、将来は芸能の仕事に就く、人の前に立つ仕事をするって決心していたので……。そうやって確信していたから、なおさら普通に毎日楽しそうに日常を過ごしている周りの子たちと、ギャップを感じてたんだと思うんですよ。だから高校時代は、ほんとに何となくの毎日を繰り返していた感じで、自分の中では大学入学くらいから夢に向かって行くつもりだったんです。それが、名古屋にSKE48が出来ることになって、AKBさんは大好きだったし、舞台には出れるし、これだ！ って思って。SKEに入ってからはもう、アニメやマンガに打ち込んでいた情熱を、全部ガ〜ッて仕事に向けた感じです」

お話をお伺いして、もともと自然に発生していた特殊な感性が、ぼっち期のおかげで周りの雑音に惑わされずに熟成しつつ、様々な文化に後押しされてより異能な方向で開花していった、みたいな……。

「何か！ まとめがすごくヤバい人みたいになってませんか(笑)!? 大丈夫ですか？ もうちょっとカワイイこと言っときましょう！ え〜、"ディズニーのエレクトリカルパレードを見ると、胸がキュンキュンしますっ♥"」

今さらフォローしても遅いと思います！

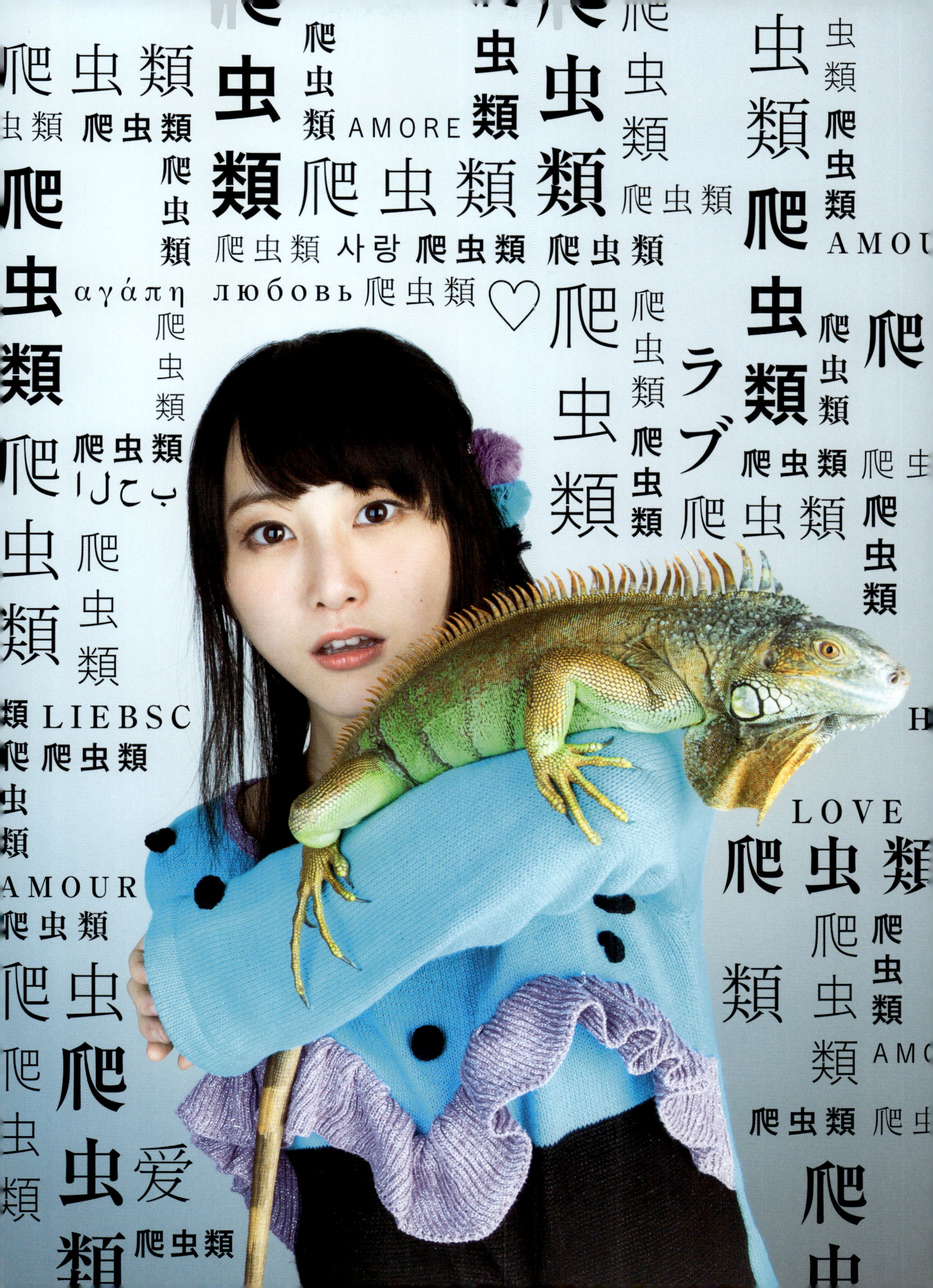
爬虫類
AMORE
爬虫類 사랑 爬虫類
αγάπη
любовь 爬虫類 ♡
ラブ
AMOUR
LIEBSC
LOVE
爬虫類
AMOUR
愛

玲奈の主張 5

書き下ろしエッセイ

CHAPTER

4

湯河原〜真鶴

Le plus important est invisible

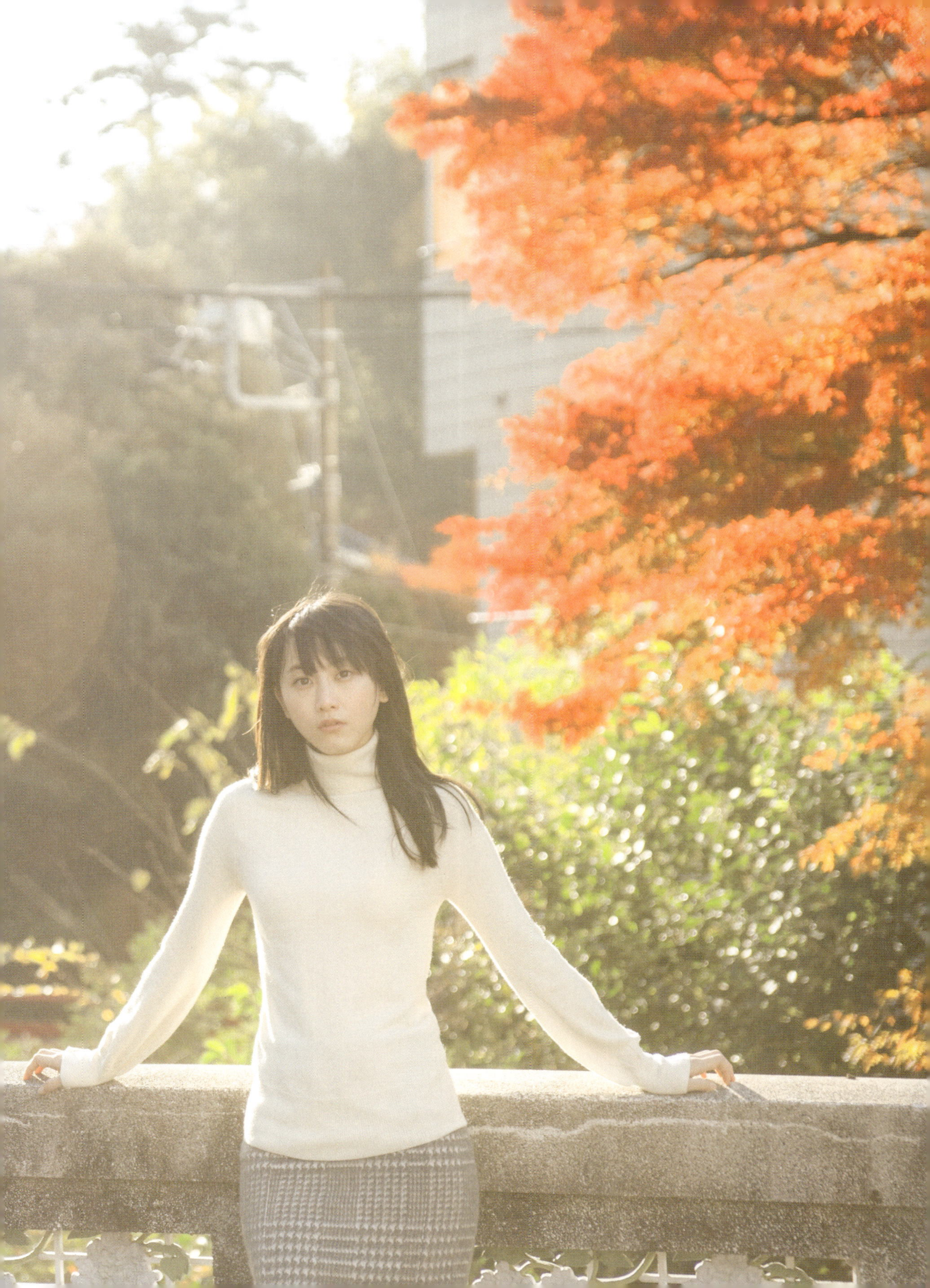

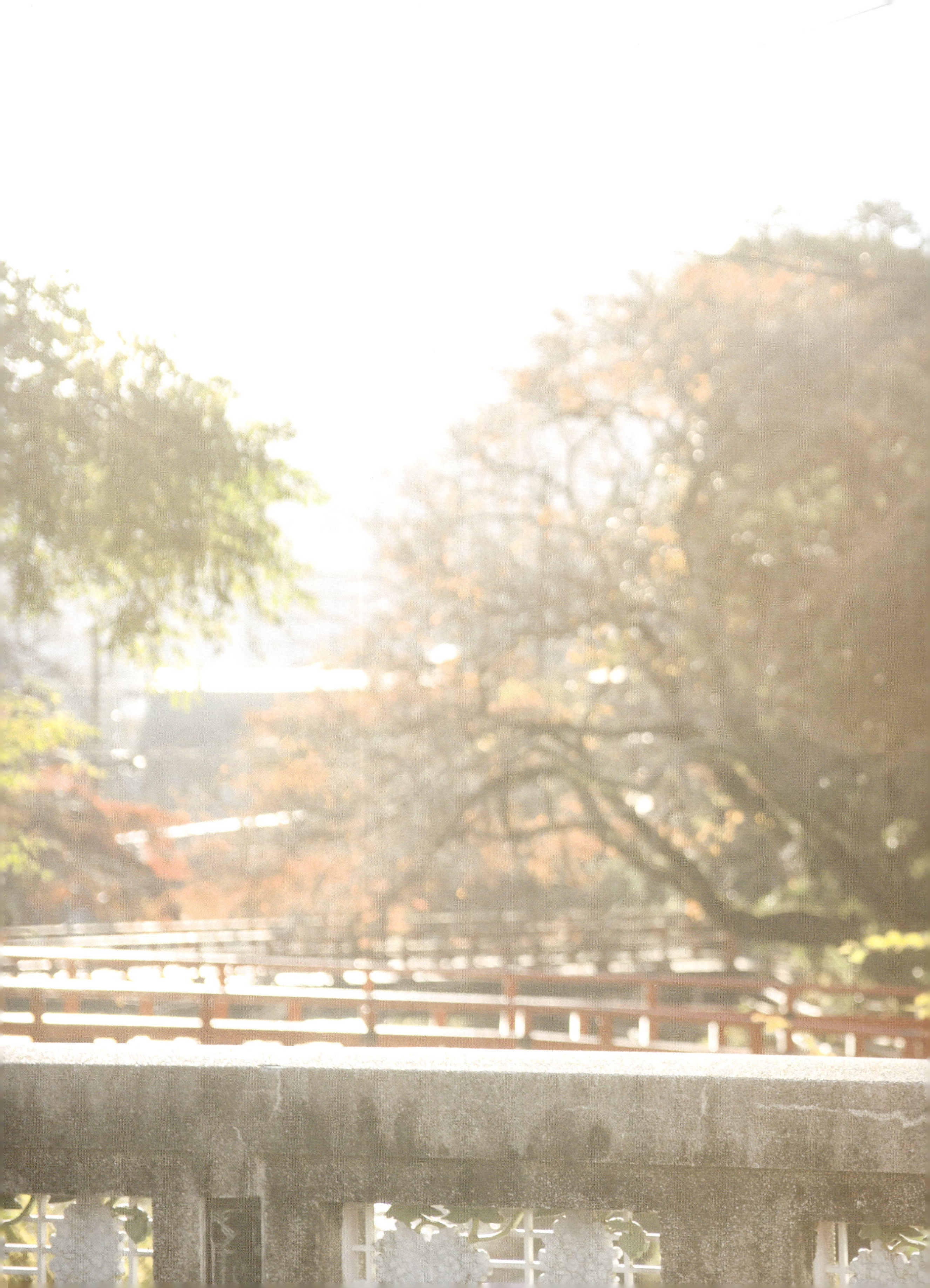

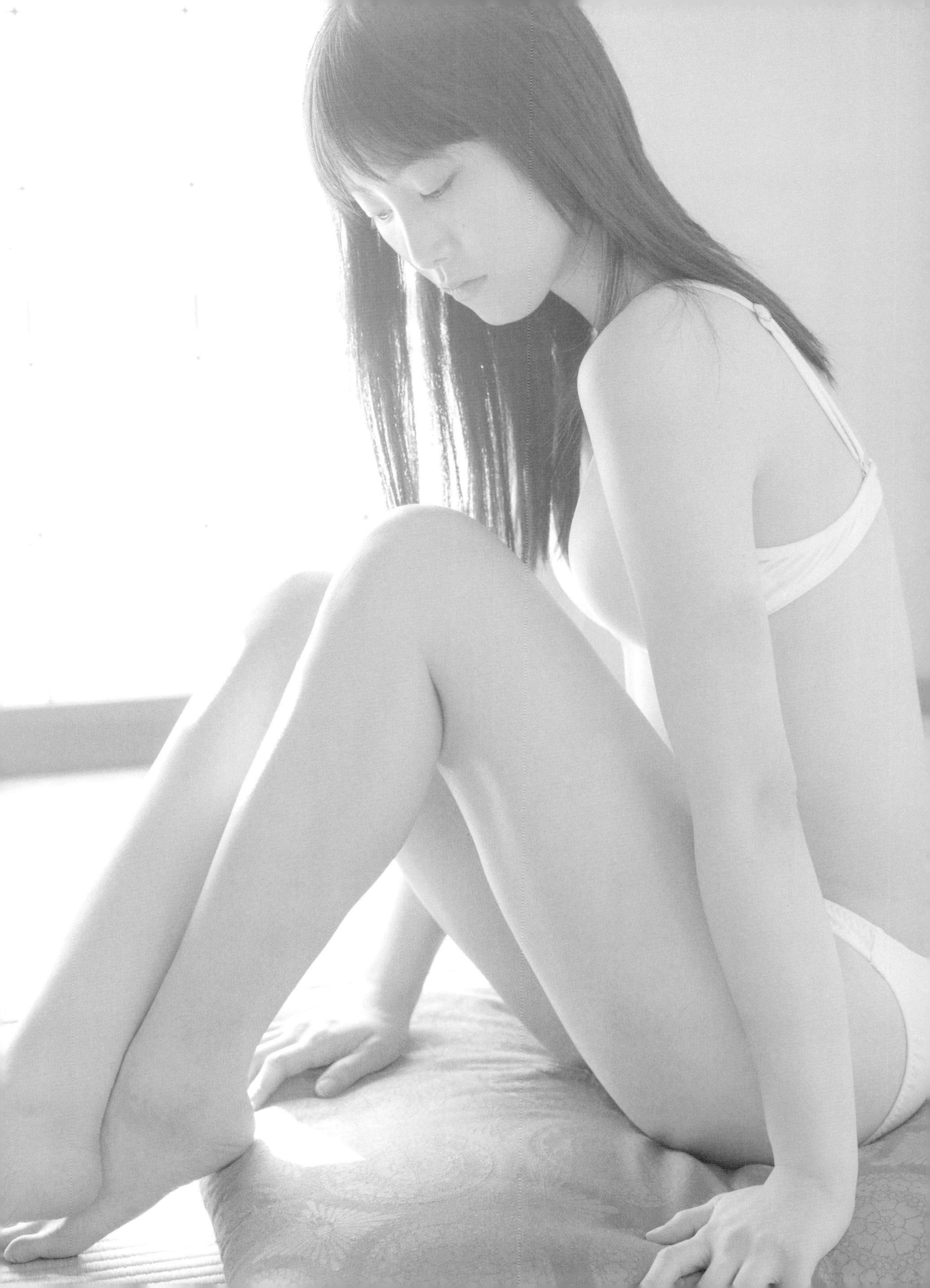

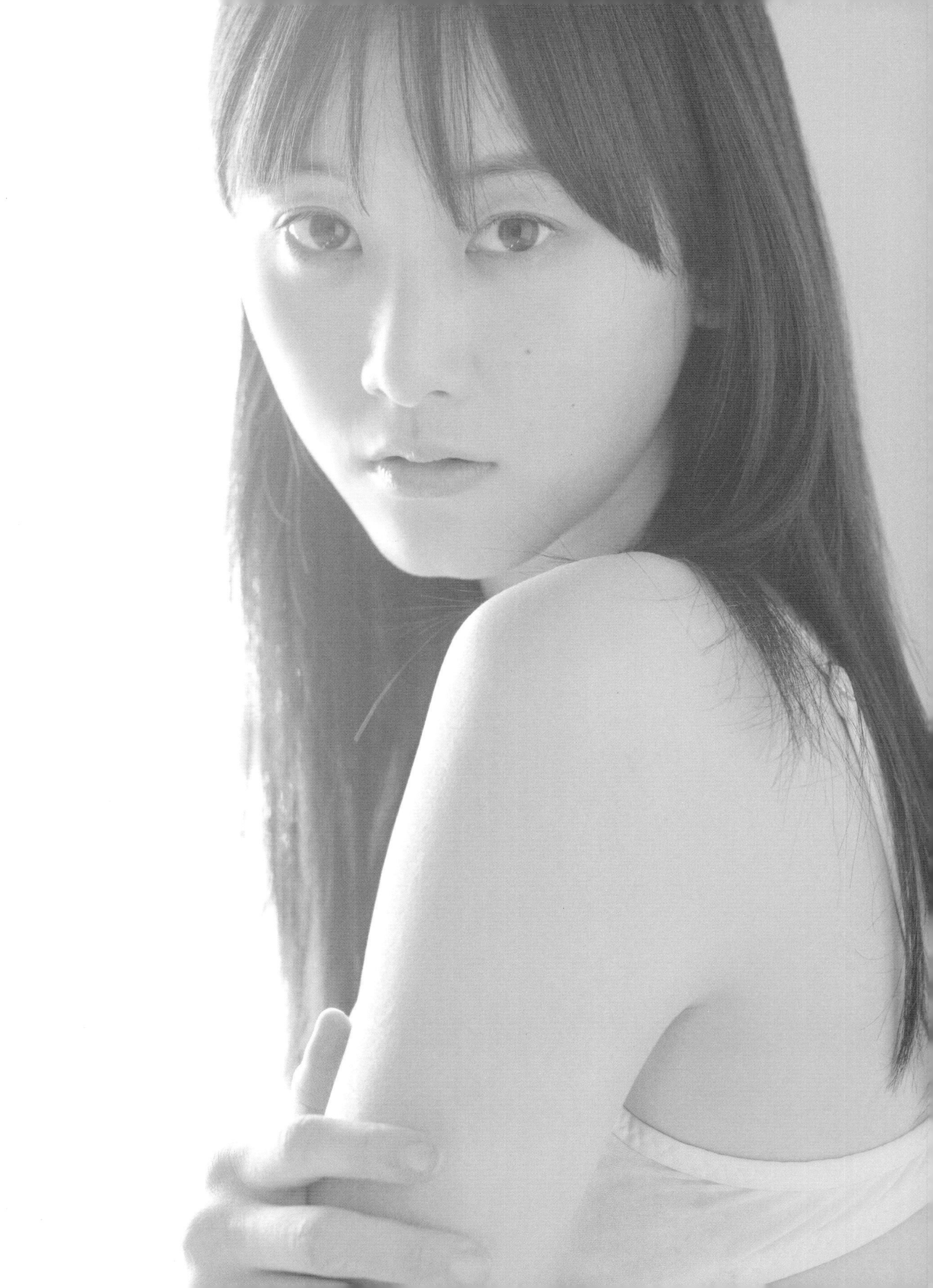

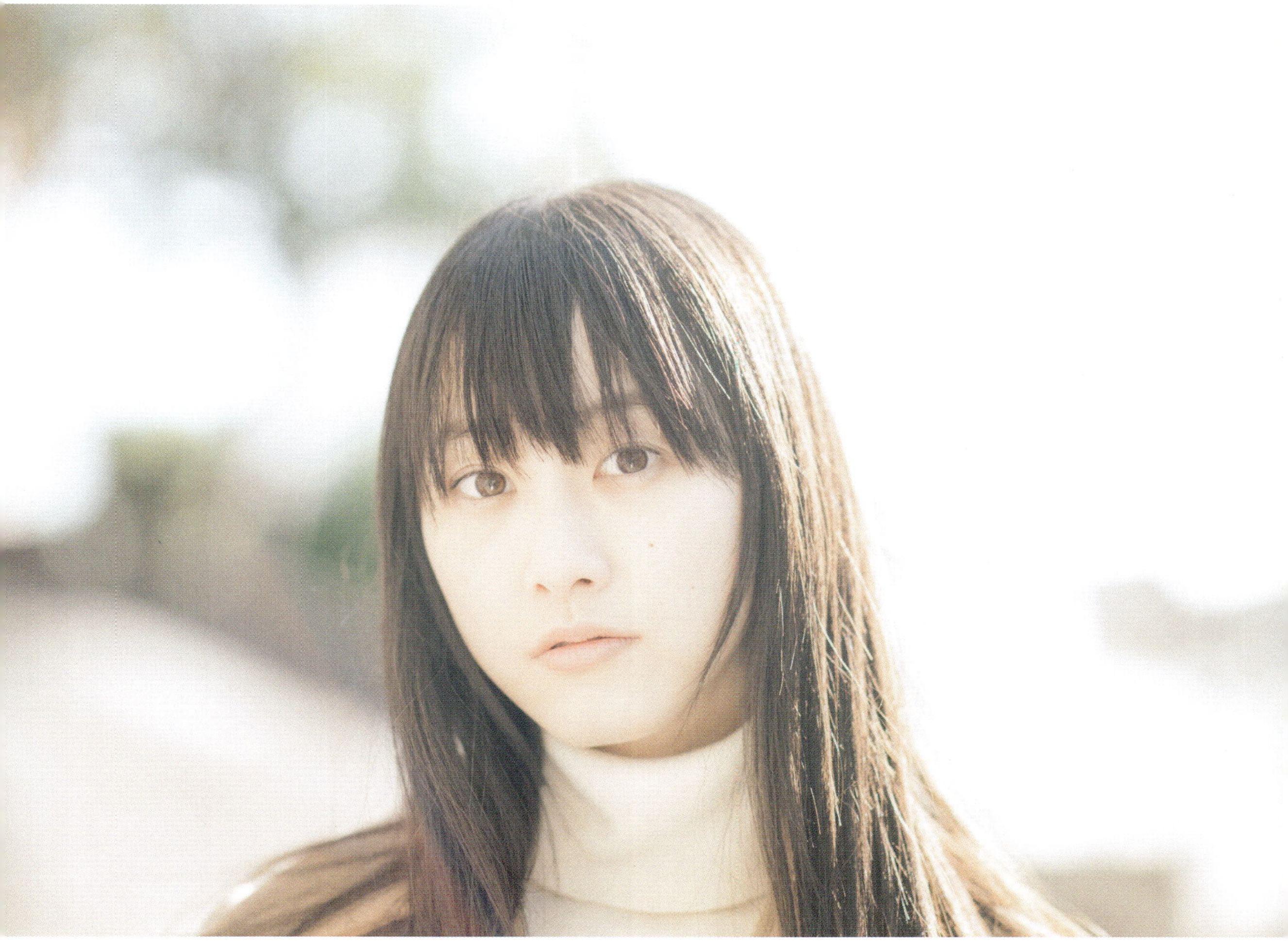

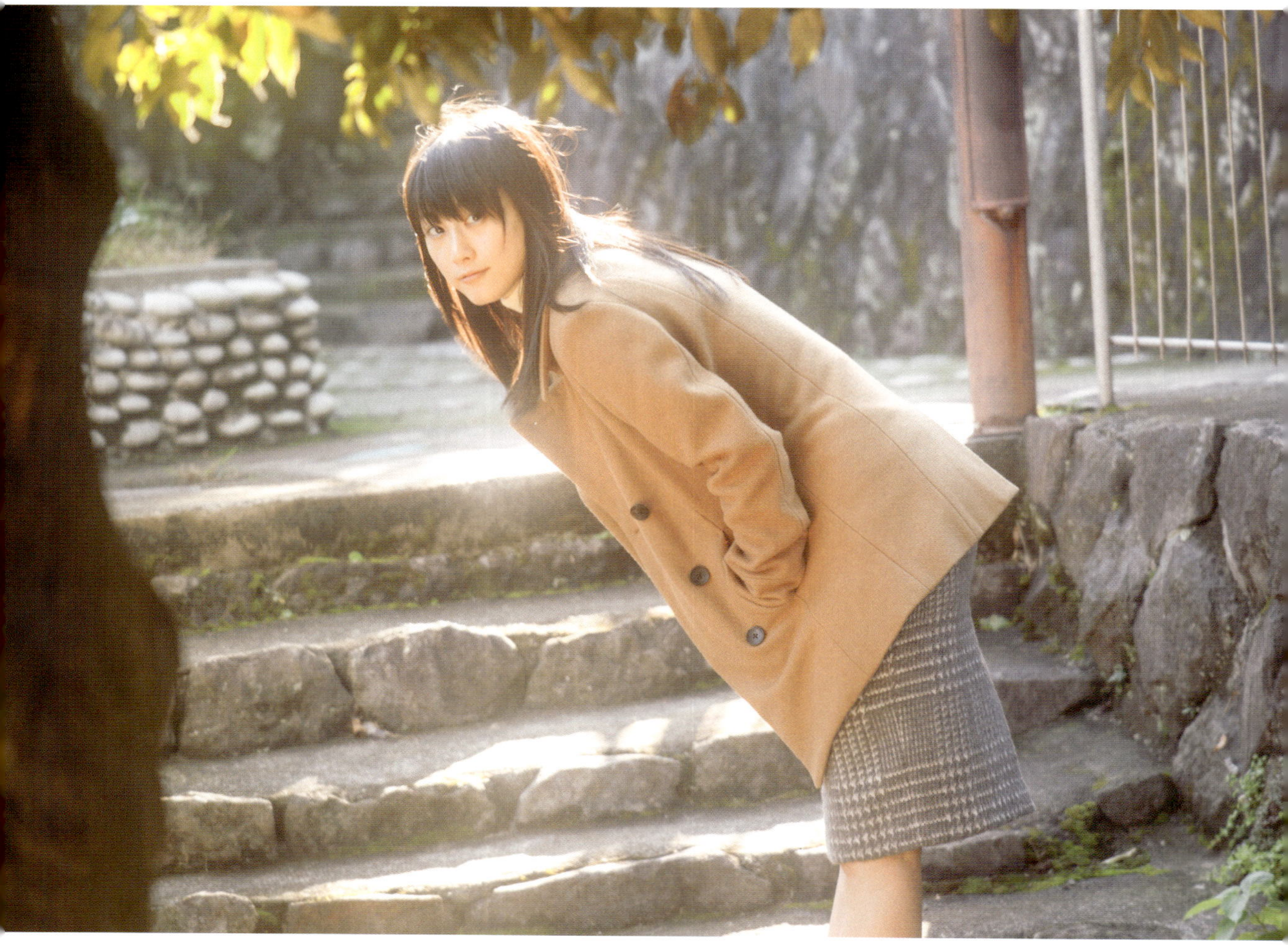

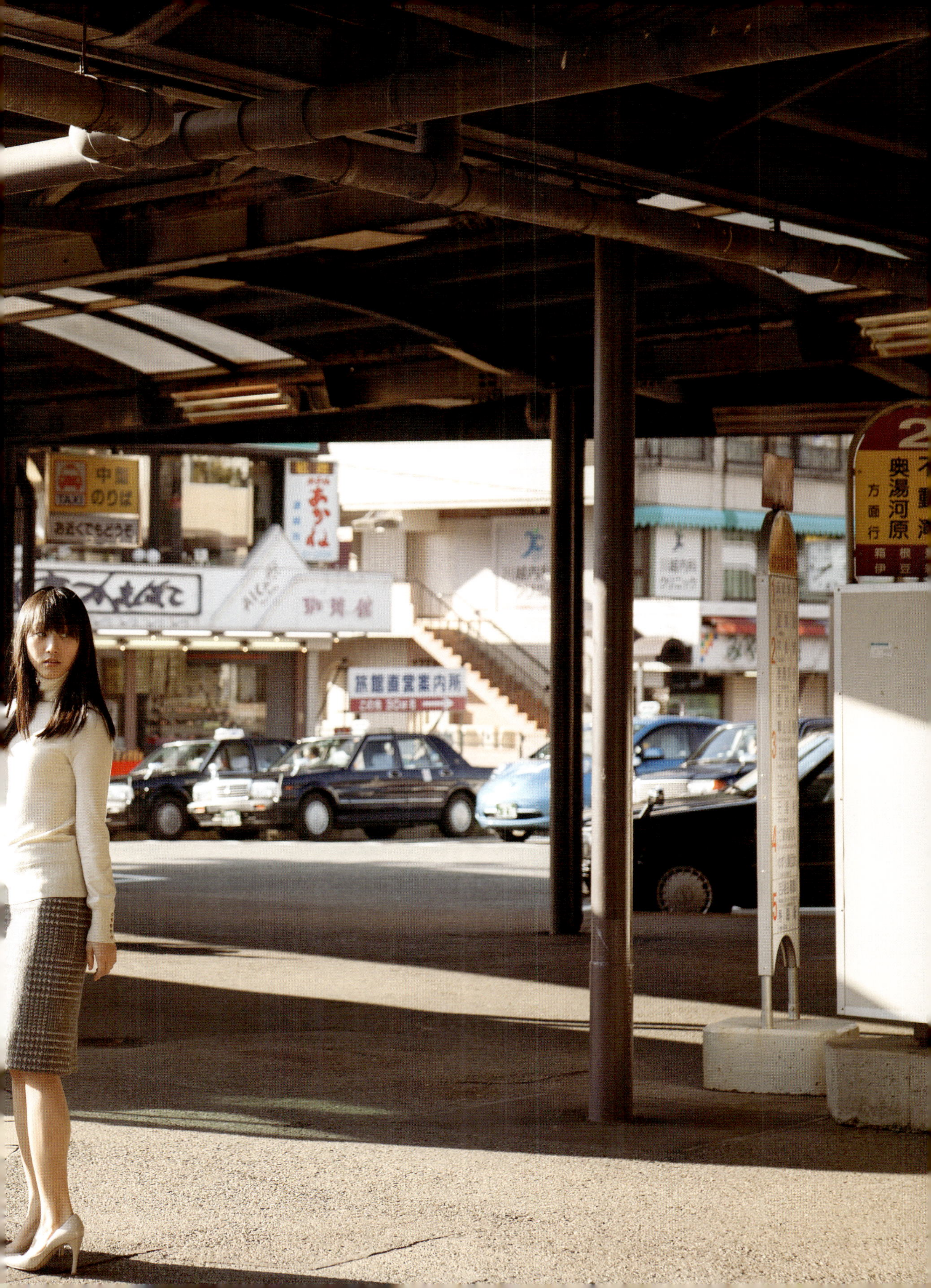
旅館直営案内所
奥湯河原
方面行

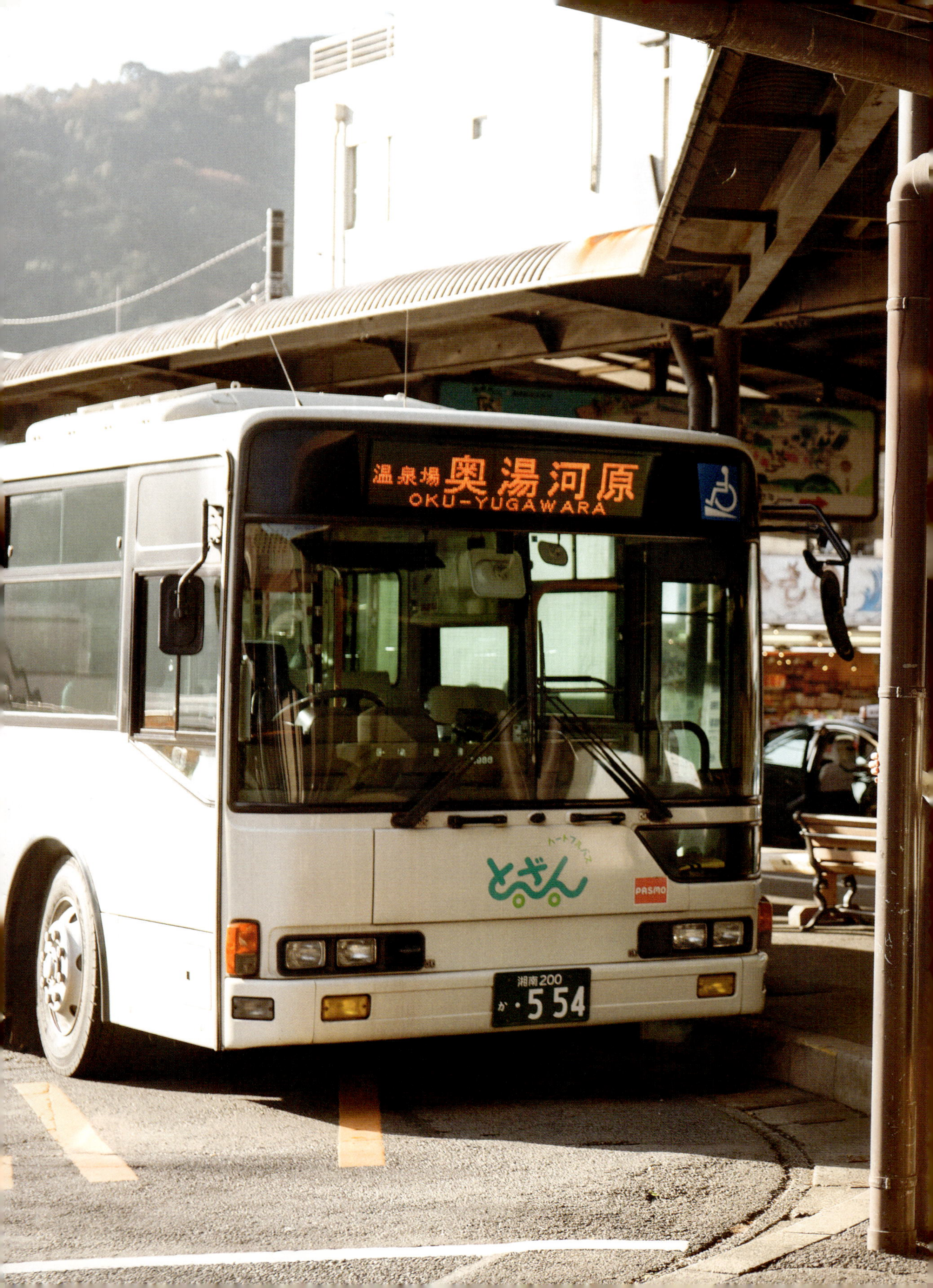
温泉場 奥湯河原
OKU-YUGAWARA
とざん
PASMO
湘南200
か・554

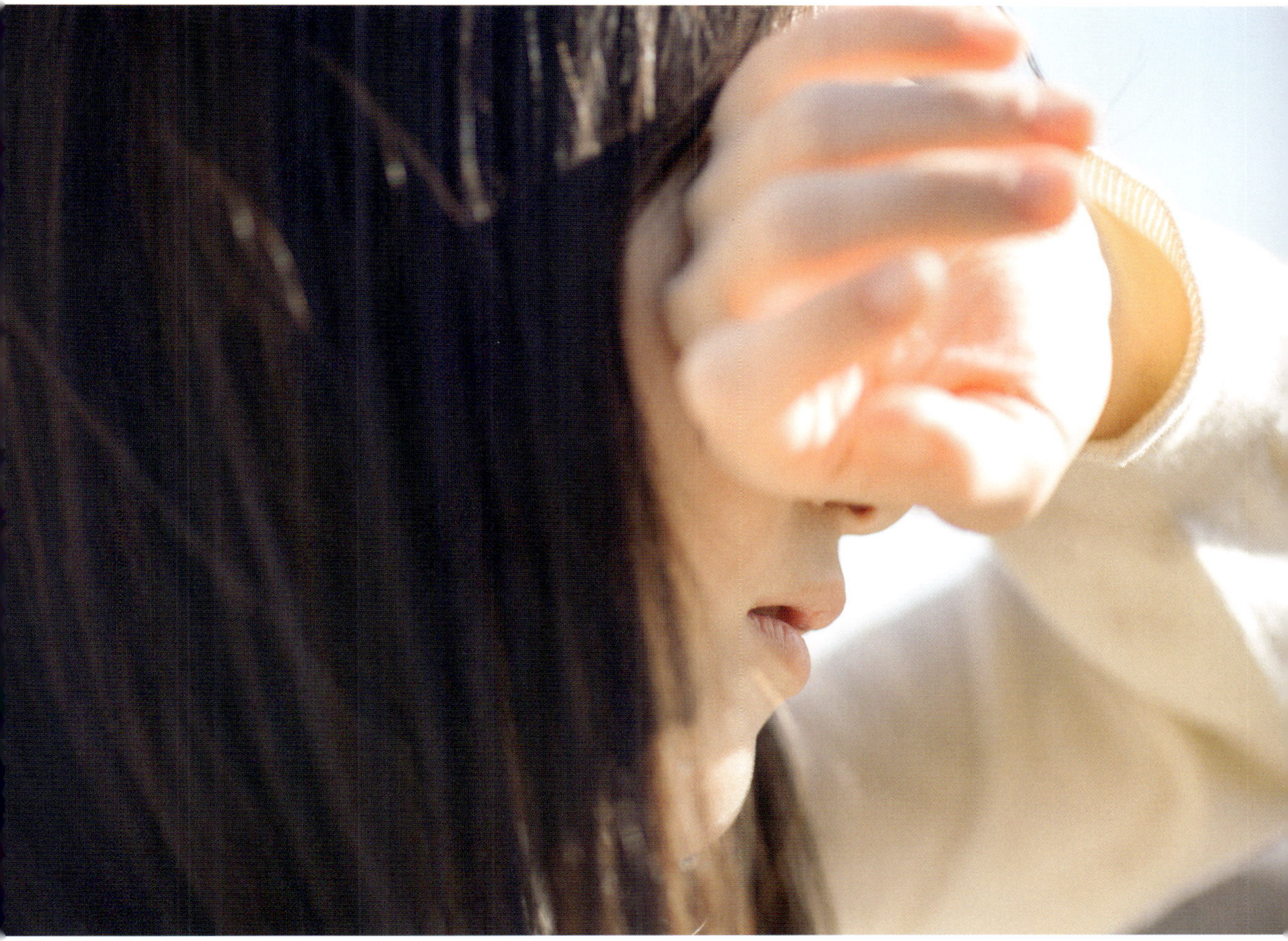

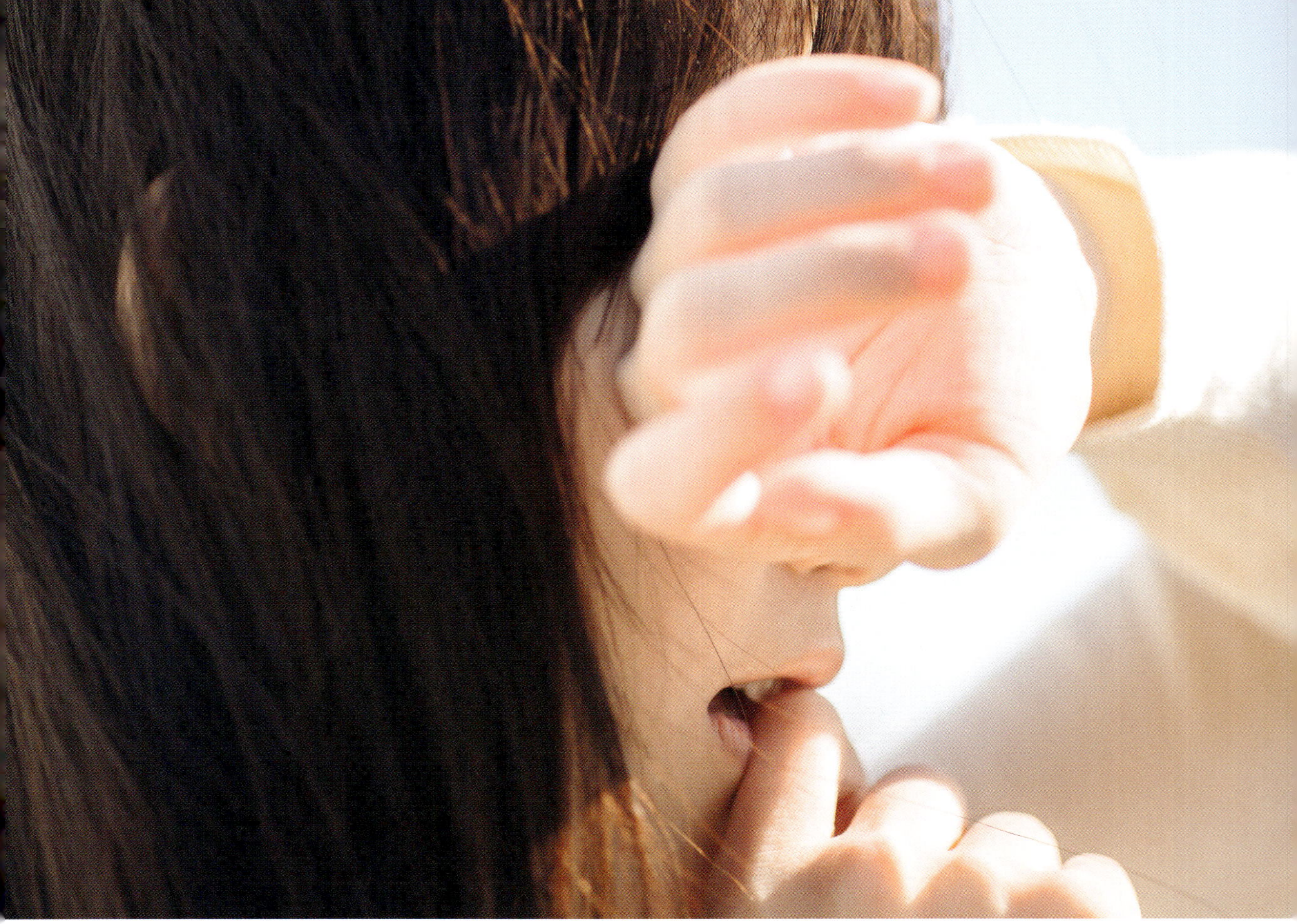

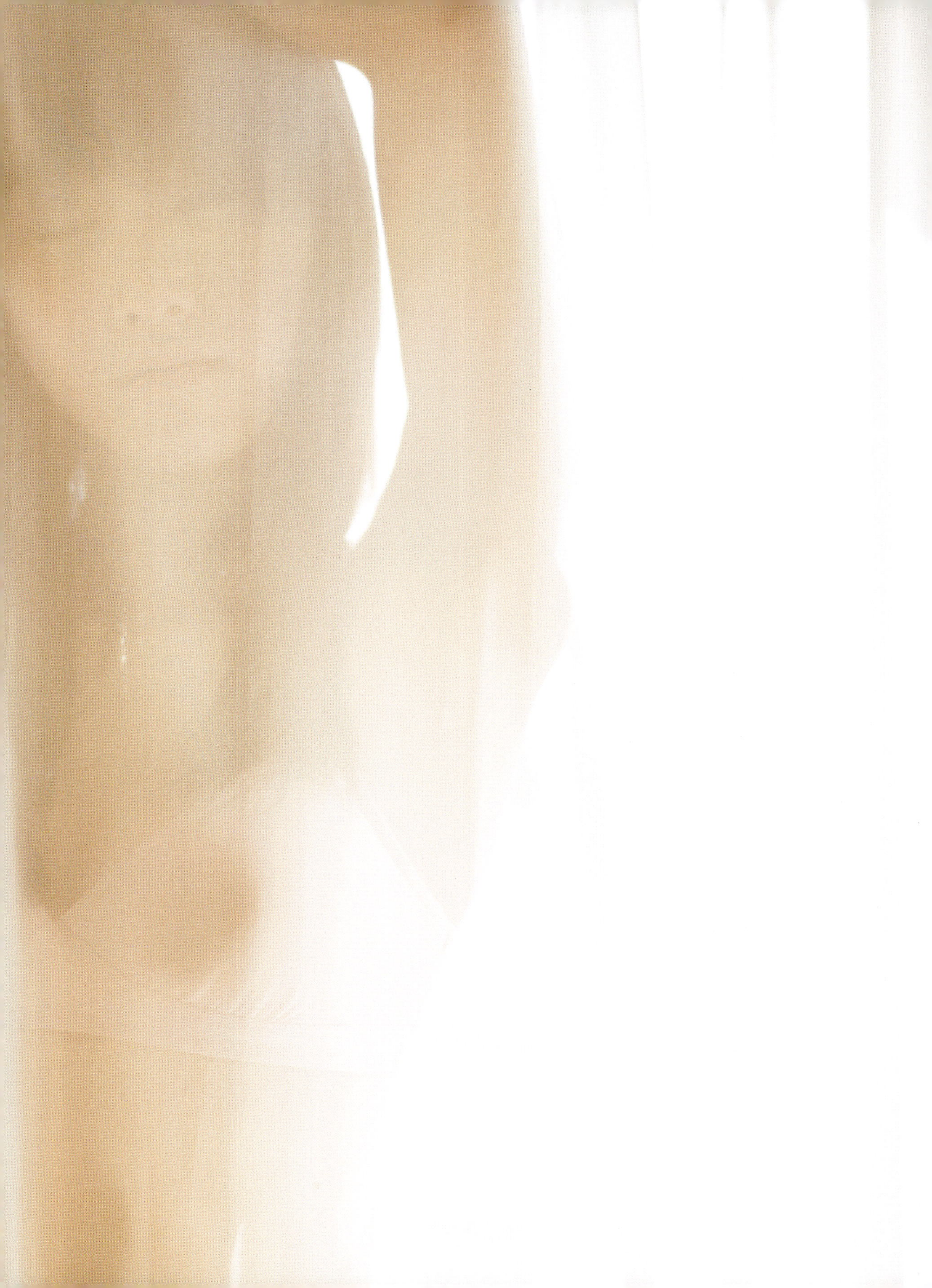

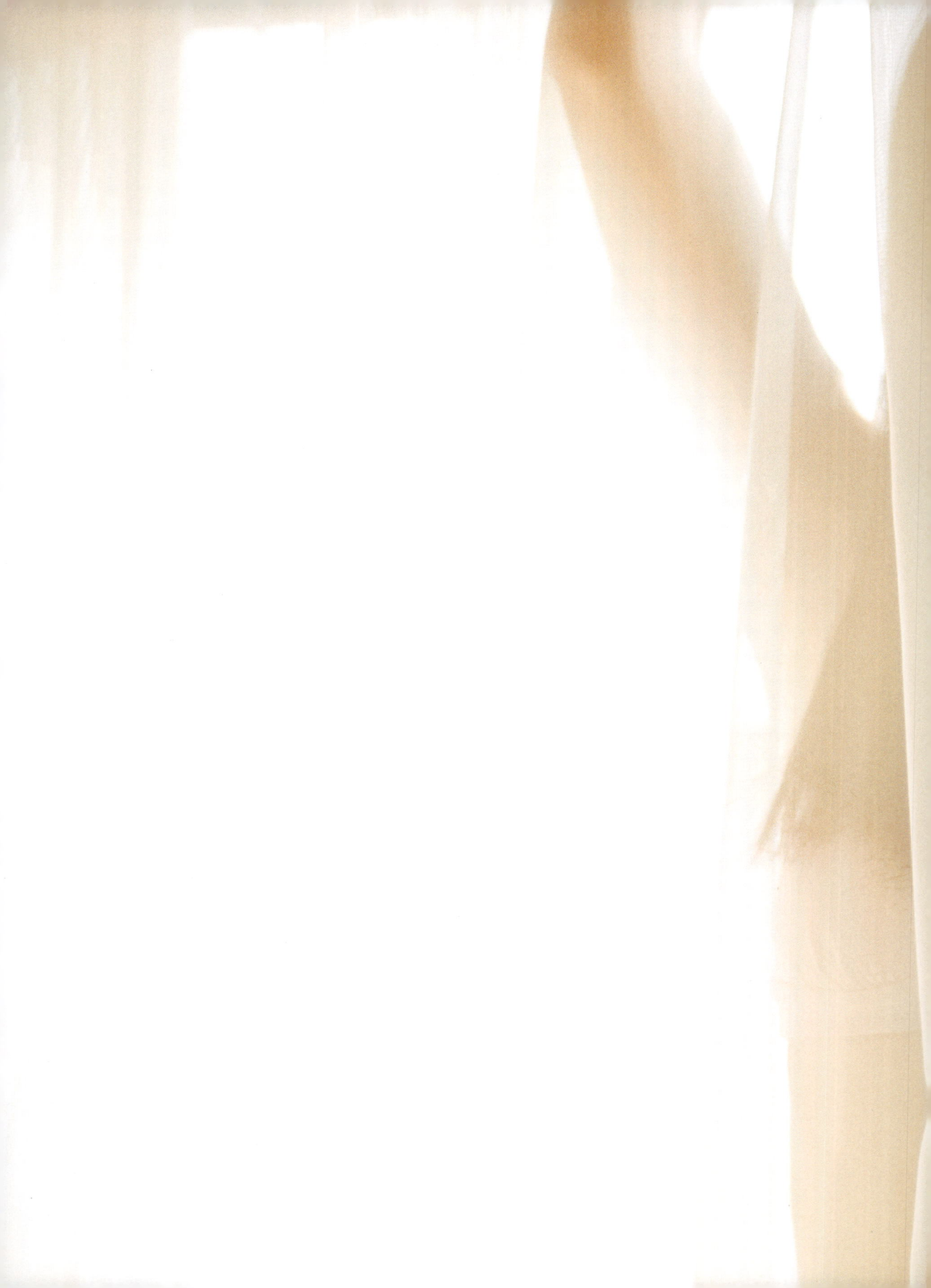

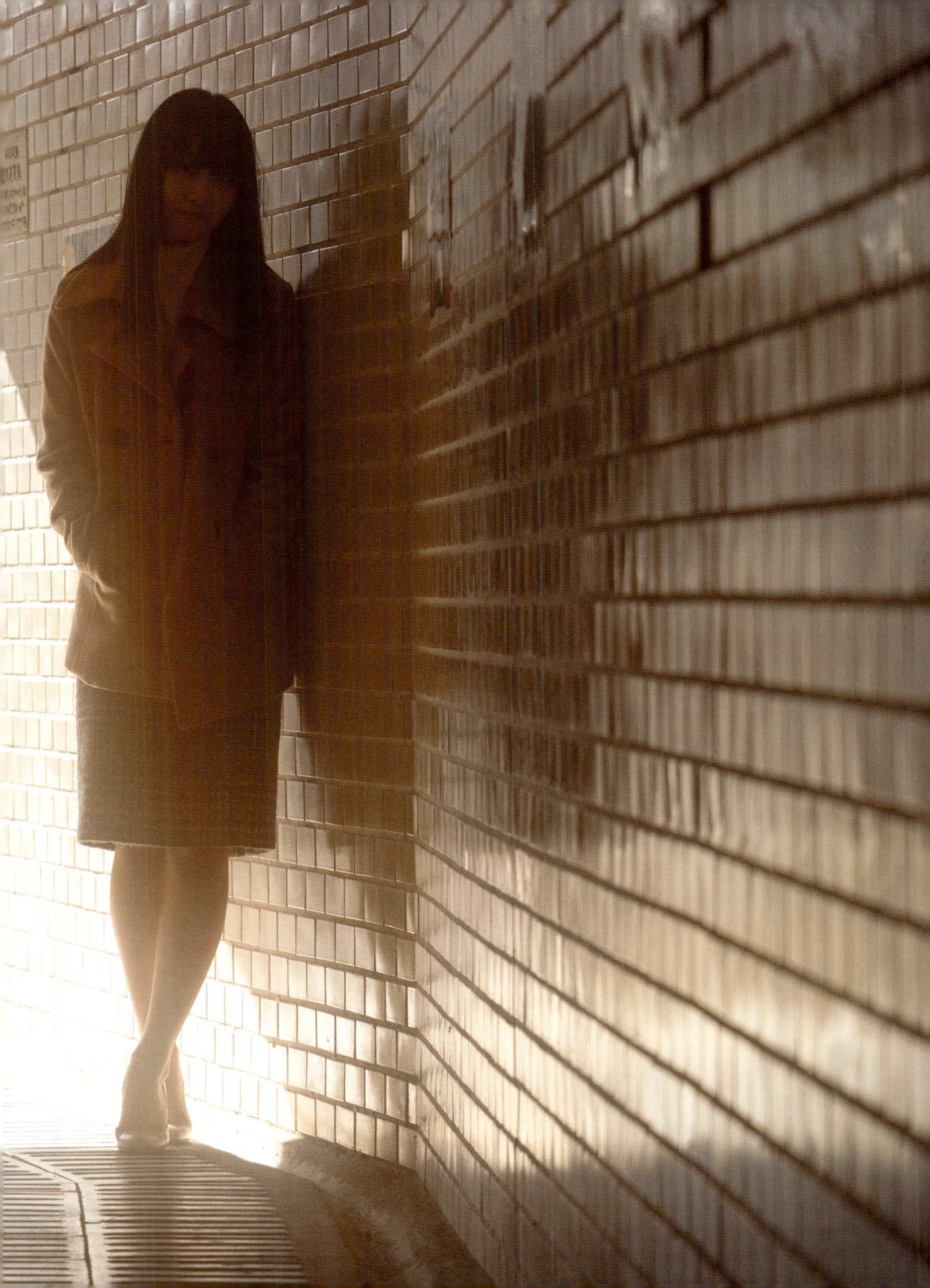

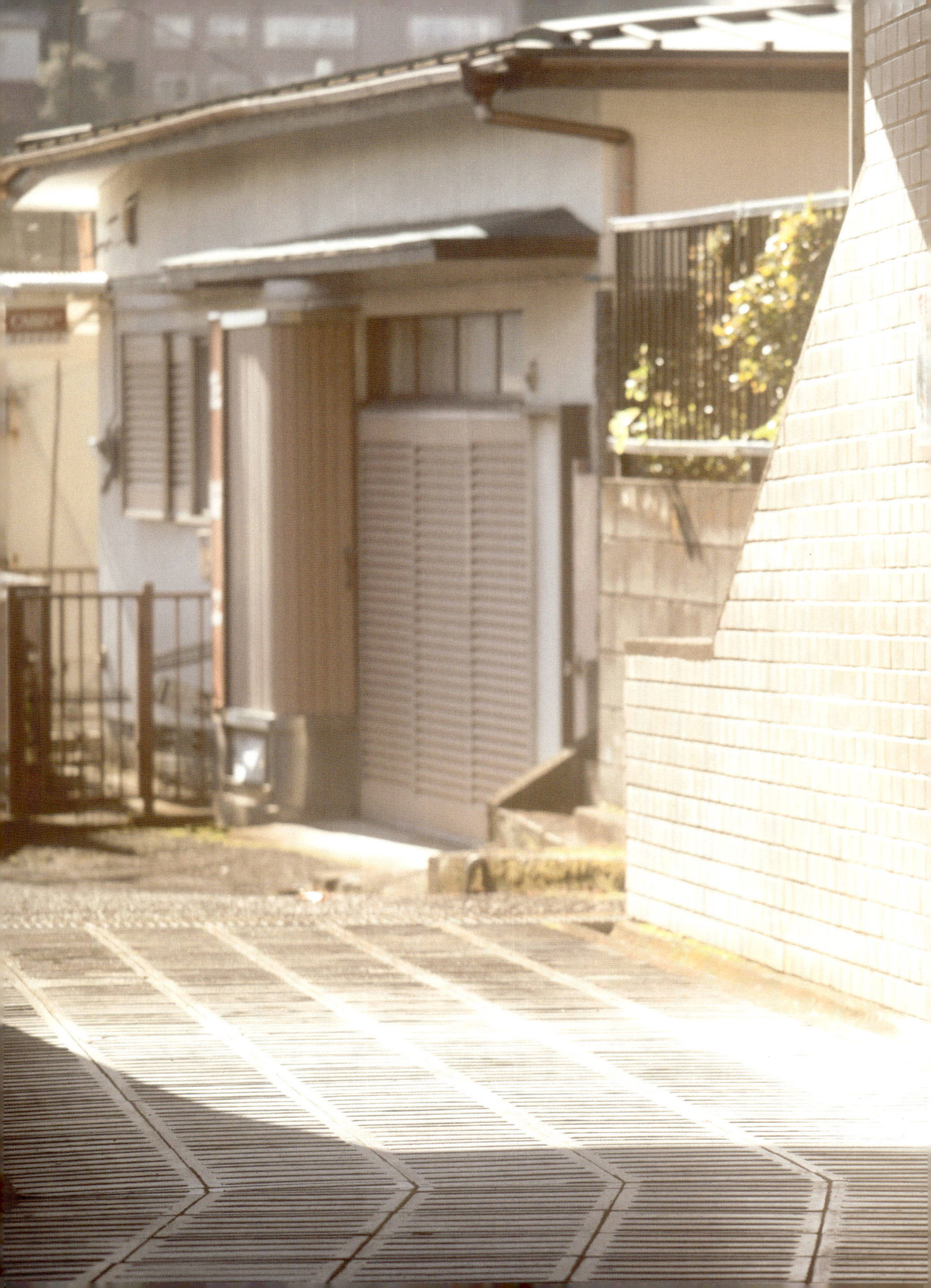

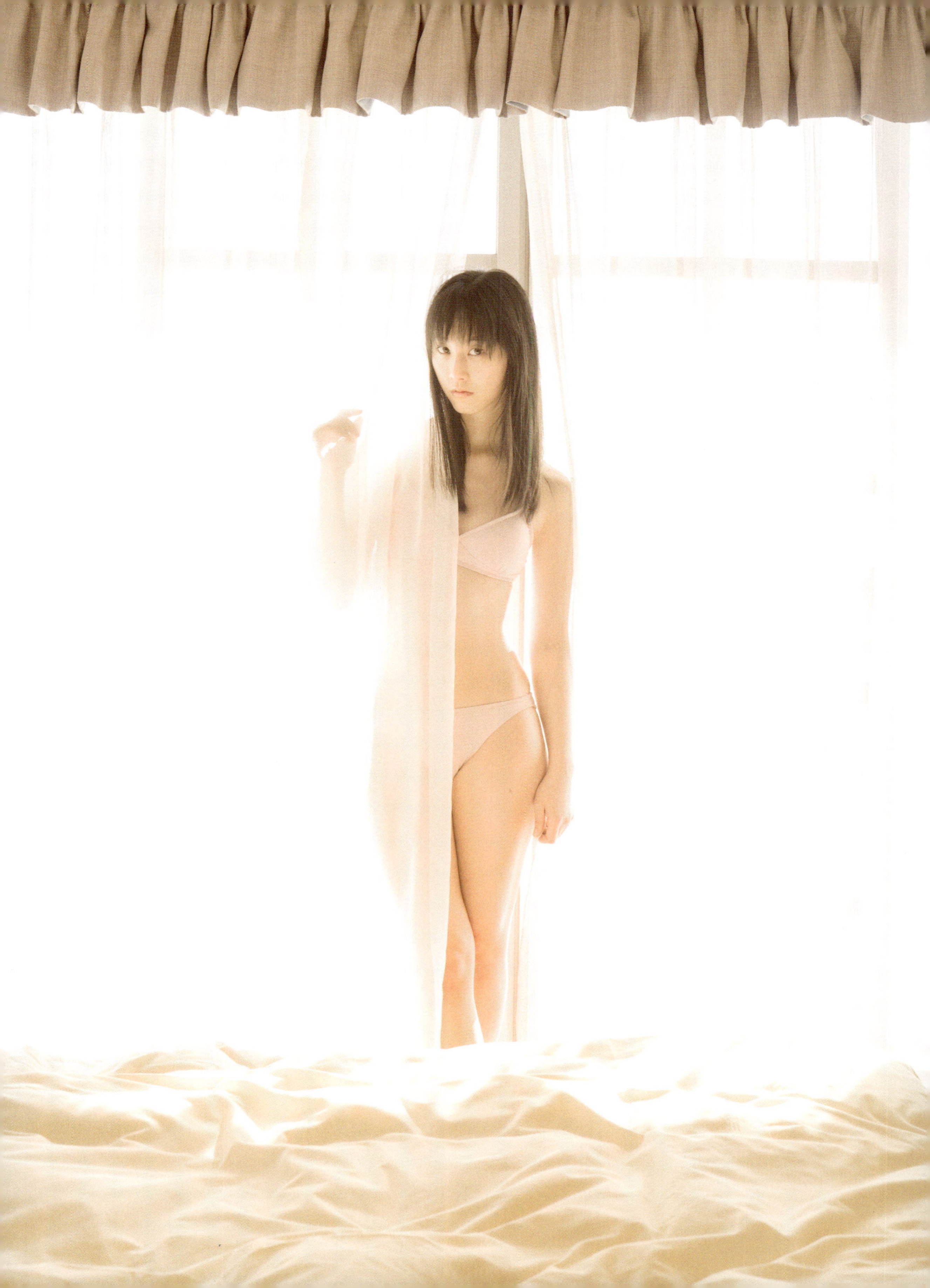

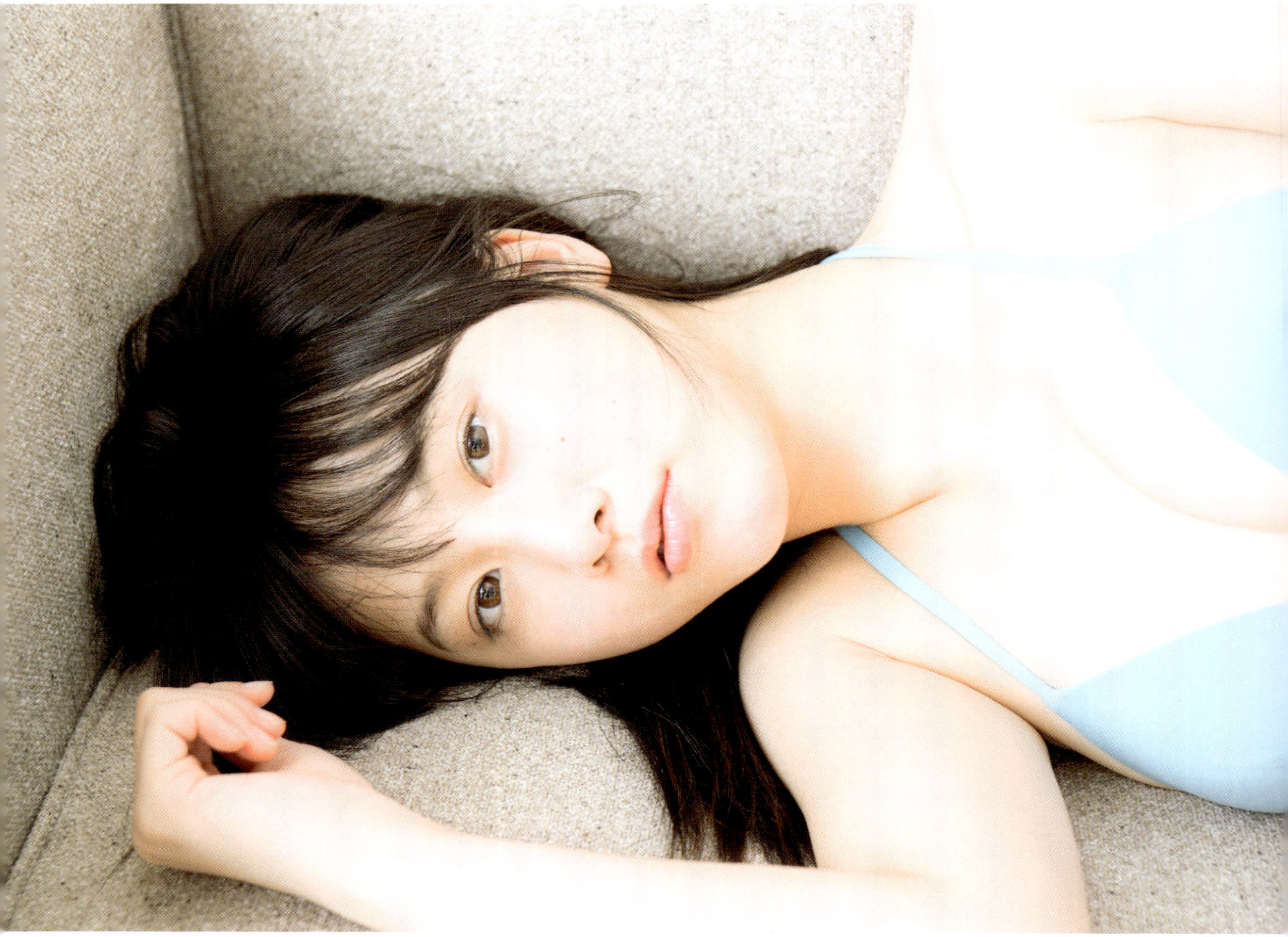

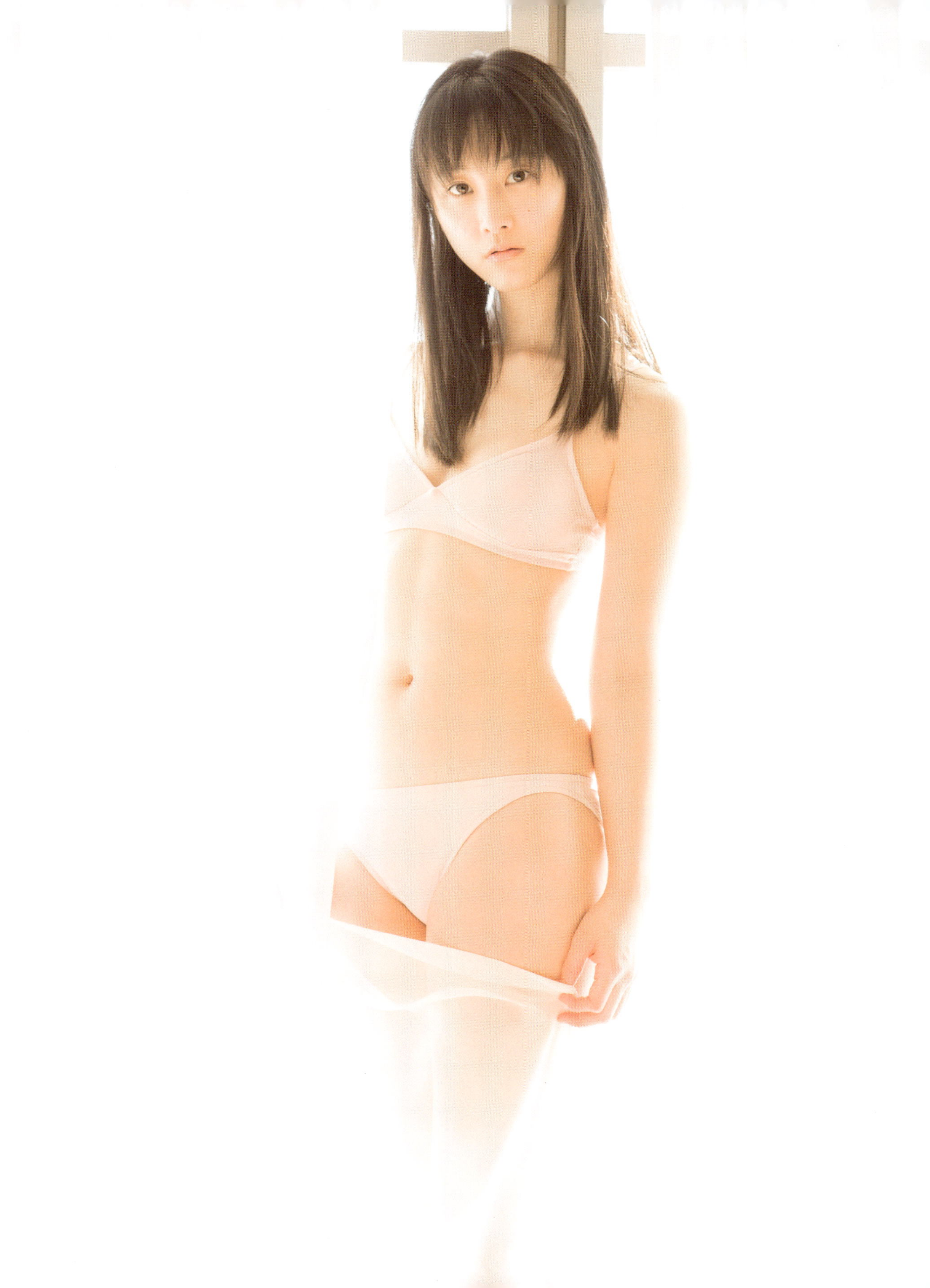

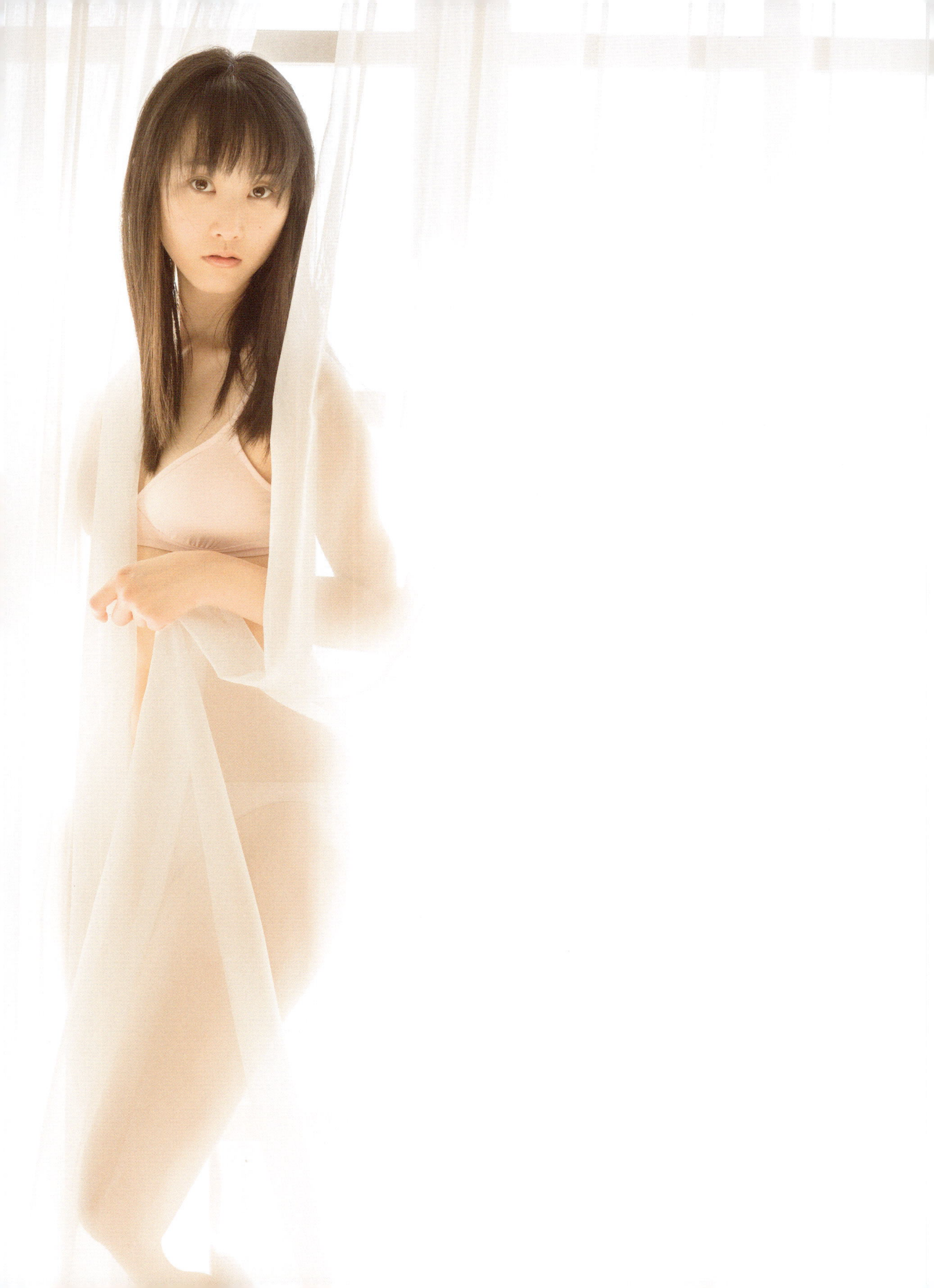

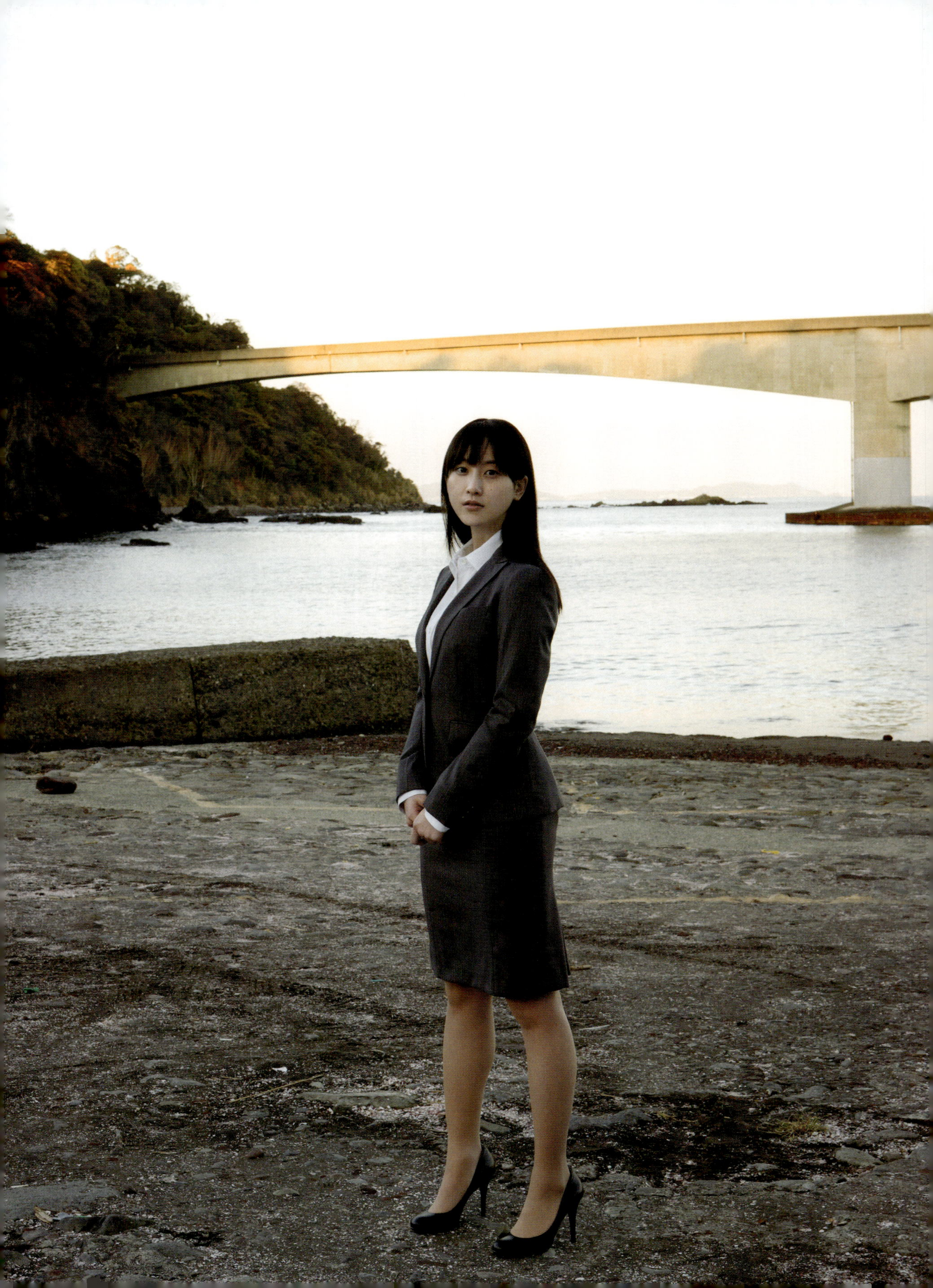

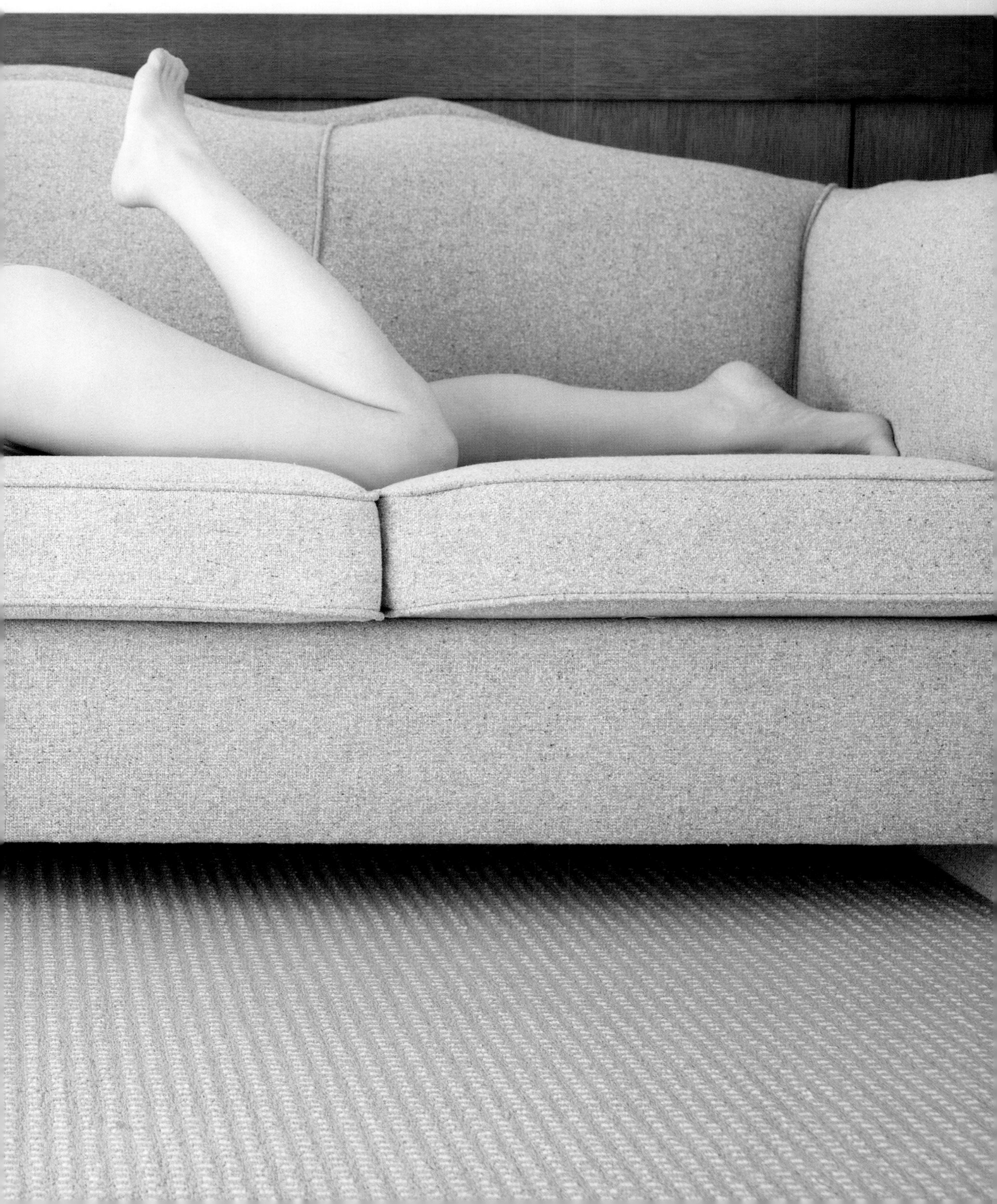

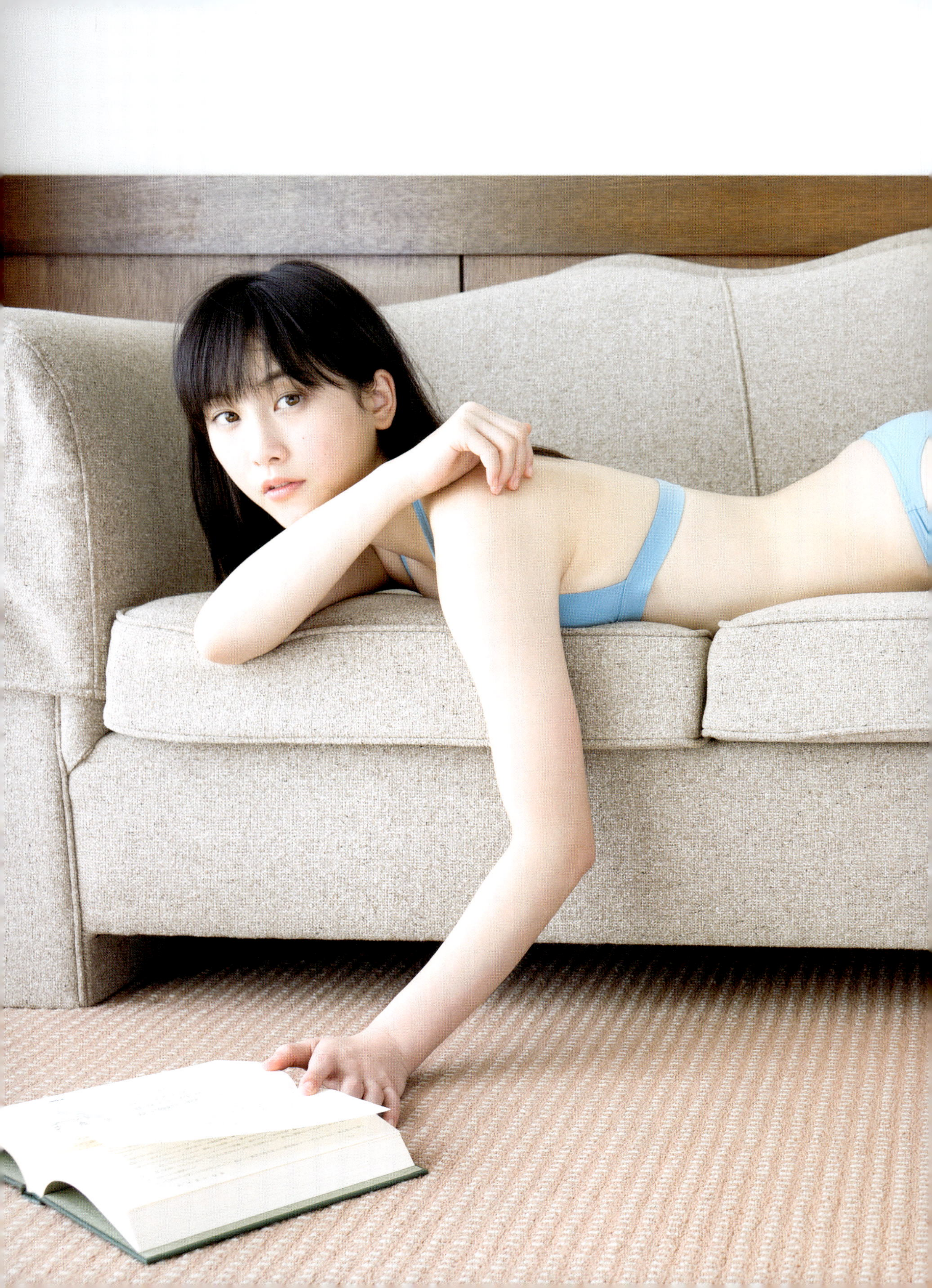

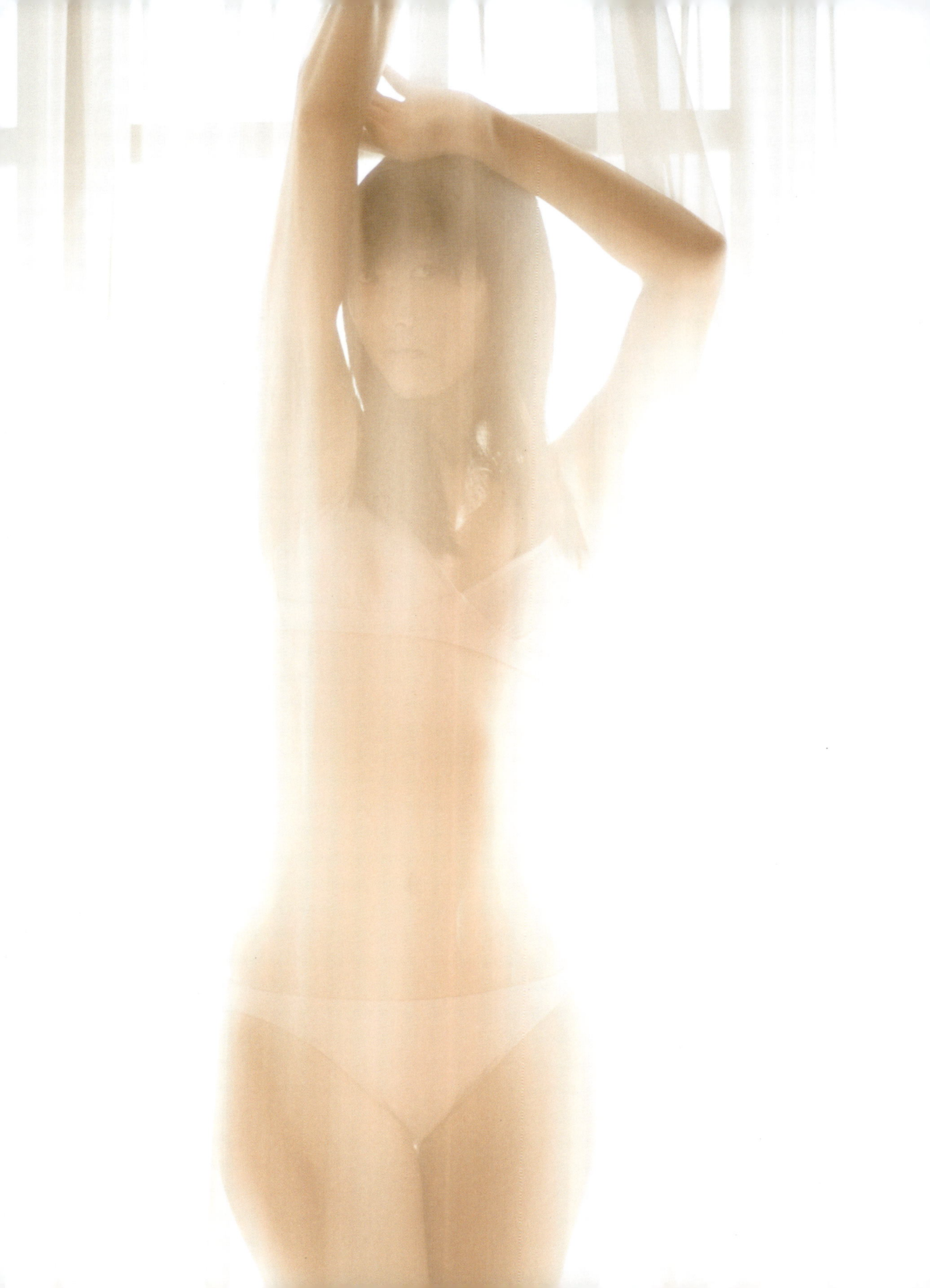

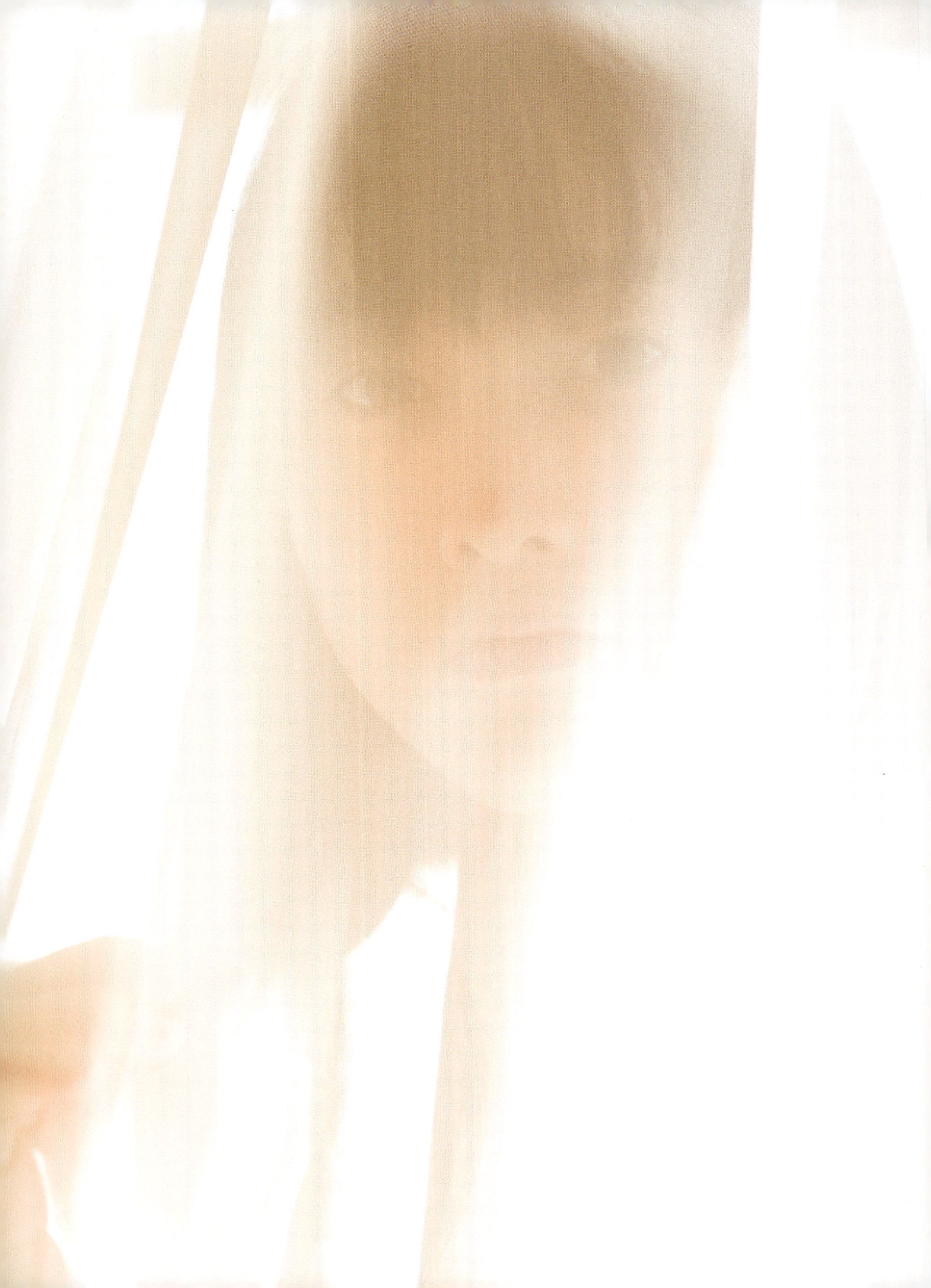

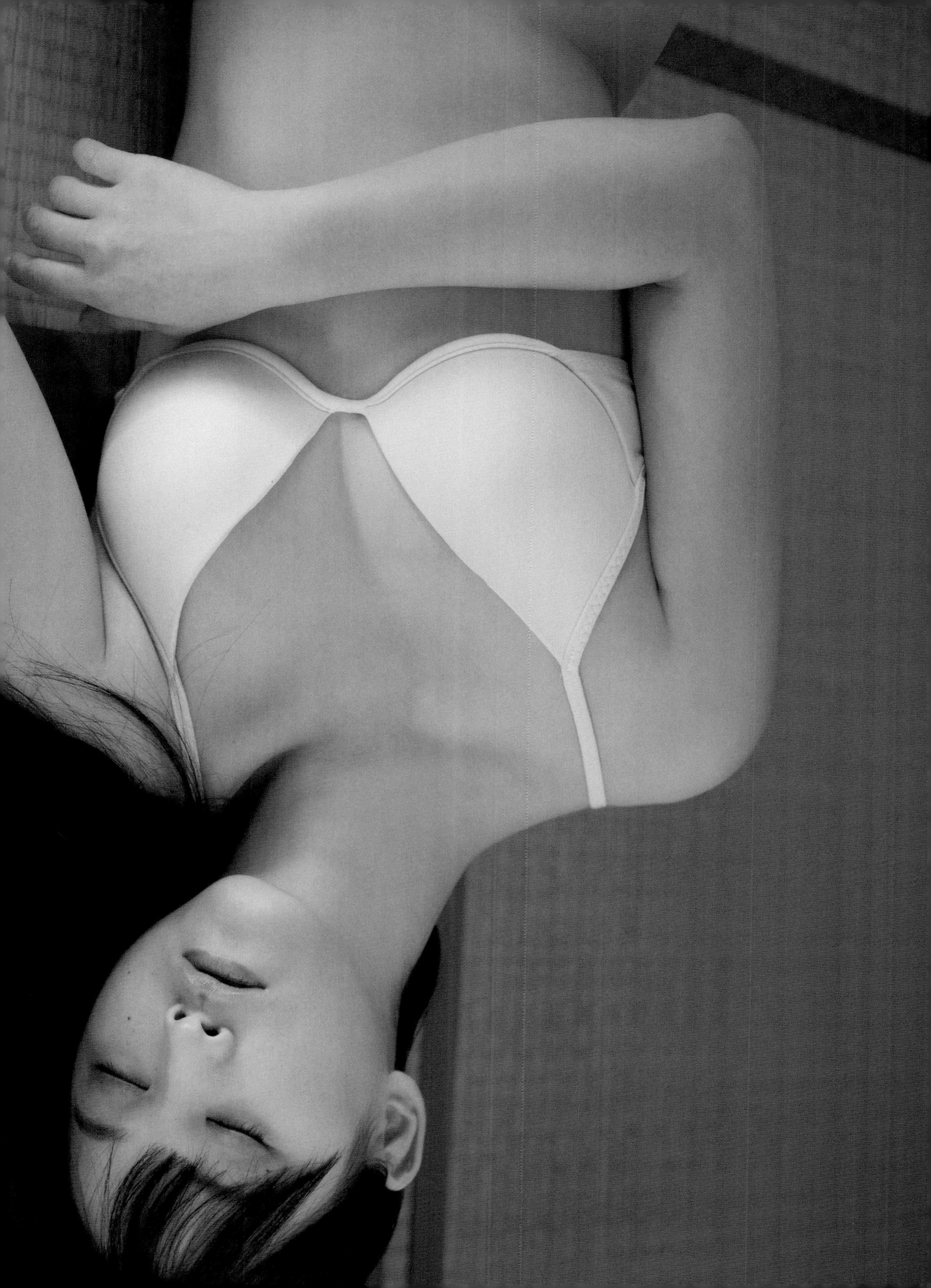

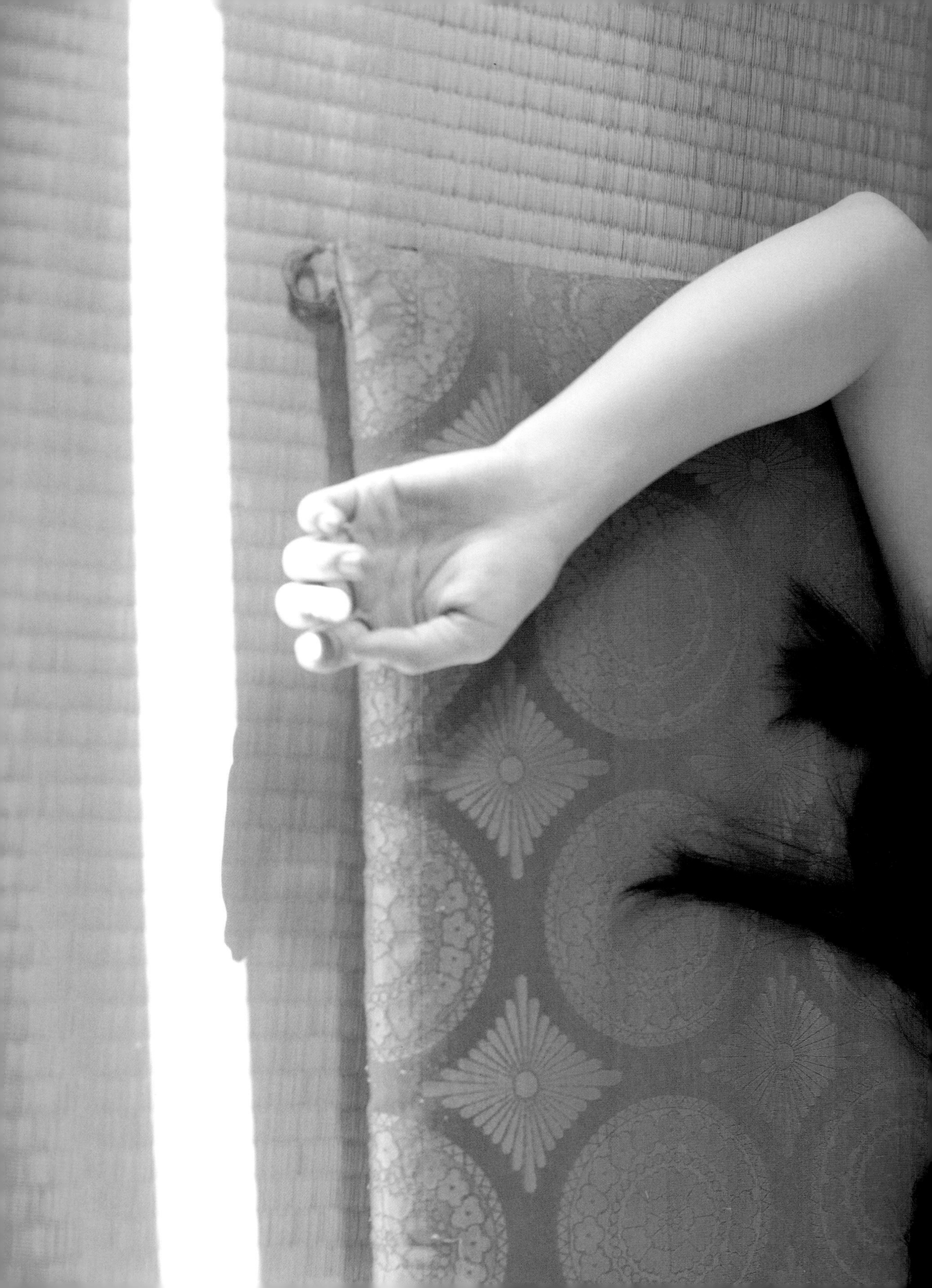

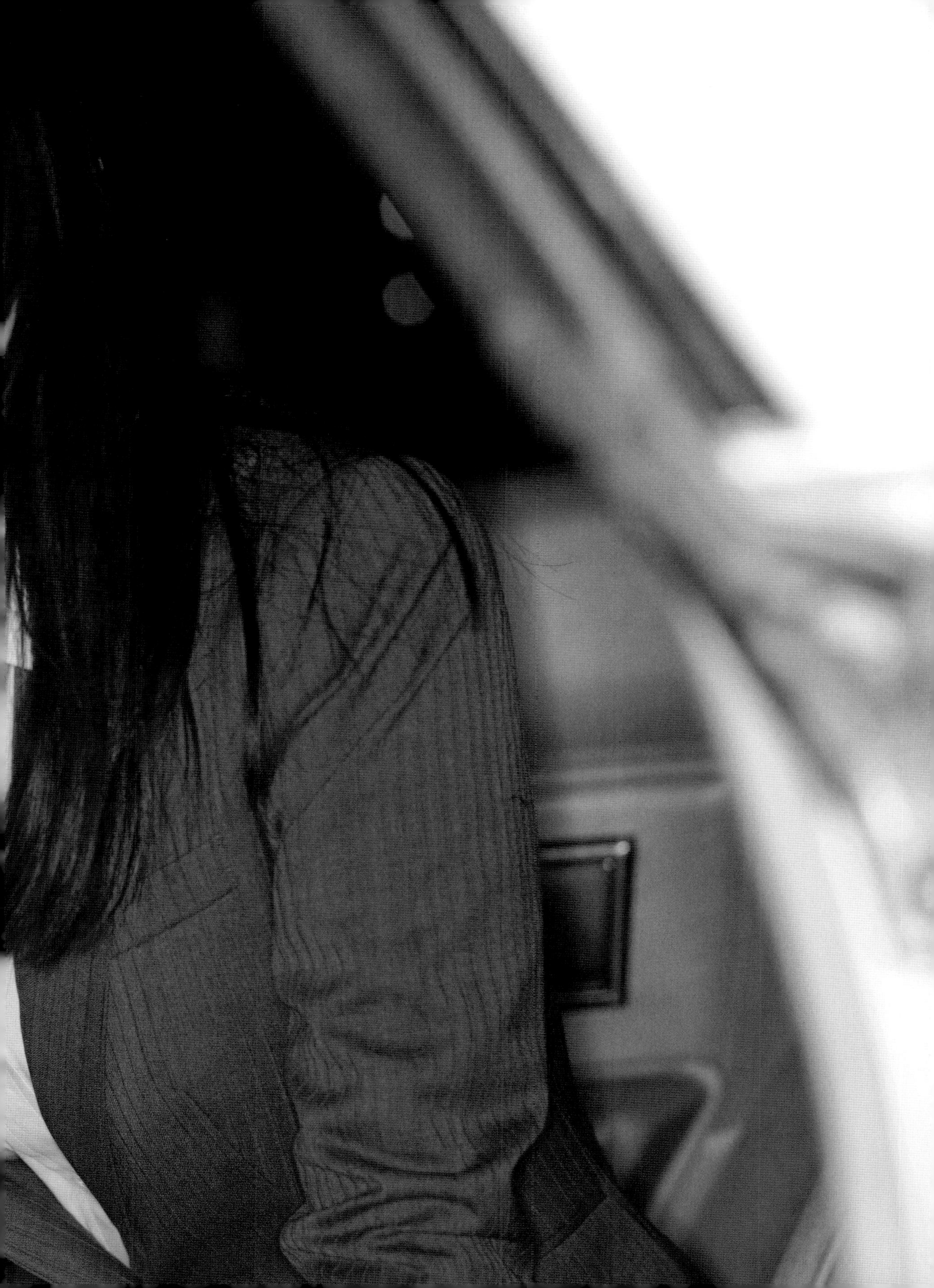

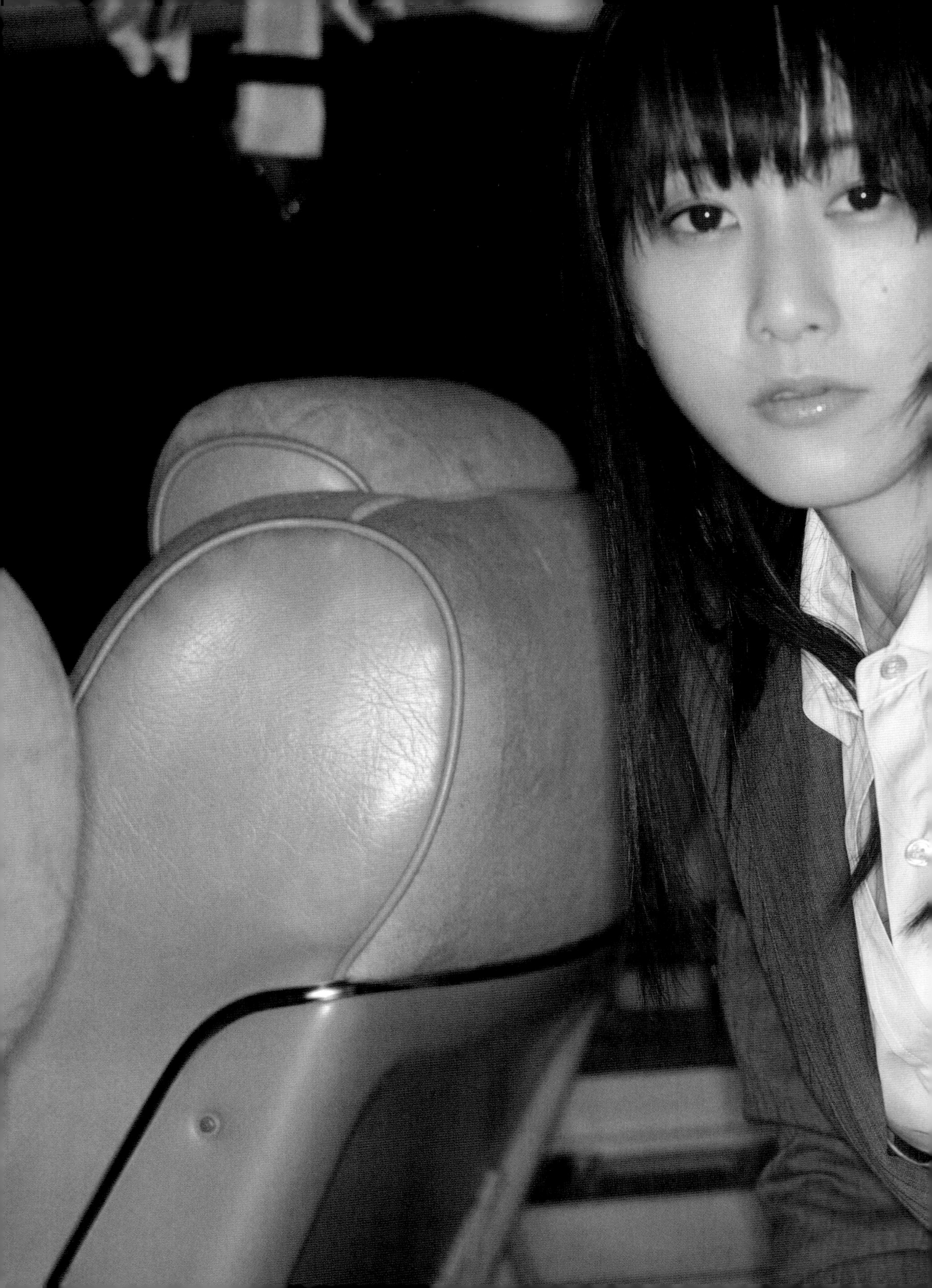

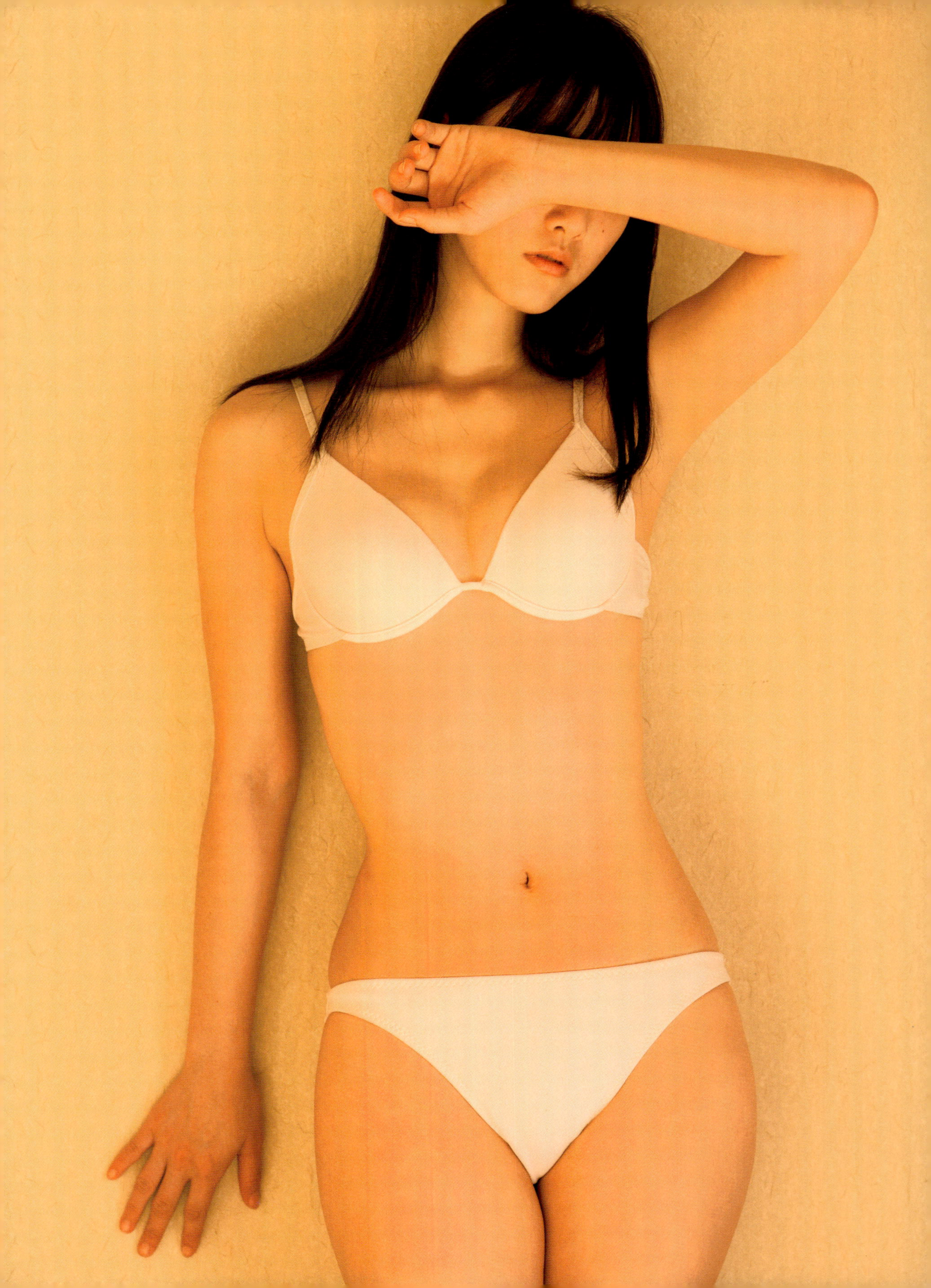

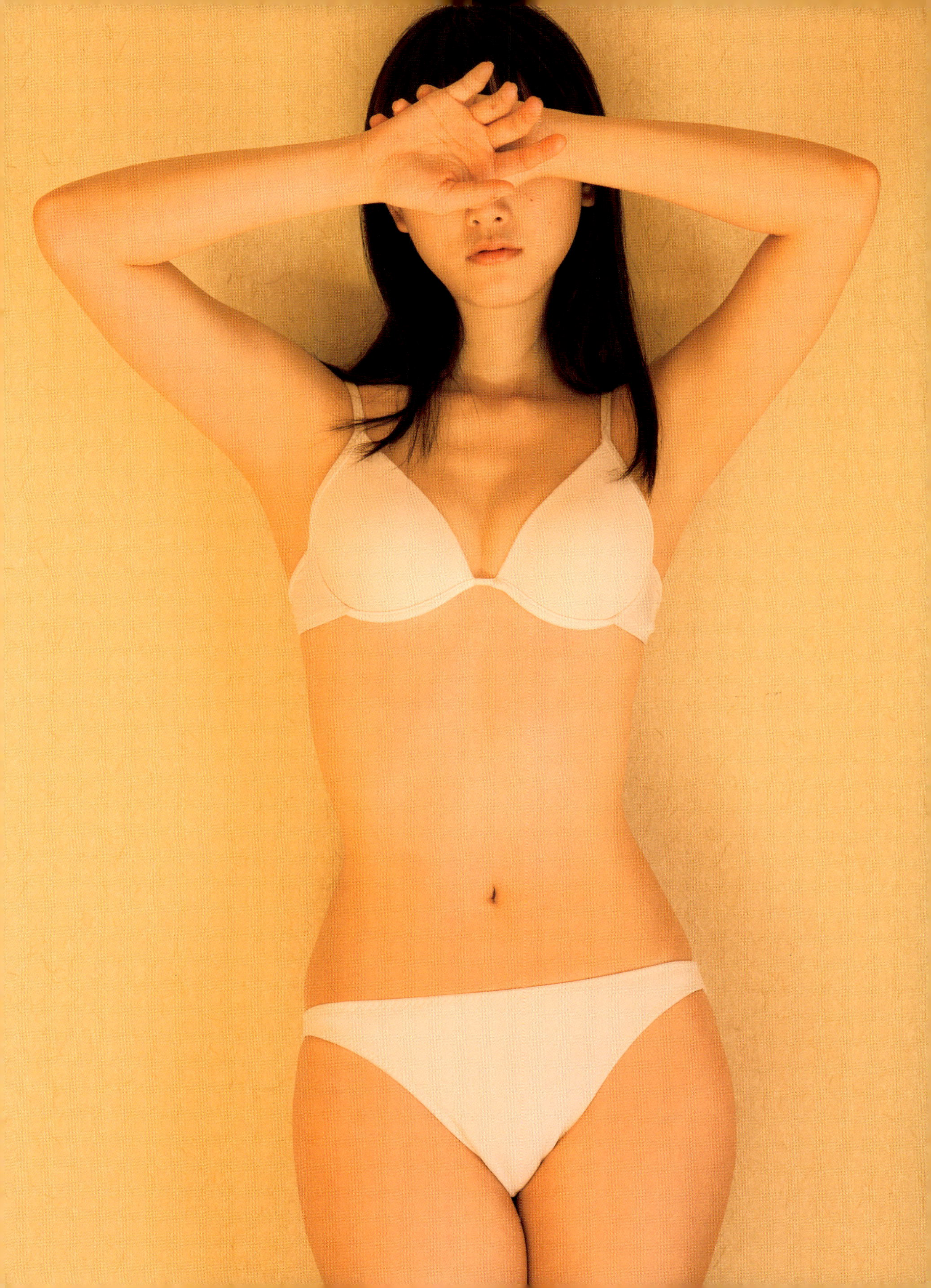

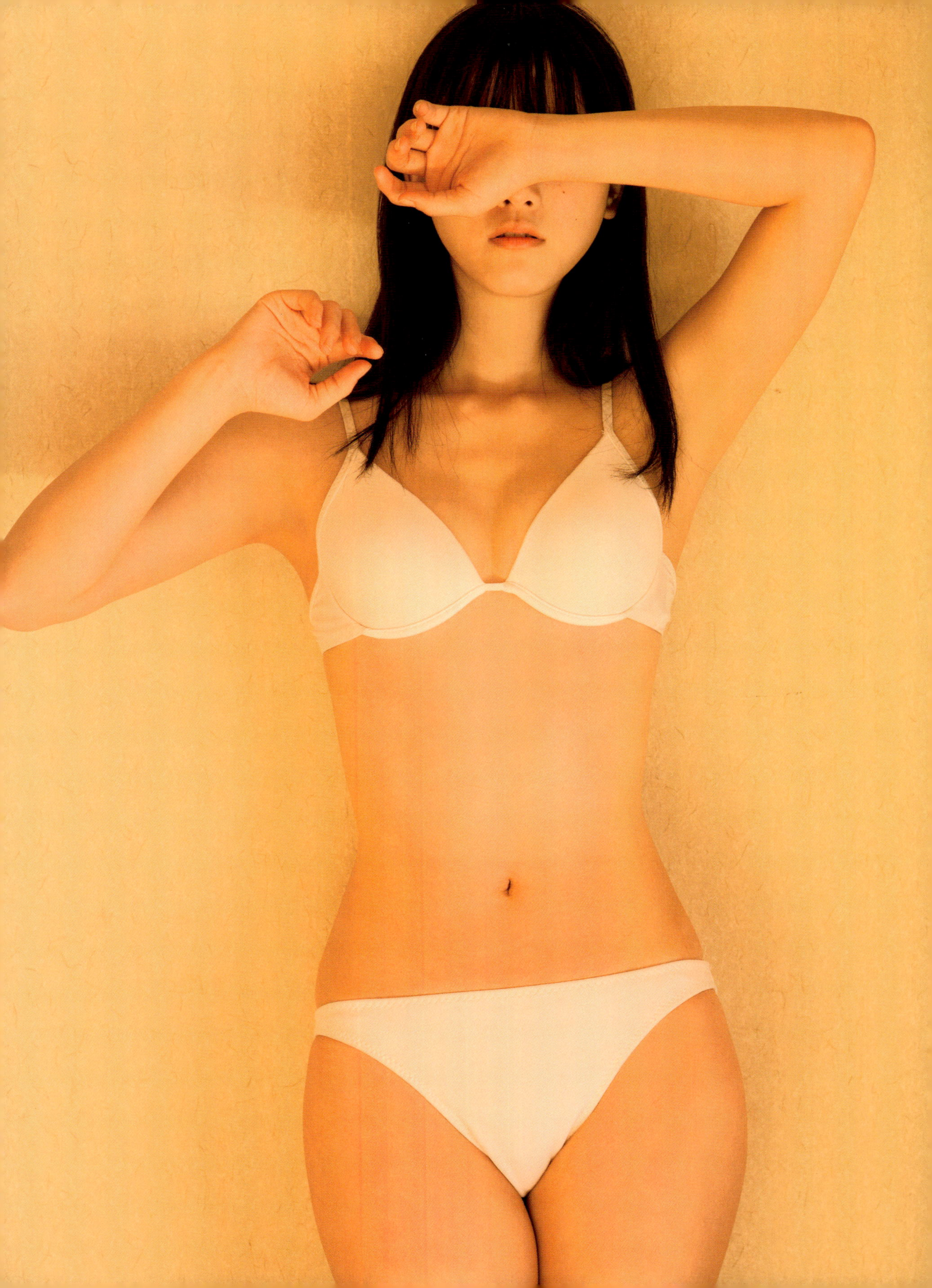

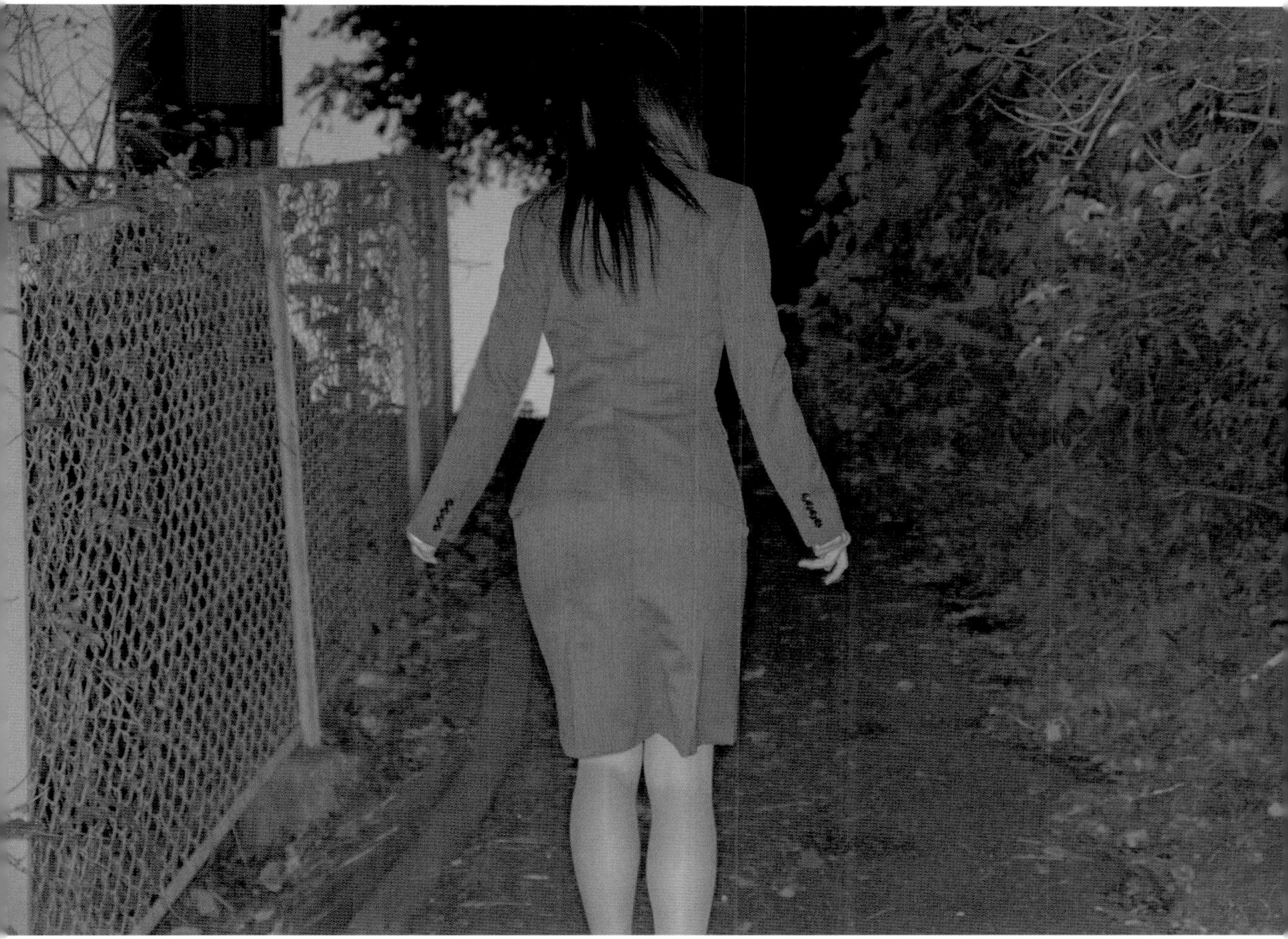

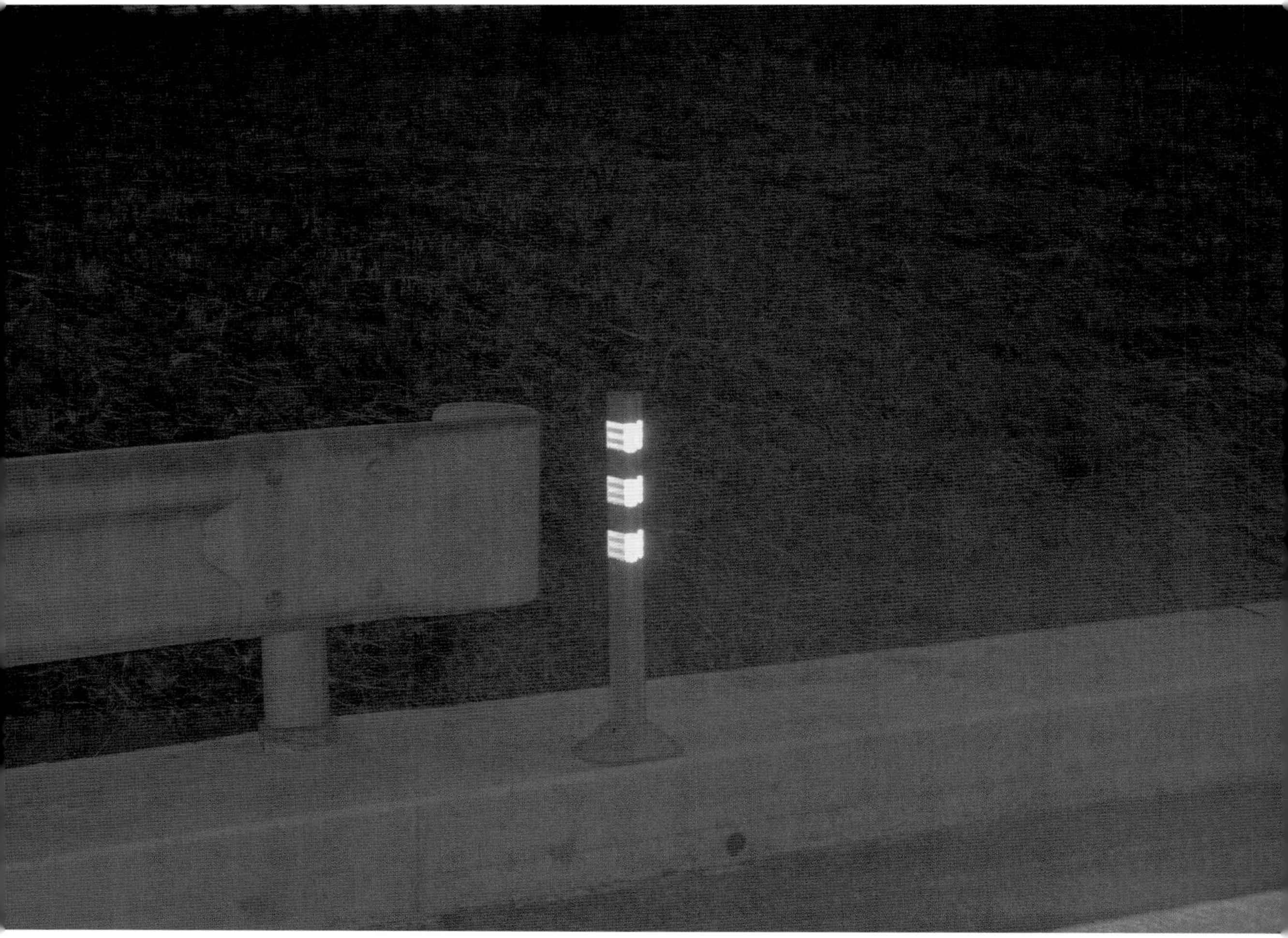

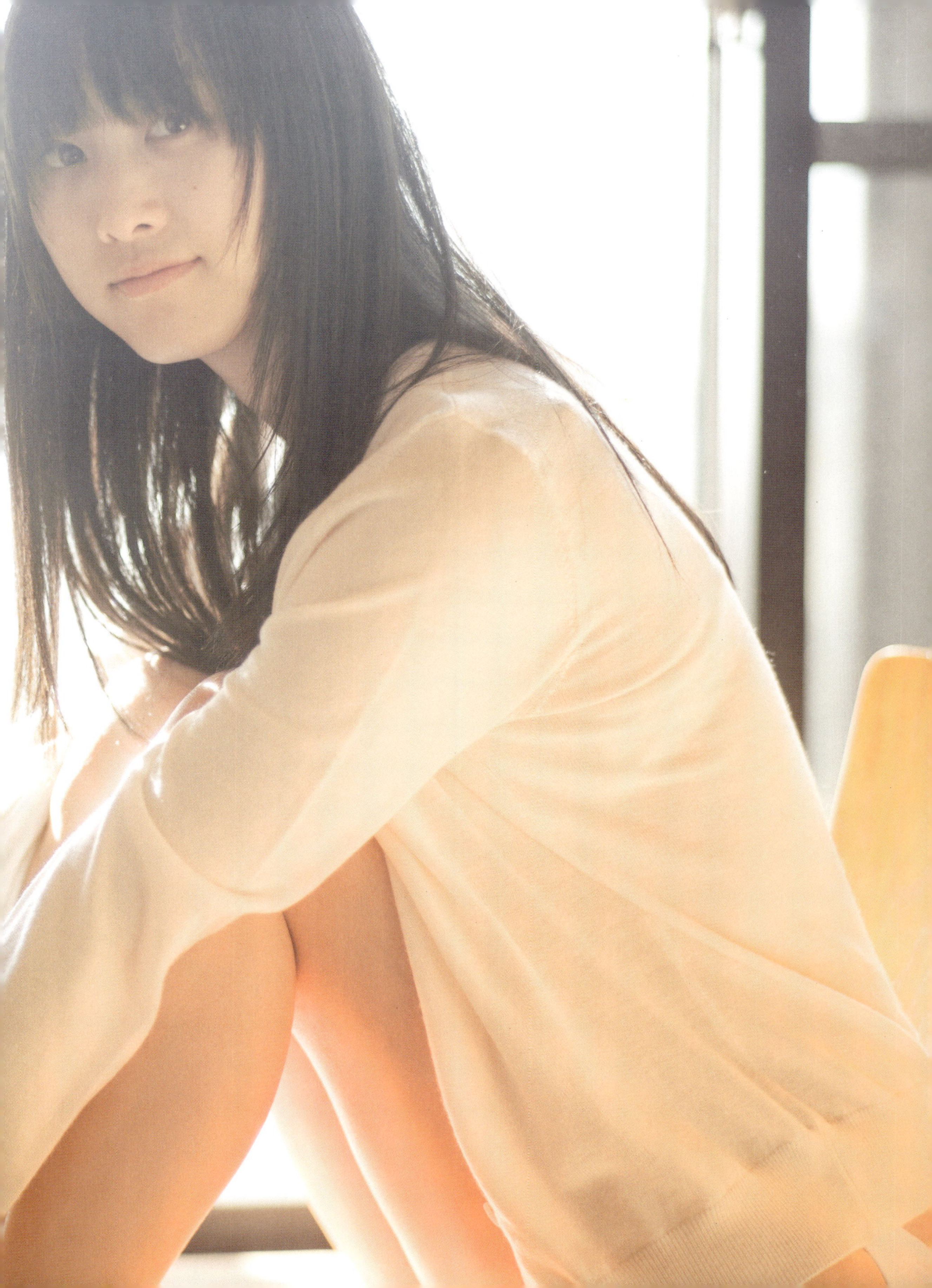

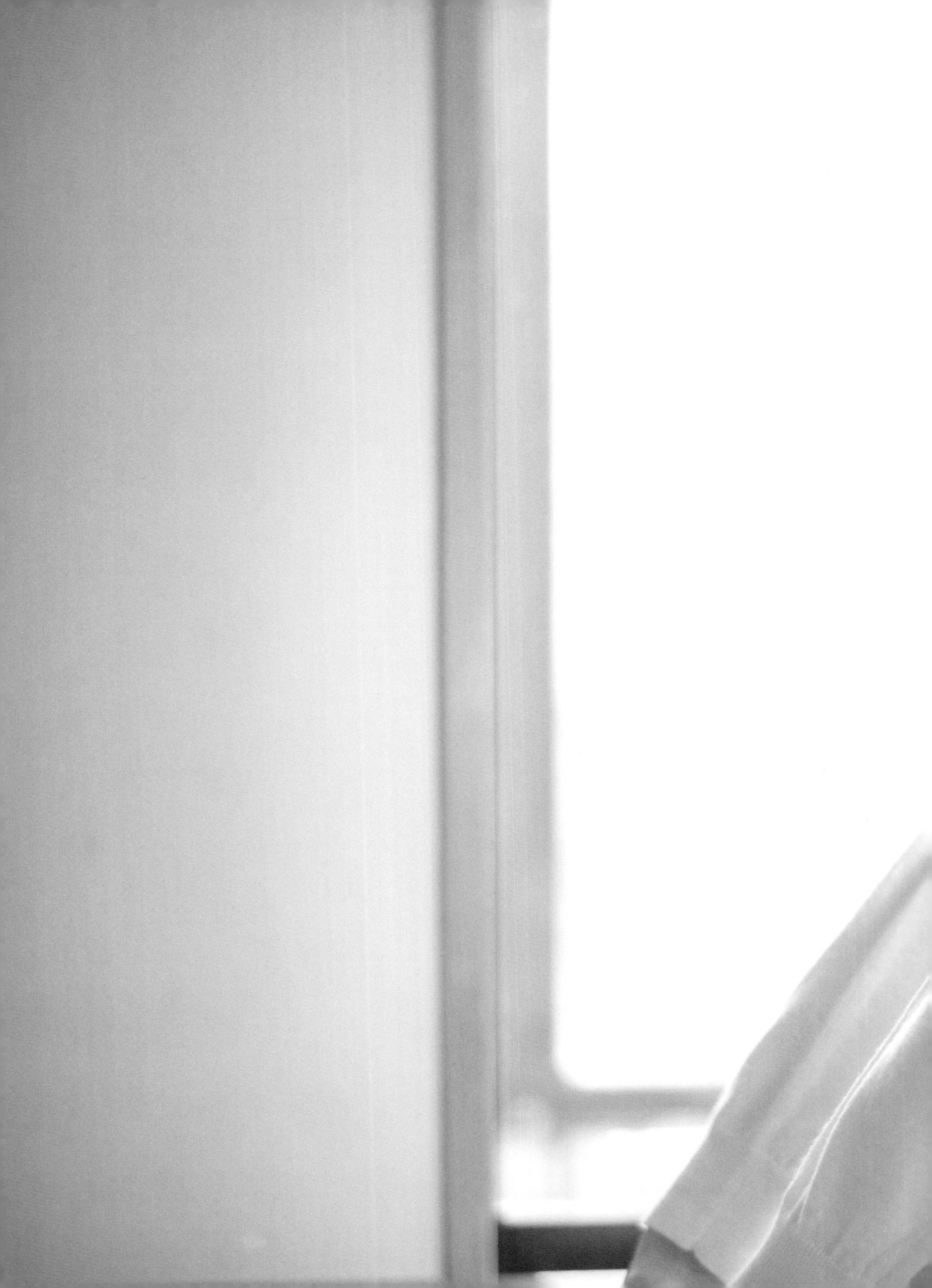

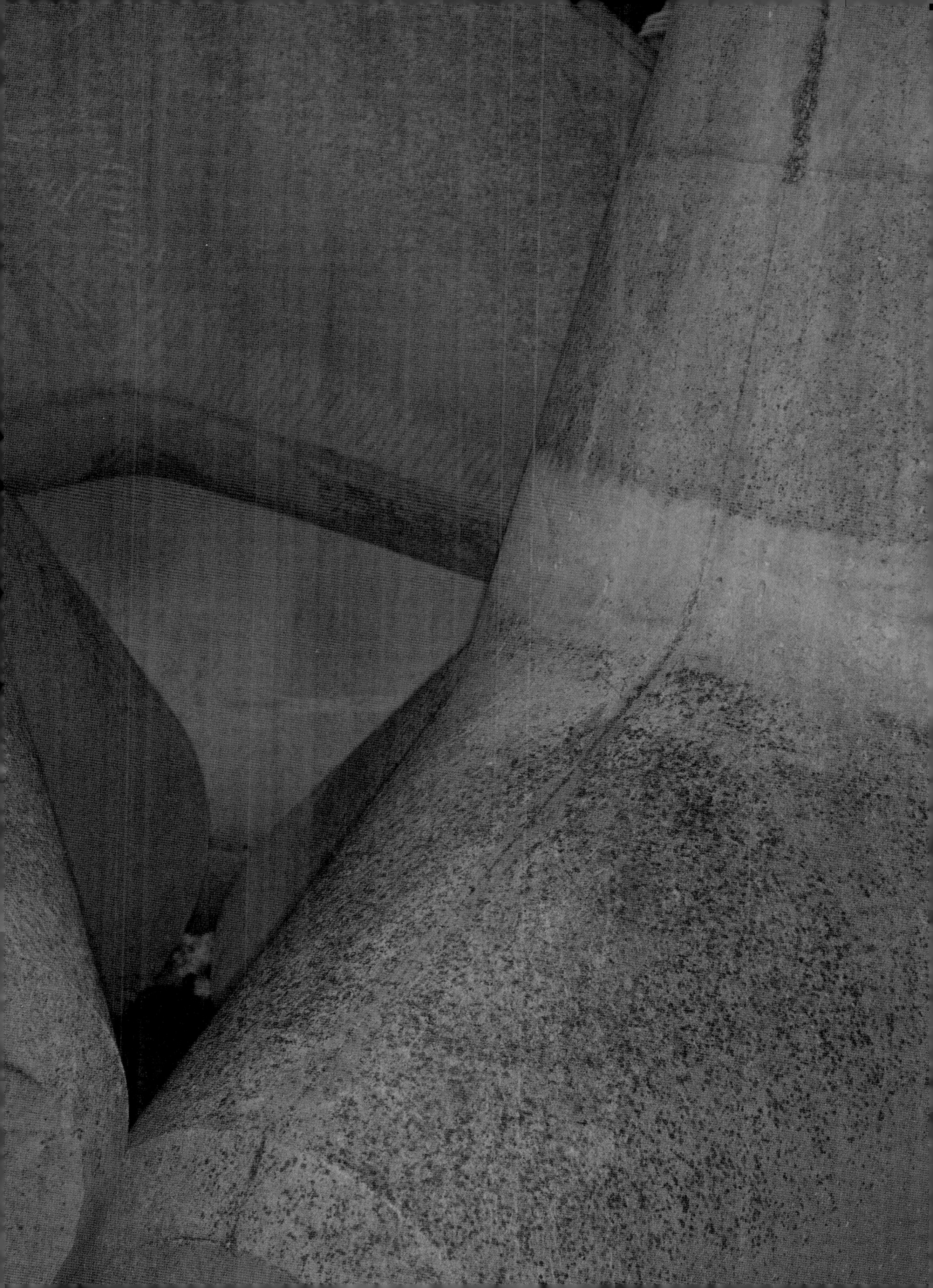

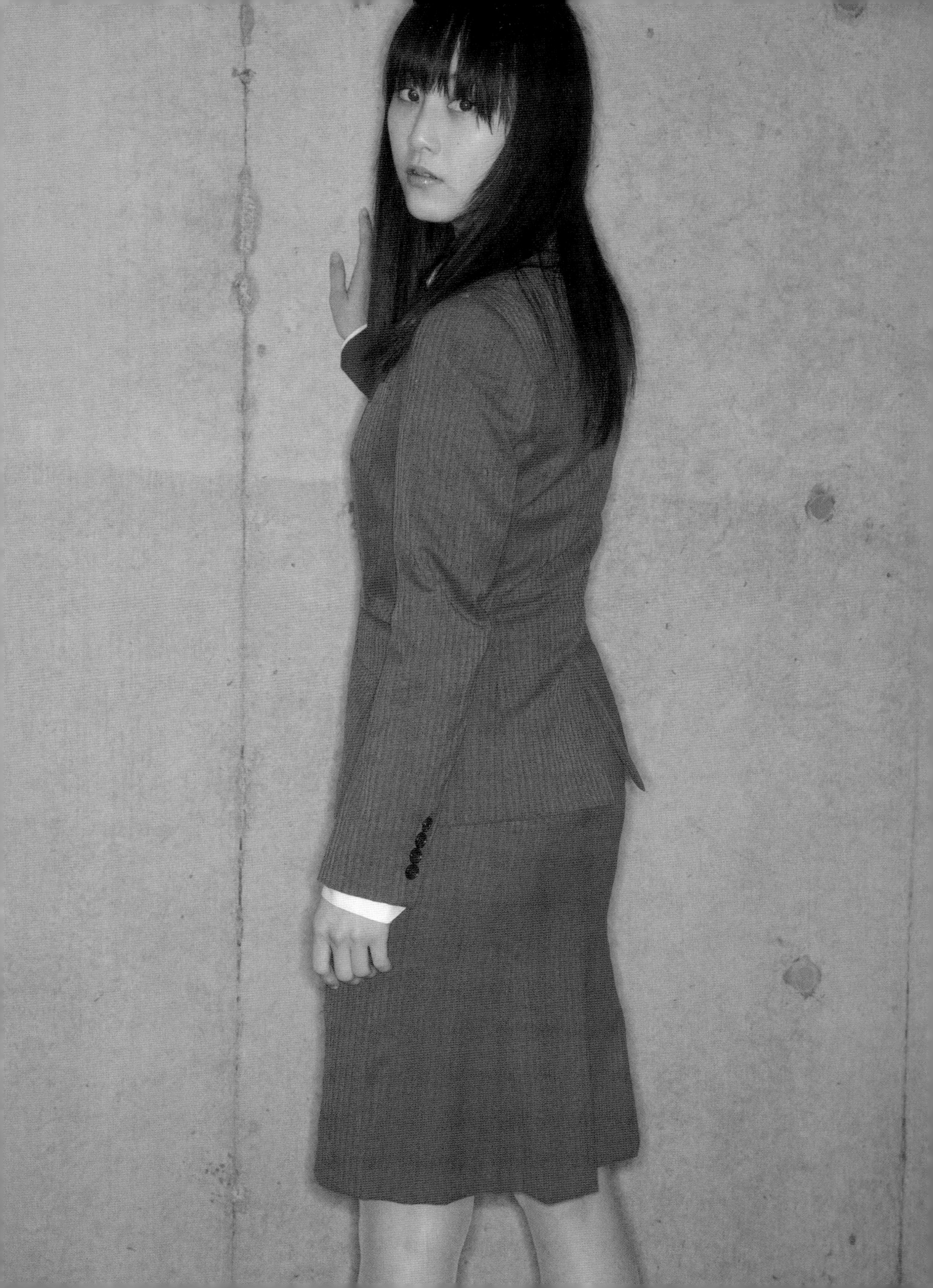

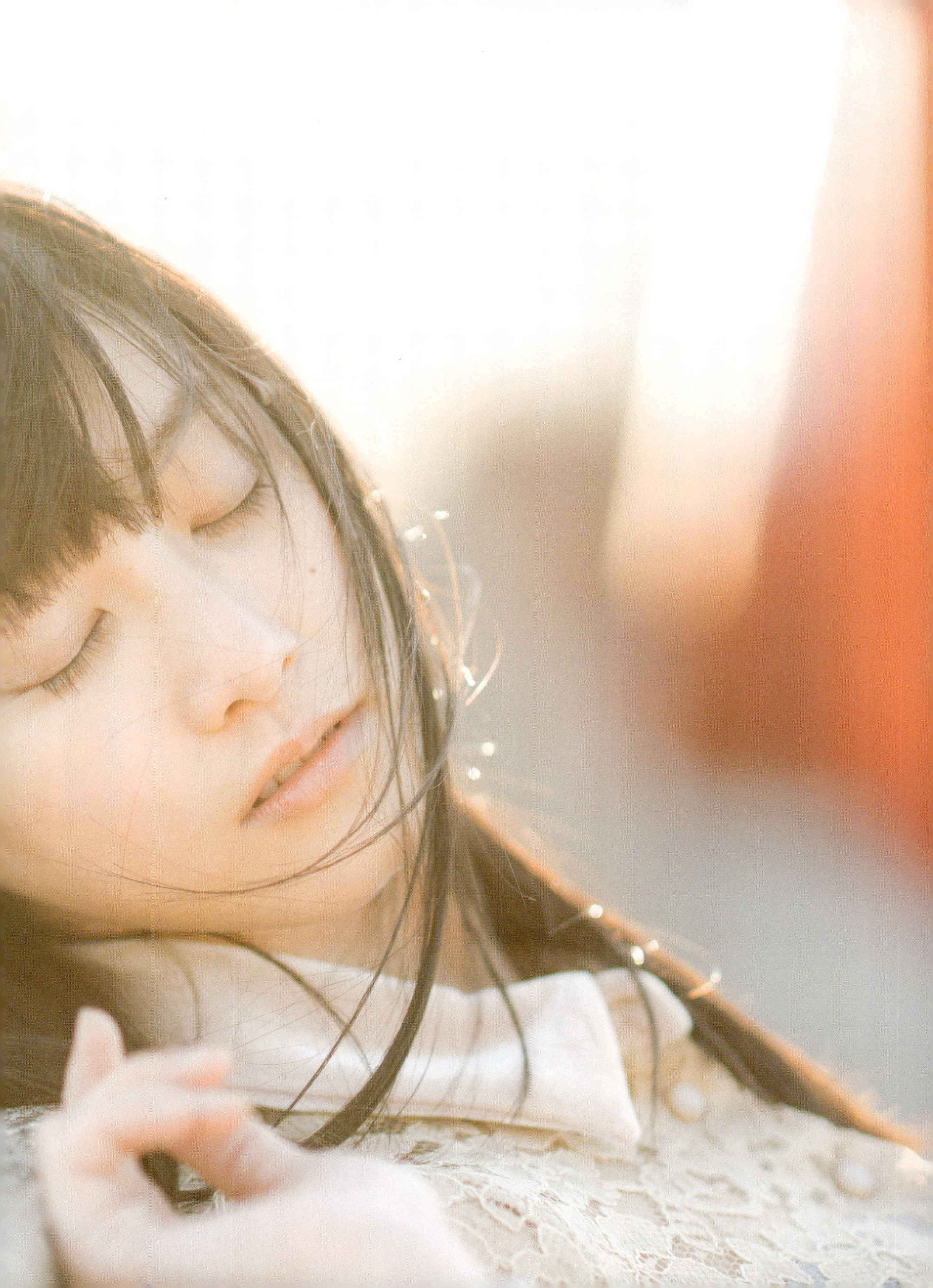

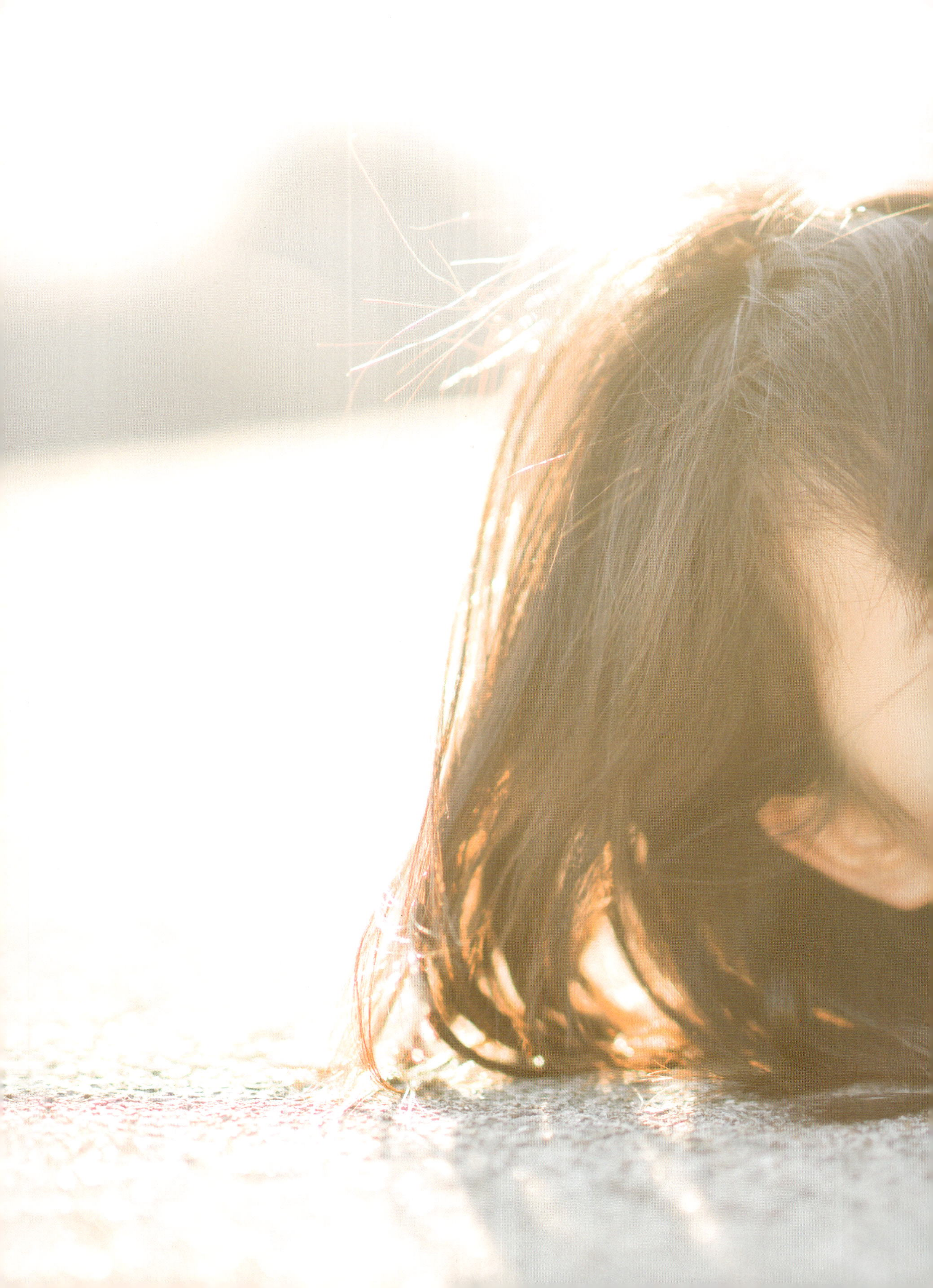

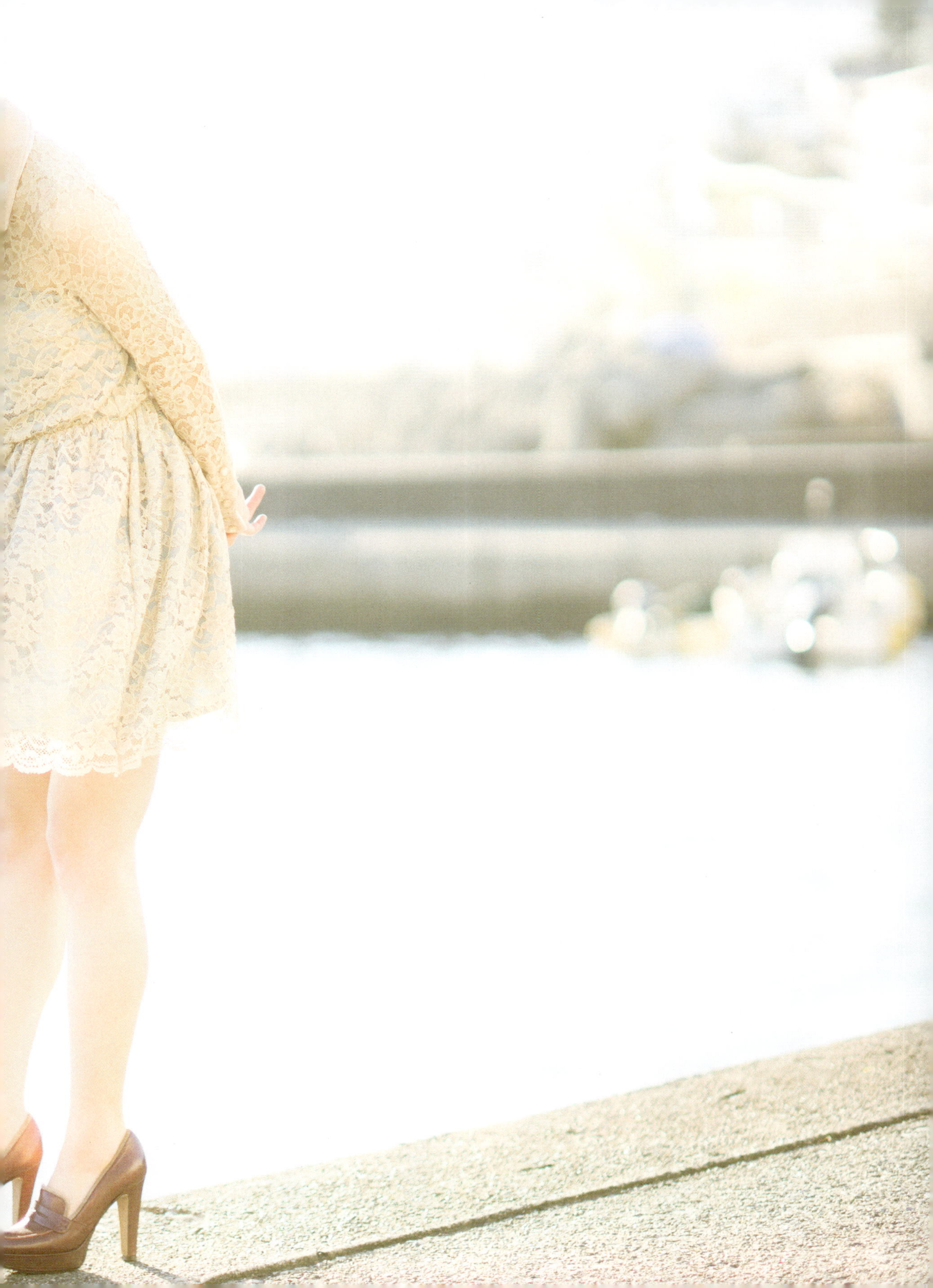

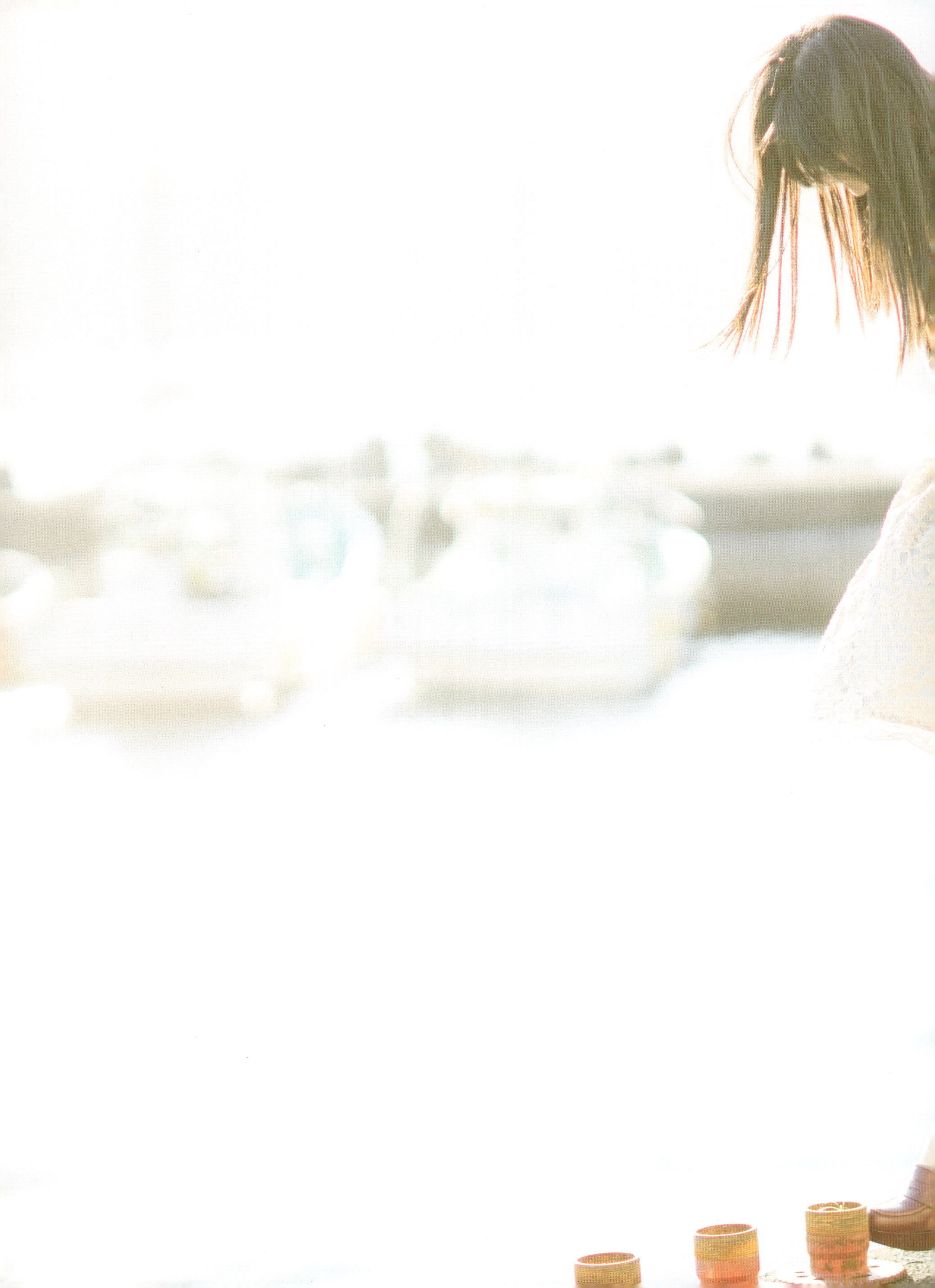

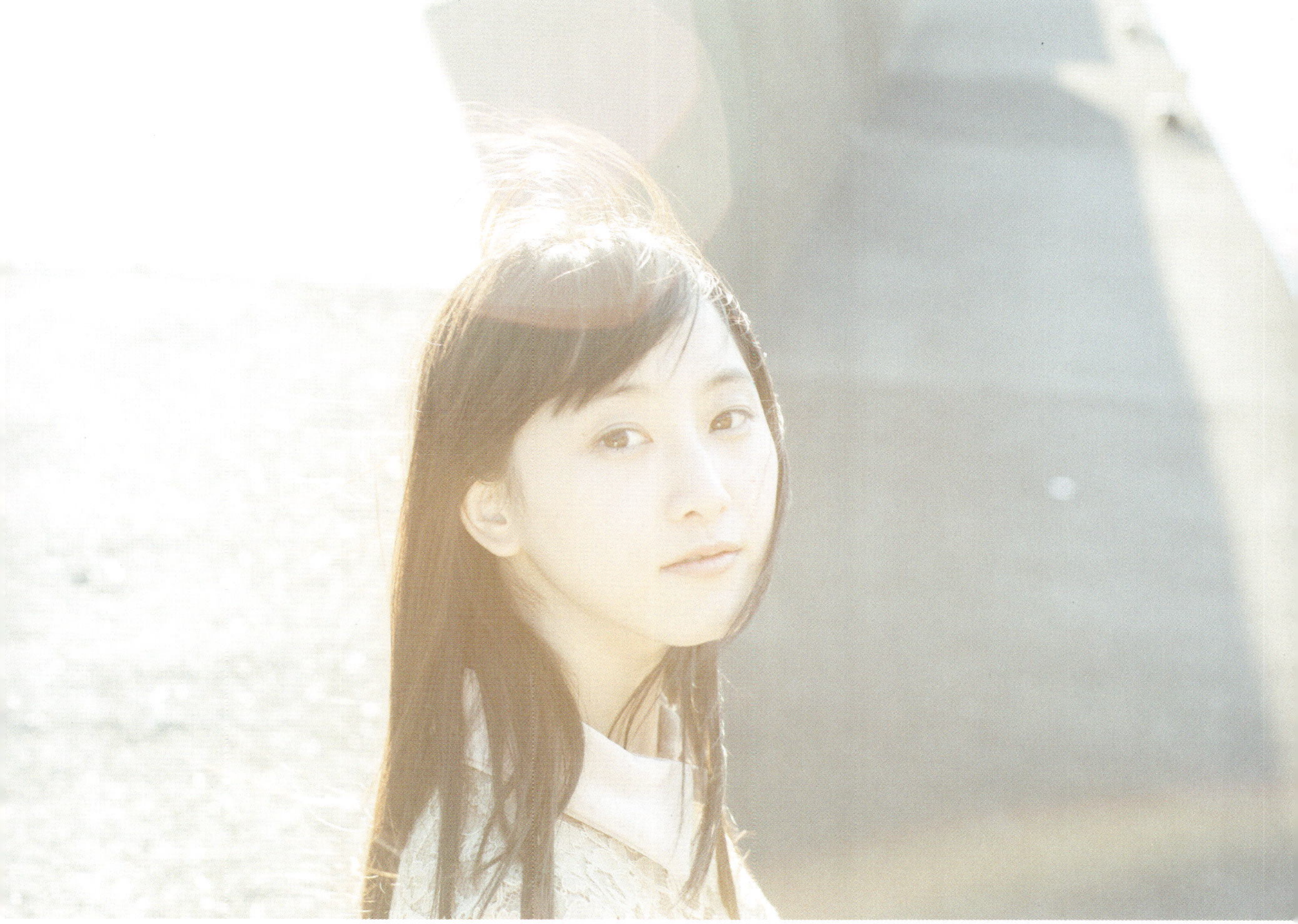

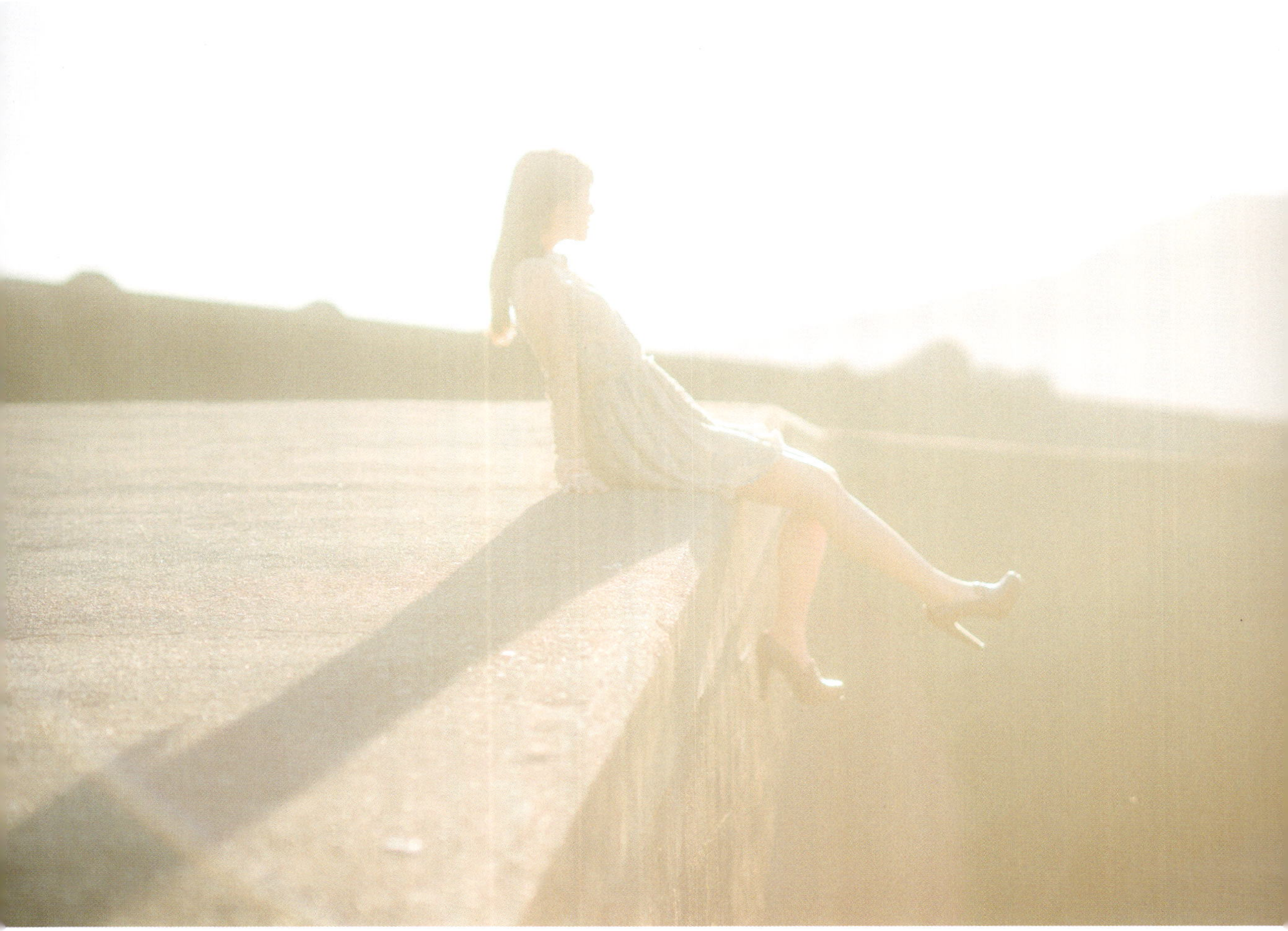

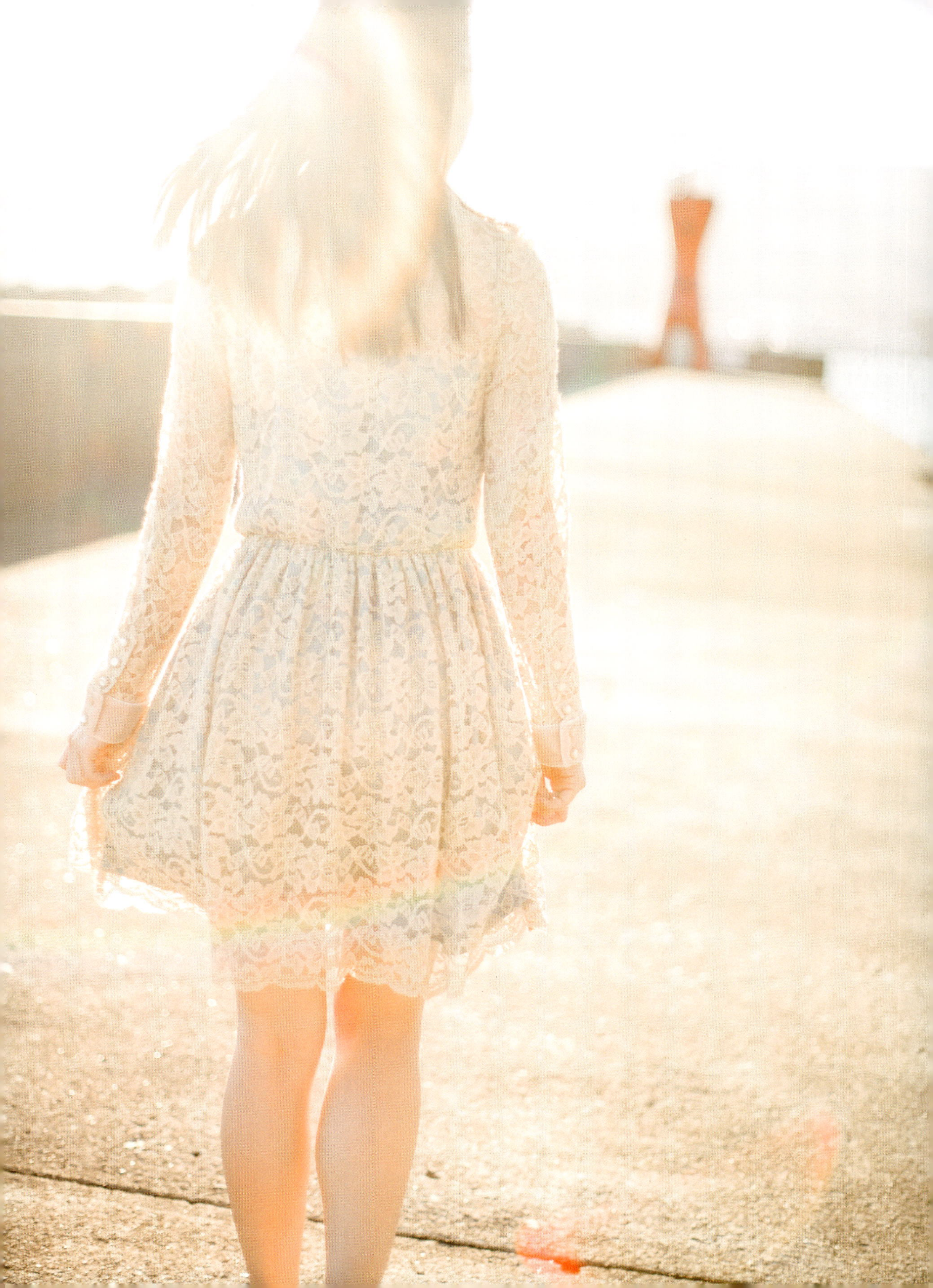

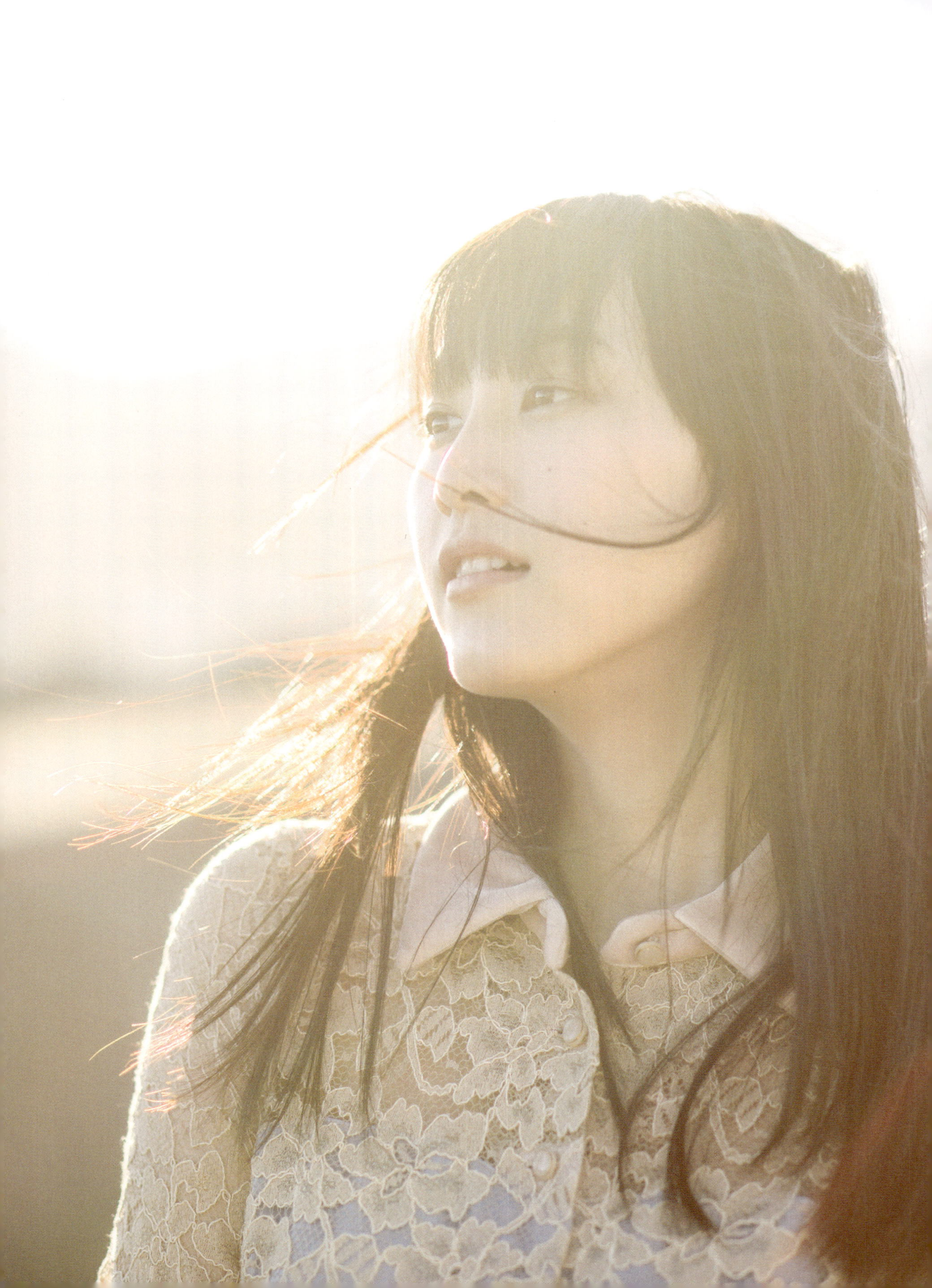

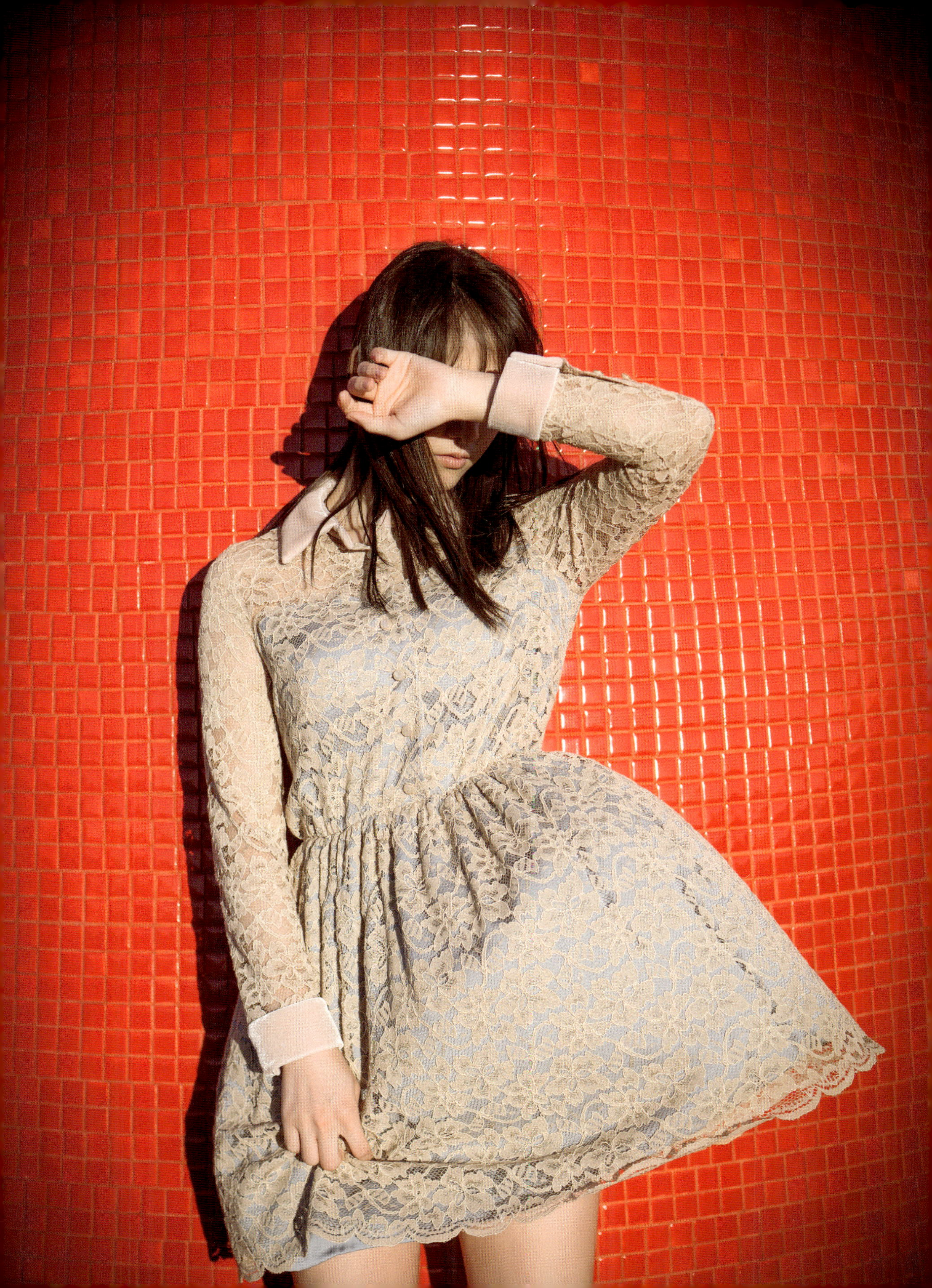

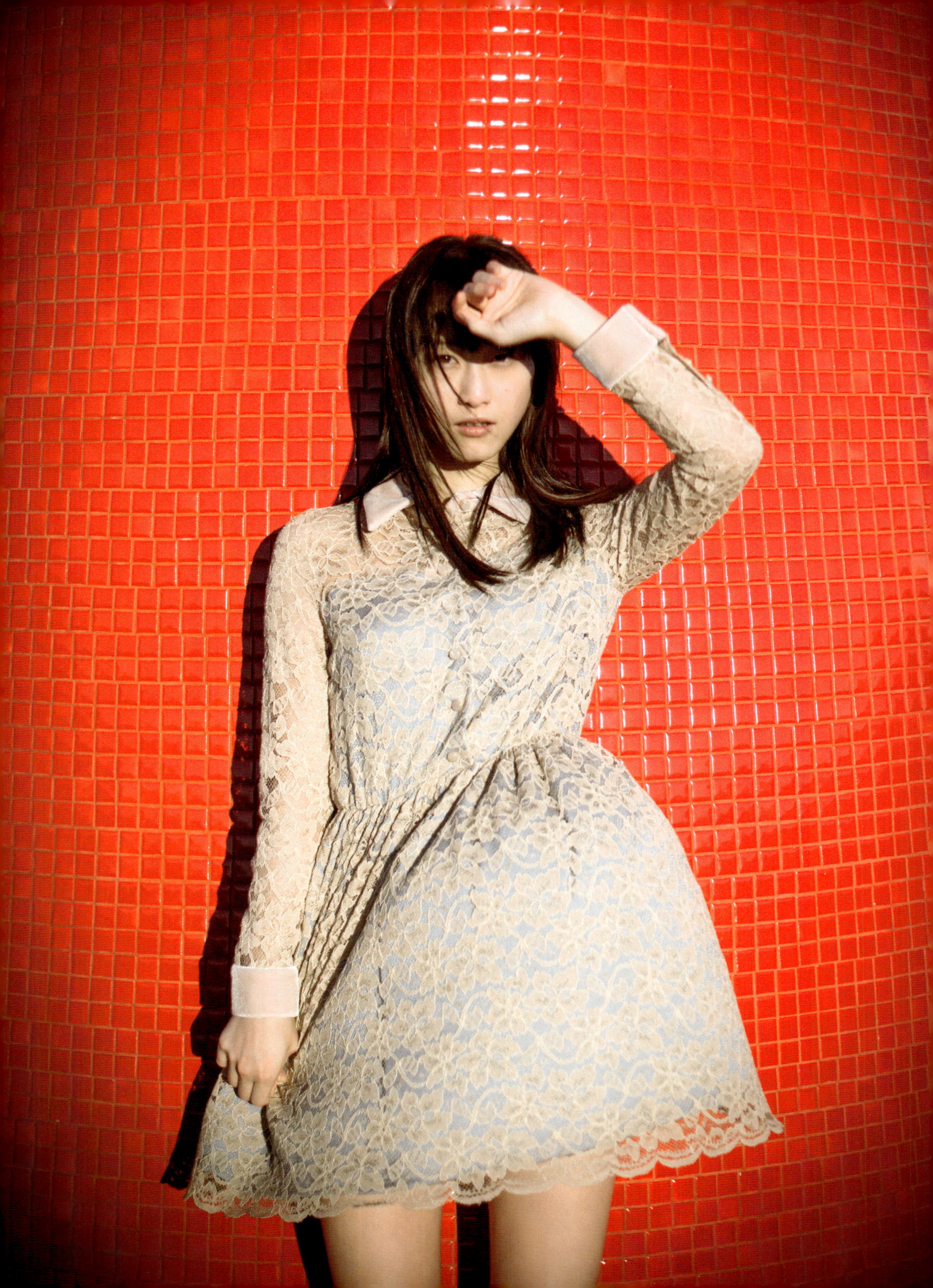

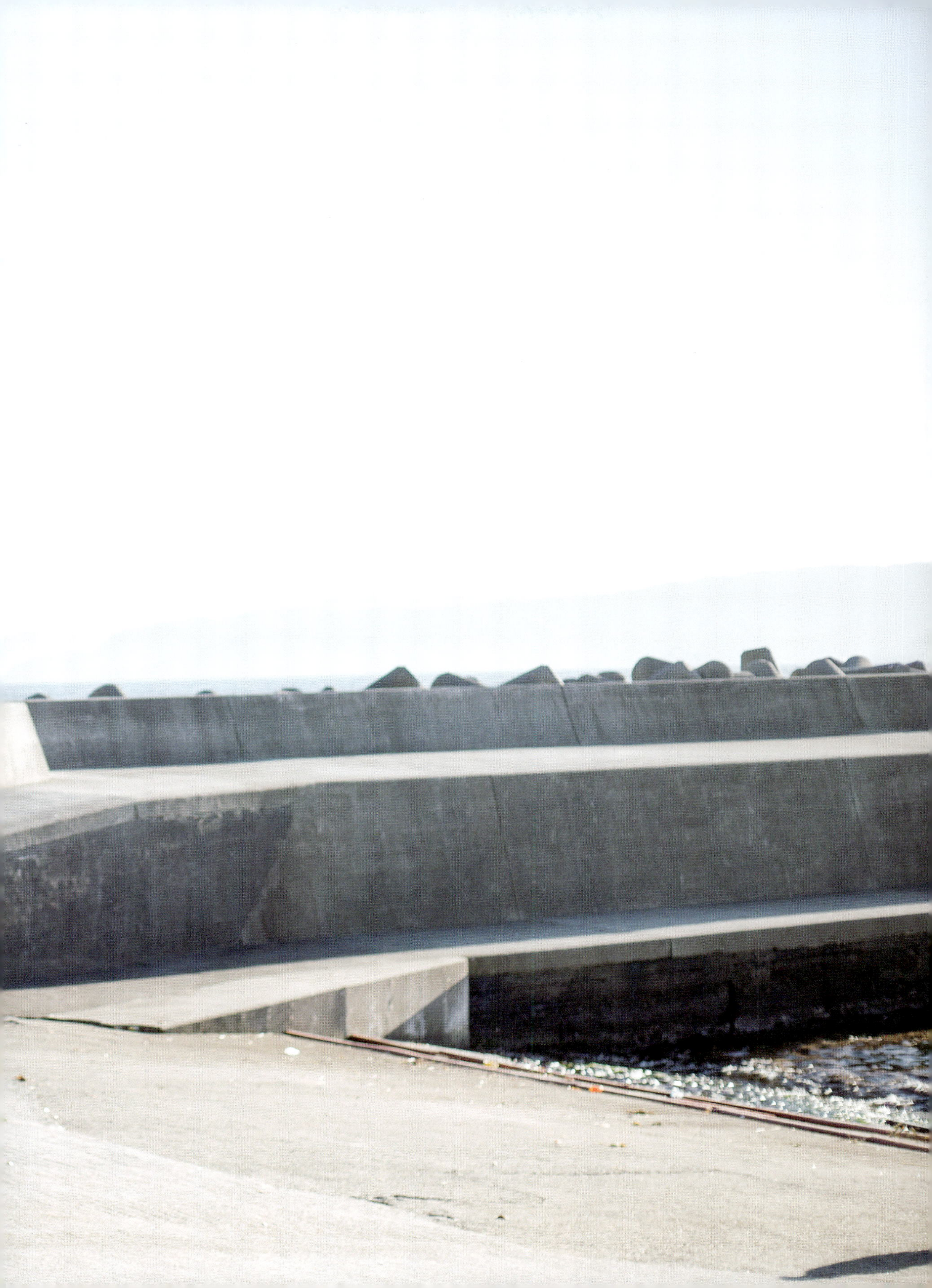

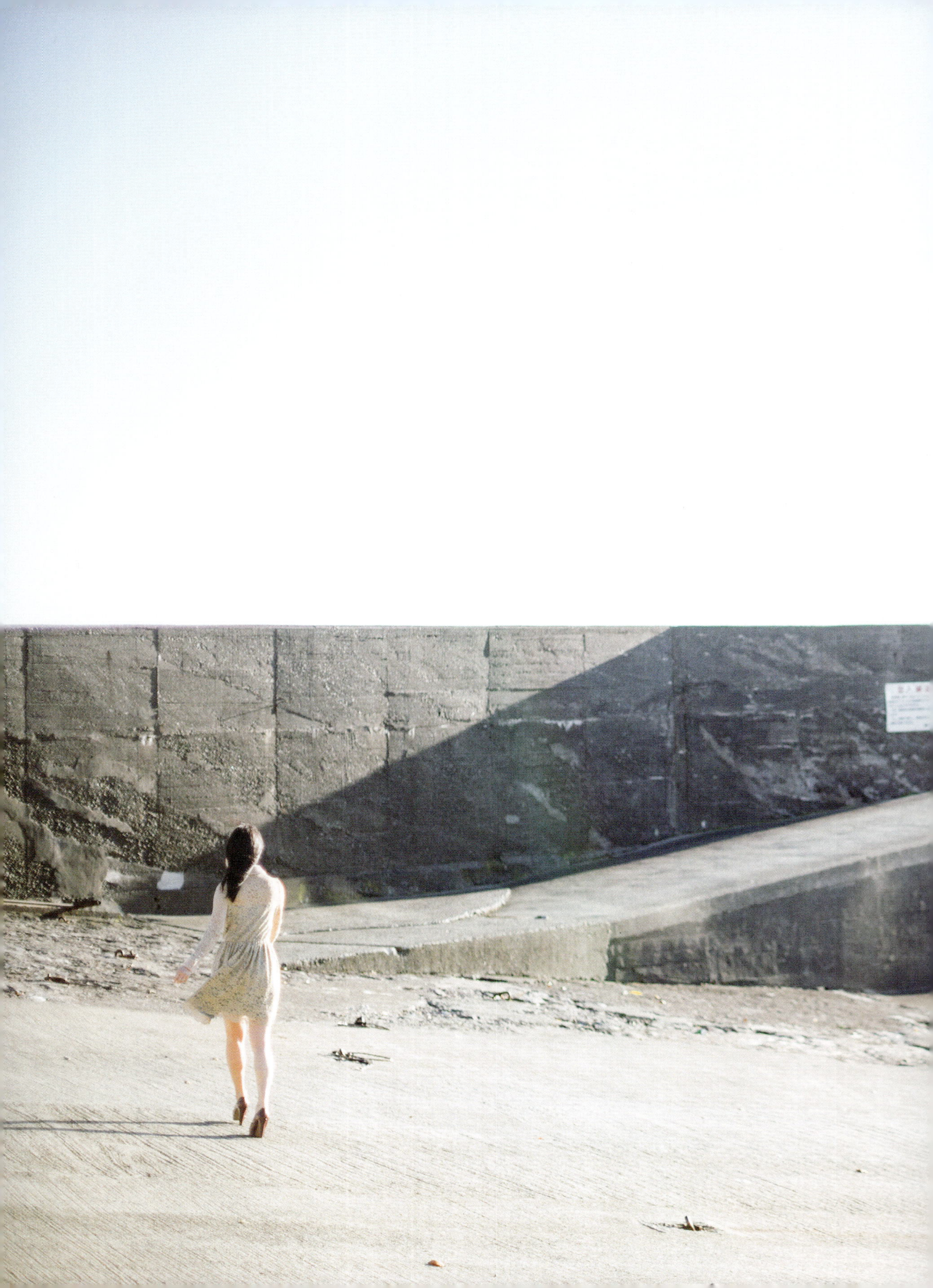

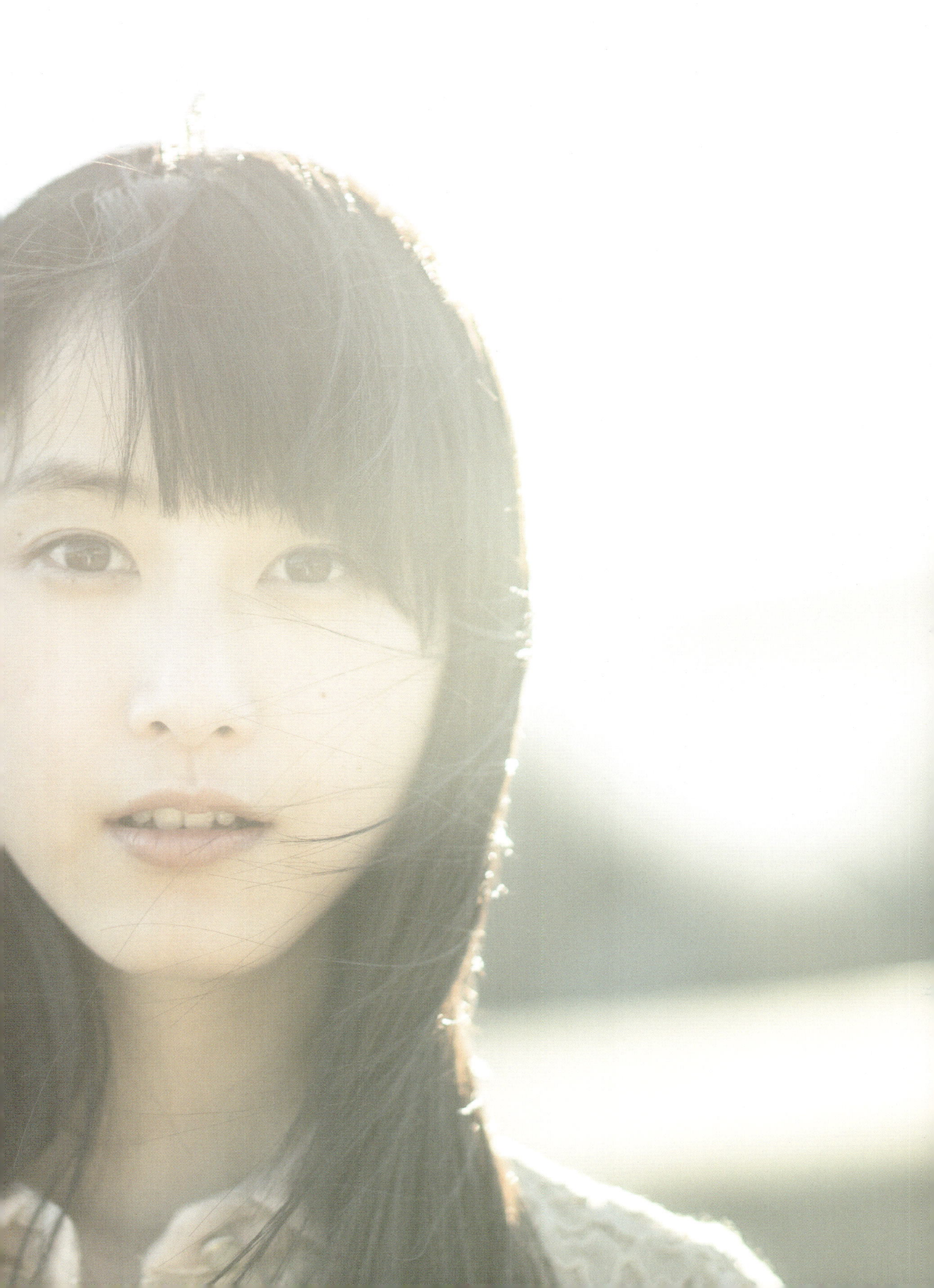

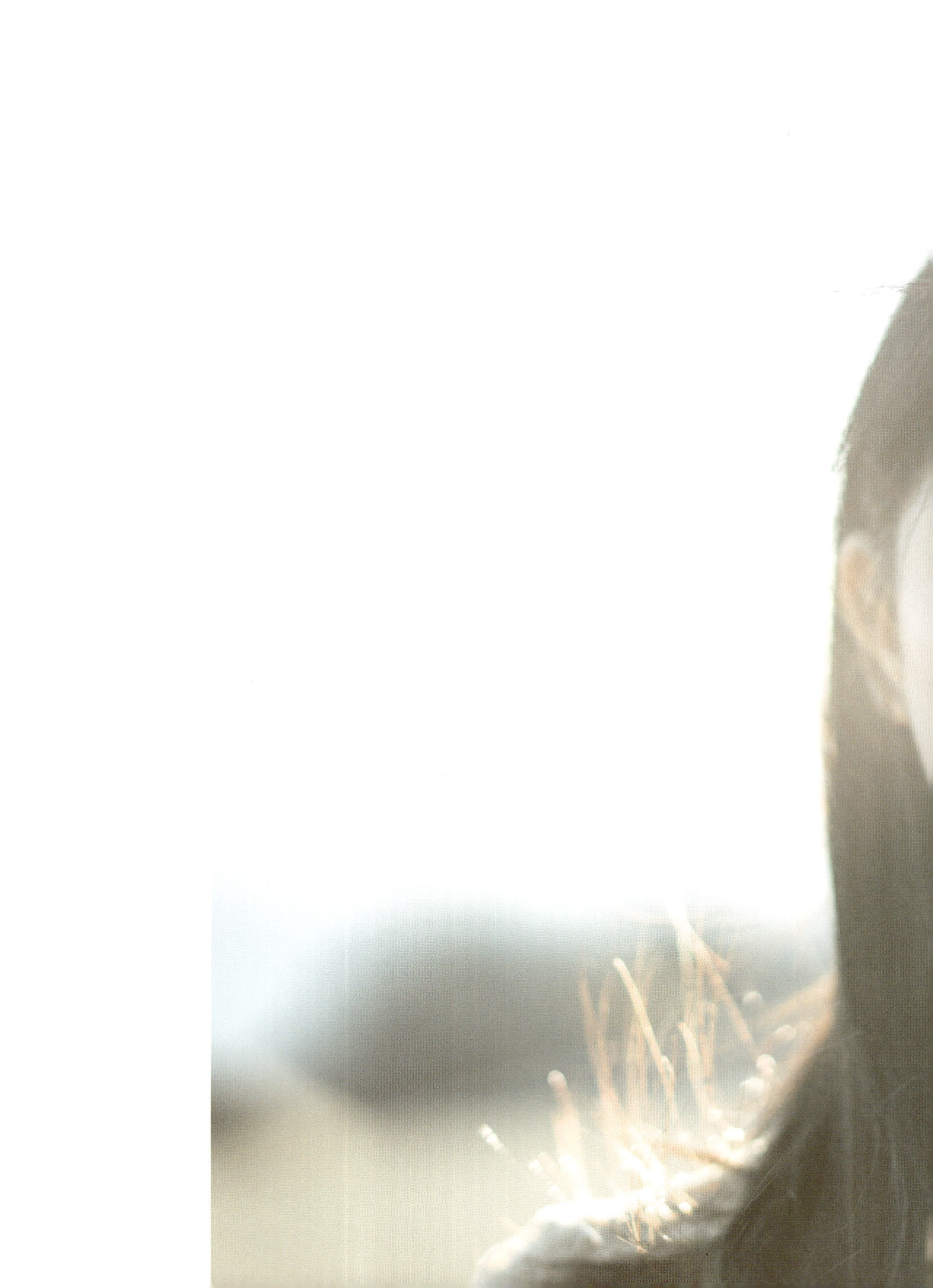

松井玲奈2nd写真集「ヘメレット」

最後まで見てくださってありがとうございます。

「ヘメレット」実は「ヘルメット」の言いまちがいです。

子供のころ言えてなかったなぁ、なんて事を

思いだしました。その不思議な雰囲気が

やけに気に入ってしまったのです。

「斜め45度」からいつもみなさんを

おどろかせてしまう私ですが、これからも

あたたかく見守ってください。

よろしくお願いします。

松井玲奈

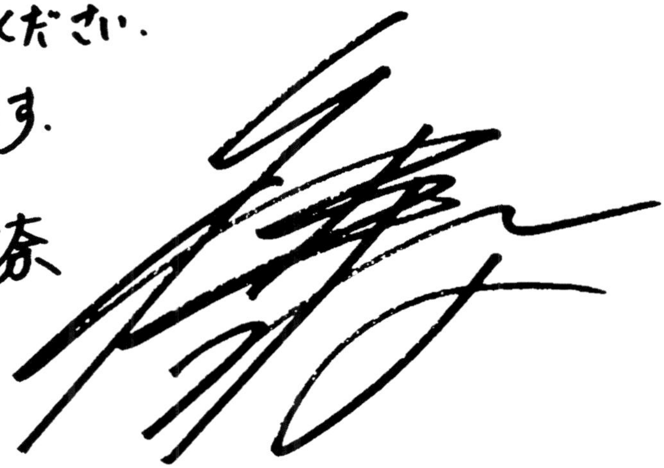

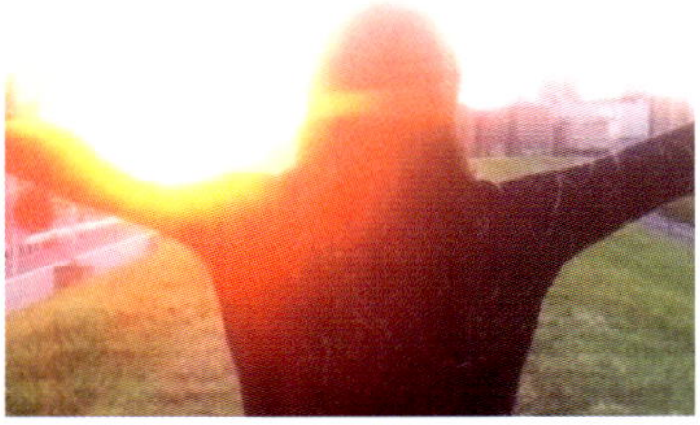

ARTIST：松井玲奈

TOTAL PRODUCER：秋元 康

PHOTOGRAPHER
新津保建秀［COVER、P.74-P.125］
MARCO［P.4-P.22］
桑島智輝［P.24-P.71］
松井玲奈

EXECTIVE PRODUCER：周防 亮（Grick）
ARTIST PRODUCER：小林高之（Grick）
ARTIST MANAGER：柴田恭兵（Grick）

STYLIST：タケダトシオ（mild）［COVER、P.74-P.125］／二宮ちえ［P.4-P.22］／大橋みずな［P.24-P.71］
HAIR：KANADA（LAKE TAJO）［COVER、P.74-P.125］
MAKE：UDA（S-14）［COVER、P.74-P.125］
HAIR&MAKE：白石久美子（allure）［P.4-P.22、P.50-P.55、P.58-P.63、P.66-P.69］／
円谷歩美［P.24-P.49、P.56-P.57、P.64-P.65、P.70-P.71］
KIMONO STYLING：山本朋世
ART：富田 薫（HandSome WORKS）
SPECIAL THANKS：武内慎司／アトリエミカミ／ラ シェネガ／ペンションはな／
明神湯／浅草 花やしき／銀座パノラマ

ART DIRECTOR：関 万葉
EDITOR：山下剛一／辻 由紀子

COSTUME COOPERATION：Fizz（03-5306-6552）、ふりふ（03-3464-5159）、
スピンズ古着屋本舗原宿店（03-5467-6936）、STUDIOUS（03-6662-5525）

松井玲奈写真集
「ヘメレット」

2014年 4月10日　初版発行

発行者　横内正昭
発行所　株式会社ワニブックス
〒150-8482　東京都渋谷区恵比寿 4-4-9 恵比寿大黒ビル
TEL　03-5449-2711(代表)/03-5449-2713(編集)
印刷所　凸版印刷

ISBN 978-4-8470-4633-9

ワニブックスのホームページ　http://www.wani.co.jp/

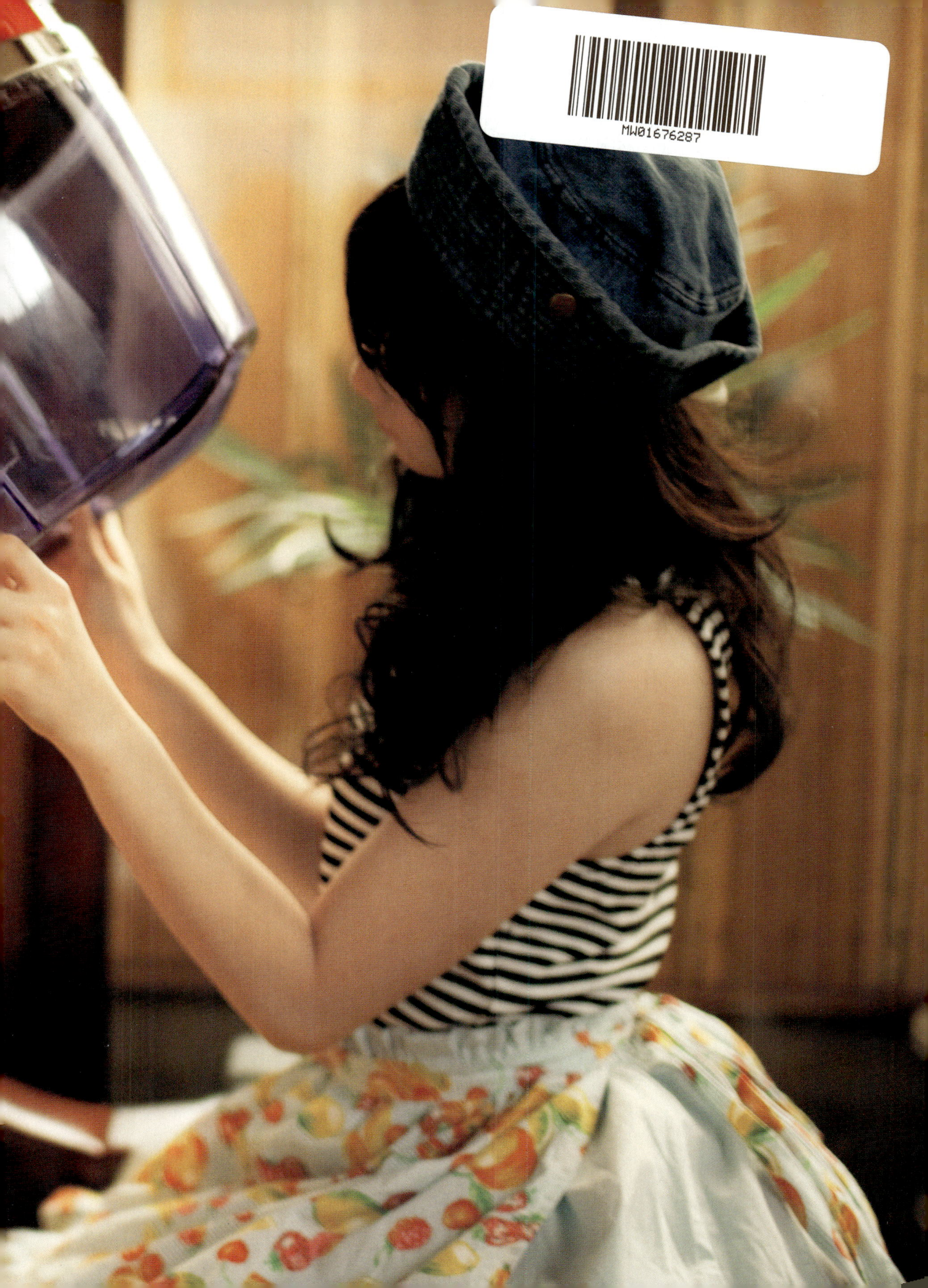